KB039824

윤미향과
나비의꿈

윤미향과 나비의 꿈

2023년 10월 25일 초판 1쇄 발행

글	윤미향
펴낸이	김완중
펴낸곳	내일을여는책

책임편집	김세라
디자인	박정화, 김다솜
관리	장수댁
인쇄	정우피앤피
제책	바다제책

출판등록	1993년 01월 06일(등록번호 제475-9301)
주소	전라북도 장수군 장수읍 송학로 93-9(19호)
전화	(063) 353-2289
팩스	(063) 353-2290
전자우편	wan-doll@hanmail.net
블로그	blog.naver.com/dddoll
ISBN	978-89-7746-880-1 03300

ⓒ 윤미향, 2023

윤미향과 나비의 꿈

| 글 윤미향 |

내일을여는책

| 차례 |

'중꺾마' 그리고 윤미향

2023년 2월 10일, 3년에 걸친 윤미향 의원의 1심 재판이 끝났다. '사실상 무죄'로 판명된 재판 결과를 전해 듣고 가장 먼저 떠오른 건, 젊은이들이 많이 쓰는 '중꺾마'라는 단어였다. 거의 3년 동안 검찰과 경찰, 정보기관, 정부·여당은 물론 언론까지 융단 폭격을 가했고, 지난 40년 남짓의 공생활을 통째로 부정당했다. 그 심정이 오죽했을까. 하지만, 윤미향 의원은 '중요한 것은 꺾이지 않는 마음'이라는 걸 온몸으로 보여주었다.

2023년 9월 20일, 2심 판결이 내려졌다. 1심의 '사실상 무죄' 판결을 뒤집은 결과였다. 횡령 인정 액수를 대폭 올려 잡았고, 일부 혐의에 대해서도 유죄 판결이 내려졌다. 대법원의 최종 판결이 남아 있지만 윤미향 의원의 진심을 잘 아는 입장에서 아쉬울 수밖에 없다. 하지만 2심 판결에도 불구하고 윤미향 의원의 꺾이지 않는 마음은 여전할 것이라 믿는다.

윤미향 의원이 1심 판결 직후부터 쓰기 시작한 『윤미향과 나비의 꿈』은 단순히 재판과 관련한 법적·정치적 해명이나 변명을 담고 있는 책이 아니다. 윤미향 의원이 이 책을 통해 강조하는 것은 '할머니들과의 약속'이다. 온갖 시련과 모욕에도 불구하고 묵묵히 재판에 집중했던 것은 자칫 지난 30여 년의 일본군 '위안부' 문제 해결 운동이 폄훼되고, 통일운동·민주화운동으로 의식을 확장해 온 할머니들의 명예가 훼손될지 모른다는 위기감 때문이었다.

『윤미향과 나비의 꿈』을 읽는 또 다른 재미는 한때 시인을 꿈꾸었던 '문학소녀'의 어린 시절과 부모님, 고향 남해 그리고 할머니들과 티격태격 쌓아온 갖가지 사연들이다. 시골 출신의 선머슴 같았던 '단발머리 소녀'가 대한민국의 대표적인 활동가로 우뚝 서기까지의 이야기는, 어쩌면 격동의 80년대를 거쳐온 수많은 '우리'들의 이야기이기도 하다. 다시 한번 '중요한 것은 꺾이지 않는 마음'이라는 것을 새기게 해준 『윤미향과 나비의 꿈』, 일독을 권한다.

이재명 더불어민주당 대표

상처투성이가 된 그녀에게 전하는 위로

　시인 되기를 꿈꾼 소녀였다. 그리고 목사가 되고 싶은 학생이었다. 그러던 그녀가 김학순 할머니 기사를 호주에서 보고 "부끄럽고 답답해서" 남은 유학 기간을 포기하고 한국으로 돌아와 무작정 정대협 운동에 뛰어들었다. 그날부터 30여 년간 윤미향은 일본군'위안부' 피해 여성들의 인권회복을 위해, 이 세상에 진정한 평화를 만들기 위해 줄곧 달려왔다.

　활동가 윤미향은 대단하다. 그 구상력, 판단력, 친화력이 사람들을 끌어들여 일본군'위안부' 문제 해결 운동을 국제적인 평화운동으로 만드는 큰 원동력이 되었다. 그러나 인간 윤미향은 그 과정에서 멍들고 상처투성이가 되었다. 왜? 함께하는 할머니들이 너무나 깊은 상처를 안고 있었기 때문에. 일본군의 성노예라는, 상상을 초월하는, 보통 삶을 산 사람들에게는 상상도 이해도 불가능한 피해를 입은 여성들은 풀리지 않는 분노와 의심을 주변 사람들에게 표현한다. 그 상처를 마주한 자는 너무 괴로워서 피하고 싶어진다. 하지만 간혹 피하지 않고, 아니, 도저히 외면할 수가 없어서 그 상처를 어떻게든 아물게 하려고 애를 쓰는 사람이 나타난다. 윤미향이 그런 사람이다.

명예는 할머니들에게 돌리고 궂은일, 미움받는 일은 도맡아 하며 할머니들이 본연의 힘을 발휘해 인권운동가로 거듭나는 모습을 지켜보았다. 그랬더니 정말 미움을 많이 받게 되었다. 누구에게? 한일 간의 소위 '미래지향적인 관계'를 운운하며 군사적·경제적 야심을 채우려고 하는 세력들에게.

윤미향은 참 멍청하다. 그렇게 청렴결백하게 이어온 삶을 그런 자들에게 난도질당하면서 지금도 사람을 믿고 희망과 정의를 외치며 자기가 무너지면 잃어버릴 무언가를 위해 오늘도 꿋꿋이 버티고 있다. 그래서 더 아름답다. 그 아름다움을 키운 것은 사랑이라고 한다. 이 책을 끝까지 읽으시면 그 뜻을 알게 될 것이다.

양징자 일본군'위안부'문제해결전국행동(일본) 공동대표

진실은 결코 무너지지 않는다

#1.

2022년 8월 15일 아침. '광복절'의 기쁨은 어디서도 느낄 수가 없었다. 하긴 윤석열 정부가 들어선 뒤 어느 하룬들 마음 편한 날이 있었을까. 온 나라가 기뻐해도 모자랄 광복절 당일, 나는 오히려 찬물이라도 한 바가지 뒤집어쓴 것처럼 충격에 빠졌다. "일본은 이제 세계 시민의 자유를 위협하는 도전에 맞서 함께 힘을 합쳐 나가야 하는 이웃"이라는 윤 대통령의 '축사' 때문이었다.

외교부가 강제동원 손해배상에 대한 대법원판결에 대해 일본 전범 기업 자산의 현금화를 하지 못하도록 대법원에 의견서를 냈을 때부터 예견된 일이었지만, 식민지 범죄와 전쟁범죄에 대해 인정도 반성도 하지 않는 가해국 일본을, 그것도 광복절 아침에 이처럼 미화하다니….

그로부터 약 10개월이 지난 2023년 5월 7일, 윤석열 정부는 굴욕적인 도쿄 한일 정상회담에서 기시다 총리가 "마음이 아프다"라고 했던 발언을 강제동원 문제에 대한 일본 정부의 공식 사과로 유엔에 보고했다는 것이 확인되었다. 이 보고는 2023년 9월 13일, 유엔 진실·정의·배상·재발방지 특별보고관의 보고서에 그대로 수록되었다. 일본 정부가 공식 사과가 아니라며 부인했음에도 한국 정부 스스로 굴욕적인 보고서를 제출한 것이다. 부끄럽다. 왜 이렇게까지 할까.

#2.

일본 〈교도통신〉 보도에 의하면, 2023년 3월 17일 한일 정상회담을 위해 방일한 윤석열 대통령이 일본 정계 인사들을 만난 자리에서 후쿠시마 핵 폐수 방류 문제에 대해 "시간이 걸리더라도 한국 국민의 이해를 구해 나가겠다"라고 했다고 한다. 혹시 기시다가 한 말이 잘못 알려진 게 아니었을까? 아니었다. 일본의 총리인지 한국의 대통령인지 혼란스럽게 하는 대답이다. 우리 국민의 생명과 직결되는 핵 폐수 방류를 앞두고 '원인 제공자'인 일본에 항의는 못 할망정, 우리 국민을 설득해 나가겠다는 것이 아닌가. 게다가 국민의힘 의원들은 이후 연일 횟집 '먹방'을 대대적으로 홍보하고, 노량진수산시장에서 상인들과 방송이 지켜보는 가운데 수조 물을 떠 마시는 충격적이고 엽기적인 퍼포먼스까지 하며 국민의 분노를 자아냈다.

그리고 4개월 뒤인 7월 7일, 후쿠시마 핵 폐수 해양투기를 한 달여 앞둔 상황에서 윤석열 정부는 후쿠시마 핵 폐수 방류가 국제 안전기준에 적합한 것으로 확인됐다고 하면서 방류 지지 입장을 표명했다. 반면에 야당과 국민의 반대와 우려 목소리에 대해서는 괴담을 유포한다며 압박했다. 윤석열 정부가 후쿠시마 핵 폐수 안전을 홍보하기 위해 쓴 예산이 무려 18여억 원이었다. 왜 윤석열 정부는 이토록 일본에 면죄부를 주는 일에 열과 성을 다하는가.

#3.

2023년 7월. '처'에서 '부'로 승격된 국가보훈부의 초대 장관에 임명된 박민식의 취임 일성은 온 국민의 귀를 의심하게 했다. 박정희 전 대통령과 함께 만주군 장교로 복무하며 항일 독립군 투사들을 잡아들이는 데 혈안이 되었던 백선엽이 "친일파가 아니라는 것에 직을 걸고 이야기할 자신이 있다"라고 선언한 것이다. 자신의 직까지 걸면서 백선엽의 친일 역사를 지우고 미화하는 이유가 도대체 무엇인가.

백선엽은 단순히 일본에 부역한 만주군 장교가 아니다. 1943년부터 1945년까지 항일세력을 무력 탄압한 '조선인 특수부대' 간도특설대의 장교로 일제의 침략전쟁에 적극 협력했던 반민족행위자다. 그런 백선엽이 항일 독립투사들과 함께 국립묘지에 편안히 잠들어 있다는 사실도 기가 막힌데, 박민식 장관은 백선엽의 국립묘지 안장 기록에 적혀 있는 "친일반민족행위자"라는 문구마저 삭제하도록 했다. 하늘이 알고 땅이 아는 친일 행적을 앞장서서 덮어주고 있는 셈이다.

그뿐인가. '이승만 우상화'도 시도하고 있다. 박민식 장관은 "이승만기념관 건립은 국민의 당연한 의무"라며 "좌고우면하지 않겠다"라고 결의를 드러냈다. 일본 정부의 역사 왜곡과 경쟁이라도 하려는 것일까? 이승만 전 대통령은 사사오입 개헌으로 헌법을 불법 개정하여 장기 집권을 꾀하였고, 3·15 부정선거로 종신대통령을 꿈꾸면서 이들 규탄하는 수많은 시민, 학생을 무참히 학살했다. 그 가운데 김주열 열사의 처참한 죽음은 4·19 혁명의 도화선이 되었다.

윤석열 정부는 이런 독재자의 업적을 재평가해야 한다고 주장하며 고귀한 민주혁명의 정신을 퇴색시키고 있다. 틈만 나면 '헌법 수호'를 외치는 윤석열 정부가 오히려 헌법을 정면으로 위배하면서 4·19 정신의 대척점에 서 있는 독재자 이승만을 부활시키려는 것이다. 수십 년의 민주화 과정을 거치며 세워온 정의의 역사가 거꾸로 뒤집히고 있다.

#4.

2023년 8월 15일. 윤 대통령 취임 후 두 번째 광복절을 맞이했다. 혹시나 했지만 역시나, 윤 대통령의 기념사는 충격적이었다. 일본에 대해서는 "보편적 가치를 공유하고 공동의 이익을 추구하는 파트너"라고 추켜세우면서, 이에 비판적인 국민의 목소리는 "공산전체주의를 맹종하며 조작선동으로 여론을 왜곡하고 사회를 교란하는 반국가 세력"이라며 왜곡했다. 게다가 "공산전체주의 세력은 늘 민주주의 운동가, 인권운동가, 진보주의 행동가로 위장하고 허위 선동과 야비하고 패륜적인 공작을 일삼아 왔다" "이들과 그 추종 세력에게 속거나 굴복해서는 안 된다"라면서 국민을 '적'으로 돌렸다. '역사'에 대한 언급도, 일본 정부에 과거사에 대한 반성을 요구하는 내용도 없었다.

정말 한국의 대통령이 발표한 2023년 광복절 메시지인가? 그렇다. "(독립운동은) 자유민주주의 국가를 만들기 위한 건국운동"이라는 뉴라이트 역사관을 그대로 받아들여 상해임시정부 이후 이어온 유구한 우리의 역사를 부정하고 반토막 내는 테러를 대통령이 직접 자행했다.

그리고 보름 후인 9월 1일, 국립외교원 60주년 기념식에서 윤 대통령은 또다시 "공산전체주의 세력과 기회주의적 추종 세력이 반일 감정을 선동하고 있다"라며 일본의 과거사 해결을 요구하는 목소리조차 공산세력의 선동으로 치부했다. 결국 윤석열 정부는 육군사관학교 내에 있던 홍범도 장군 흉상 이전까지 일사천리로 진행했다. 윤석열 정부는 도대체 왜 이러는 걸까?

장면 #1부터 #4까지, 서로 다른 시간에 일어난 개별의 사건이지만 본질은 같다. 일제 부역자들을 중용하고 독립투사를 탄압했던 이승만과 박정희 그리고 현 정부에 이르기까지 정계, 관계, 재계에 두루 인맥이 뻗쳐 있는 부일(附日)·친일(親日) 세력의 부활이다. 그동안 수면 아래에서만 은밀히 움직이던 그들이 노골적으로 나서서 순위를 다투듯 독립운동의 역사를 폄훼하고 친일의 역사를 정당화하기 시작했다.

어떤 거짓도 오랜 기간을 두고 무한 반복되면 신화 또는 진실로 둔갑한다. 여전히 기성세대의 머릿속에서 떠나지 않고 있는 '레드 콤플렉스'와 '박정희 신화'를 생각해보라. 지금 저들은 온 국민을 상대로 공공연히 가스라이팅을 하고 있다.

윤석열 정부가 들어선 지 이제 겨우 1년 반. 하지만 마치 100년은 된 듯한 피로감이 많은 국민의 어깨를 짓누르고 있다. '날리면 vs 바이든' 논란, 이로 인한 MBC '패싱', 2022년 3월 대선 직전 국민의힘 윤석열 후보의 명예를 훼손하는 보도를 내보냈다는 이유로 자행된 〈뉴스타파〉 압수수색과 탄압, 윤석열 검찰청 특활비 문제, 대통령 일가의 양평고속도로 의혹 등 각종 특혜와 비리의 순간마다 어른거리는 대통령 부인 김건희의 그림자, 천공과 건진 법사 논란, 굴욕적인 친일 외교, 후쿠시마 핵 폐수 방류 논란…. 정말 '단기간에 이룩한 놀라운 성과'가 아닐 수 없다.

러시아와 우크라이나의 전쟁, 이로 인한 식량 부족과 유가 폭등, 대북 정책, 미국과 중국, 대만 문제 등등 지금은 세계질서가 뒤바뀌고 있는 시기다. 그 흐름에 대응해야 할 윤석열 대통령은 오로지 이

넘전쟁에만 몰두하고 있다. 아울러 이 나라를 다시 굴욕적인 한일협정을 당연시하던 박정희의 시대, 나아가 일제가 한반도를 유린하던 그 시대로 되돌리려는 시도를 계속하고 있다. '전쟁을 할 수 없는 나라'인 전범국 일본을 '전쟁을 할 수 있는 나라'로 만들어주고 그들이 군국주의 야욕을 다시 실현할 수 있도록 앞장서서 그 길을 닦아주고 있다.

이런 상황에서 나는 어떻게 살아야 할까? 매일 나에게 묻는다.

국회의원 당선인 시절부터 행해진 온갖 음해와 고소·고발, 검찰 수사, 기소, 재판…. 뿐이랴. 벗이라 믿었던 많은 이들이 곁을 떠나거나 입을 다물었다. 수없이 많은 재판을 통해 무혐의, 무죄, 기각 등이 이어져 왔지만 그런 사실들은 거의 알려지지 않는다. 게다가 저들은 새로운 이슈를 만들어 나를 공격하고, 또 다른 재판을 이어간다. 사실 지고 이기는 것은 저들의 진짜 관심이 아니었을지도 모르겠다. '윤미향'의 왜곡된 이미지를 오래도록 기억하게 하는 것, 그것을 통해 과거사의 진실규명을 추구하는 운동을 억압하는 화살촉에 나를 끼워 공격하는 것이 바로 저들의 진짜 목적일 것이다.

2023년 2월 10일, 1심 재판부는 총 26회의 공판을 거쳐 보조금 관리에 관한 법률 위반, 지방재정법 위반, 기부금품의 모집 및 사용에 관한 법률 위반, 준사기, 업무상 배임, 공중위생관리법 위반에 대해 전부 무죄로 판단했고, 업무상 횡령 일부에 대해서만 1,500만 원의 벌금을 선고했다. 나는 비로소 안도의 한숨을 내쉴 수 있었다. 약 3년 반 동안의 혐오와 조롱, 살해 기운마저 담긴 마녀사냥을 1심 사법부가 제자리로 돌려놓아 줬다고 생각했다. 벌금 1,500만 원 판결에 대해 여전히 아쉬운 마음이 있었지만, 항소심에서 증빙 자료와 근거를 잘 설명해서 완전 무죄를 받으면 될 것이라 생각했다.

다시 날갯짓을 시작할 수 있을 것 같았다. 그 첫 번째 날갯짓으로 '할머니들의 이야기'가 아닌 '윤미향의 이야기'를 책으로 쓰고 싶다 생각했고, 의정활동과 항소심을 진행하면서 잠자는 시간을 줄여가며 틈틈이 글을 쓰기 시작했다. 하지만 그런 한편으로는 1심 판결 직후 '공권력을 동원해서' 사건을 제자리에 돌려놓겠다 장담했던 한동훈 법무부 장관의 큰소리 때문에 '항소심이 순탄치 않겠구나' 하는 걱정을 하지 않을 수 없었다.

재판부의 의향대로 하필이면 수요시위(일본군성노예제 문제 해결을 위한 정기 수요시위)가 있는 수요일에 재판 일정이 결정되었다. 첫 공판에서 이례적으로 판결 선고일을 지정하고 두 주마다 공판을 열기로 결정되었다. 검찰 측이 신청한 증인들도 재판부는 모두 채택했다. 그러나 그 증인들의 진술에서도 1심 판결을 뒤집을 만한 진술은 나오지 않았다. 증인에게서 원하는 답이 나오지 않자 검사는 억압적인 질문을 쏟아냈고, 증인이 울음을 터트리는 일까지 벌어졌다. 답답하고 황당한 재판이었다. 하지만 그 무엇보다도 부장판사가 피고인 신문에서 내게 했던 첫 질문을 평생 잊을 수 없을 것 같다.

"피고인은 손영미 소장이 왜 자살했다고 생각하는가?"

하필 공판이 열린 그날은 손영미 소장의 기일 다음 날이었다. 가슴 속에 진한 슬픔이 배어 있는 그날, 그 질문을 듣는 순간 슬픔이 분노로 변하는 것을 느꼈다.

그 와중에 나는 1심 판결 직후부터 쓰기 시작한 원고를 완성했다. 하지만 2심 판결에 영향을 주지 않기 위해 잠시 출판을 보류하고 재판에 임했다.

1심에서 유죄로 판결 난 일부 횡령금에 대해 해당 지출이 정대협 활동을 위한 것이었음을 입증하기 위해 세부 증빙 자료들을 찾고, 확인서들을 받고, 변호사님들의 정성스러운 노력의 결과들을 법정에 증거자료로 제출했다. 비록 검찰의 항소에 반박하고 무죄를 입증하기 위해 이루어지는 재판 행위였지만, 그것이 정대협 운동의 한 과정으로 인식될 만큼 나와 내 옛 동료들, 변호사님들의 노력은 치열했고, 성실했다.

그런데 9월 20일 항소심 판결 내용은 한동훈 장관이 장담한 대로였다. 1심 판결을 뒤집을 만한 새로운 증거가 나온 것도 아니었고, 검찰 측 증인들의 증언조차도 검찰의 주장을 입증하지 못했음에도 업무상 횡령과 기부금품법 · 보조금법 위반을 유죄로 판단, 징역 1년

6개월에 집행유예 3년이 선고됐다.

대부분 무죄로 판명이 난 1심 판결에도 불구하고 나에 대한 공격을 계속하던 여러 언론과 정치권은 2심 판결이 나오자마자 국회의원 사퇴를 요구하는 등 공격의 불씨를 다시 지피기 시작했다.

잠시도 나 자신과 싸우지 않고는 견디지 못하는 시간이 계속되고 있다. 여전히, 매일 아침 눈을 뜨는 것이 버겁다. 하지만 나는 주저앉지 않는다. 버겁다 느껴질 때마다 다시 내 몸을 벌떡 일으켜 세운다. 저들의 공격을 이겨낼 힘이 나에게 생겼다. 나를 비판하고 비난하는 목소리보다 나를 응원하는 목소리가 조금씩 더 커지고 있다. 그분들 덕분에 포기하지 않으면 이긴다는 믿음을 더 굳세게 다져본다.

다시 시작될 상고심에서 후회가 남지 않도록 최선을 다할 것이다. 물론, 2심과 같은 결론이 나올 수도 있고, 2심과 다른 판결이 내려질 수도 있을 것이다. 그러나 나는 결과에 연연하지 않고 마지막까지 무죄 입증을 포기하지 않을 것이다. 그리고 재판 그 너머로 희망의 날갯짓을 계속할 것이다.

희망의 날갯짓을 계속하기 위해 나는 잠시 미뤄두었던 『윤미향과 나비의 꿈』원고를 다시 펼쳐 들었다.

『윤미향과 나비의 꿈』은 일본 제국주의자들이 이 땅에 남긴 상처를 그 당사자인 할머니들과 함께 치유하고 보듬어온 생생한 기록이다. 아울러 호시탐탐 이 땅을 노리는 일본 내 제국주의 잔재 세력과 이에 호응해온 국내 친일파들과 싸워온 투쟁의 기록이다. 또한 『윤미향과 나비의 꿈』은 나 자신에게 보내는 격려의 메시지이자 나를 응원하는 이들에게 보내는 감사의 편지다. 지난 몇 년 동안 나를 둘러싸고 벌어진 갖가지 풍문과 소문, 음해에 대한 답이자 내 삶의 보고서이기도 하다.

한 글자, 한 글자 힘주어 눌러쓴 나의 편지를 독자 여러분이 따뜻하게 받아주시기를 빌면서 다시 한번 되새겨 본다.

진실은 결코 무너지지 않는다.

제1장

'무죄, 무죄, 무죄…'로
끝난 마녀사냥

나는 무죄다

2023년 9월 18일 늦은 오후. 휴대폰의 알림 소리가 계속 울렸다. 지인들이 보내준 '뉴스 속보'였다. 그러잖아도 궁금했던 최강욱 의원의 대법원 판결 소식이었다.

"'조국 아들 인턴확인서' 최강욱 집유 확정… 의원직 상실"

굵은 글씨로 쓰인 제목이 가장 먼저 눈에 들어왔다.

'우려했던 일이 벌어졌구나.'

한편, 한동훈 법무부 장관의 딸을 둘러싼 숱한 의혹들, 2023년 화려하게 부활한 방송(조작)기술자 이동관 방송통신위원회 위원장 아들의 학폭(학교폭력) 의혹, 2023년 초 낙마한 정순신 국가수사본부장 아들의 학폭 의혹…. 그 숱한 의혹들은 어딘가 저 먼 나라로 날아가 보이지 않는다. 그뿐인가, 윤석열·김건희 일가의 양평고속도로 노선 변경 의혹은 수사조차 제대로 진행되지 않고 있다.

최강욱 의원의 심정이 문득 멀리 떨어져 있는 내게 전해지면서 동병상련의 아픔이 가슴을 쳤다. 어쩌면 단순한 동병상련이 아니었을지 모르겠다. 뉴스 속보를 눈으로 확인하는 순간 나도 몰래 오랫동안 가슴속으로 눌러왔던 불안감이 다시 피어오르기 시작했다.

지난 2023년 2월 10일. 1심 재판부로부터 대부분 무죄 판결을 받고 다시 마음껏 날갯짓을 펼치기 시작했다. 재판 결과에 영향을 미칠까 봐 만남을 스스로 피했던 사람들과도 다시 만나기 시작했고, 미뤄두었던 법안들도 하나씩 발의하기 시작했다. 김복동·길원옥 할머니의 뜻을 받드는 일도 소홀히 할 수 없었다. 하지만 마음 한 쪽을 떠나지 않는 불안감이 있었다. 그 불안감은 1심 재판이 끝난 뒤 한동훈 법무부 장관이 "공권력을 동원해서라도 사건을 제자리에 돌려놓겠다"라고 했던 인터뷰 때문이었다. 그 불안감이 최강욱 의원 재판 결과를 들으면서 다시 떠오른 것이다.

하지만 법과 상식을 믿었다. 1심에서 유죄 판결의 근거가 됐던 1,718만 원에 대한 소명자료도 오랜 시간을 들여 제출했다. 변호사님들의 노력 덕분이었다. '위안부' 피해자 할머니들의 간식비와 식비, 사무처 간식비와 활동비 등 정대협 활동과 관련된 부분을, 정대협과 연대단체의 활동 자료, 계좌거래 내역, 문자메시지 알림 내용 등을 일일이 확인하고, 정대협 활동이 진행되었던 일시와 장소를 대조하여 추가로 증거를 제출했다. 법정에서 구글맵을 캡처하여 위치와 시간을 설명하는 변호사님들을 보면서 이렇게까지 최선을 다했으니 결과도 좋을 것이라며 재판 결과에 나 스스로 자신감을 가졌다. 이외의 혐의는 모두 1심에서 무죄로 판정을 받았을 뿐만 아니라, 2심에서도 검찰은 업무상 횡령에 대한 나의 변론이 부당하다는 주장만 반복할 뿐 관련한 간접사실 또는 정황에 대한 새로운 증거를 제출하지 못했다. 심지어 검찰 측에서 신청한 증인들을 재판부가 모두 받아들여 줬지만, 재판부의 거듭된 소환에도 불구하고 다수의 증인이 출석하지 않았고, 출석한 증인들의 진술 역시 검찰 측 주장을 입증하는 내용이라기보다 오히려 나에게 유리한 내용이었다.

일말의 불안은 있었지만, 2심을 통해 완벽하게 다시 날갯짓을 할 수 있으리라는 희망을 놓지 않았다. 그러나 검찰은 새 증거를 제시 못했지만 2심 판사의 판결은 새로운 것이었다. 징역 1년 6개월, 집행유예 3년. 1심과 달라졌다. 도저히 승복할 수 없는 판결이었다.

2심 재판부는 보조금법 위반 혐의 중 문화체육부 보조금 사업은 1심의 무죄를 유지했고, 여성가족부 보조금 사업은 1심의 무죄를 유죄로 변경했다. 해당 보조금 사업 담당 활동가가 여성가족부와 협약

서를 체결한 대로 사업을 추진했고, 그 노동의 대가로 인건비를 받았으며, 그 후에 본인의 뜻으로 정대협에 기부했다고 검찰조사에서도, 법정에서도 증언했다. 그러나 이 증언은 2심 재판부에 의해 무시되었다. 기존 정대협 직원들에게는 새롭게 추가되는 보조금 사업을 해도 인건비를 추가 지급하지 않아도 되는데, 처음부터 인건비를 정대협 경상비로 사용할 계획으로 속여서 보조금(인건비)을 받아냈다고 판단했다. 이 판결이 신호가 되었다. 10월 5일 국회 여성가족위원회 여성가족부 장관 김행 후보 인사청문회에서 난데없이 국민의힘 의원들이 2심 판결을 거론하며 김행과 상관없는 '윤미향'을 공격하는 판을 벌인 것이다.

기부금품법 위반 혐의도 일부 유죄로 전환되었다. 정대협, 정의연, '김복동의 희망' 그리고 여러 단체의 연대사업으로 진행한 재일조선학교 유치원 마스크 후원 등은 그대로 1심의 무죄를 유지하였다. 단, 김복동 할머니 장례와 관련하여 받은 조의금은 기부금품 모집행위라며 유죄로 전환한 것이다. 특히 장례비를 모두 지출하고 남은 조의금을 고인의 유지에 따라 여성·인권·평화단체 활동가 대학생 자녀 25명에게 장학금을 지원하고 11개 시민사회단체에 기부한 것을 두고 사실상 시민사회장 명목으로 사업지원금을 모은 것이나 다름없다며 기부금품 모집행위에 해당된다고 본 것이다. 여성인권운동가로 사회의 존경을 받으며 활동해 온 김복동 할머니의 죽음을 애도하는 시민들이 모아준 조의금으로 장례식을 다 치르고, 남은 조의금을 고인의 생전 유지를 받들어 장례위원회 심의를 거쳐 공익적 목적으로 지출한 것은 지극히 타당한 행위이지 않은가.

그리고 업무상 횡령은 1심에서 무죄였던 많은 사안에 대해 검찰이 별다른 증거를 제출하지 못했음에도 불구하고 유죄로 변경하였다. 무엇보다도 손영미 쉼터 소장의 개인 계좌까지도 정대협 공적 자금이라며 손 소장과 나와의 사적인 거래를 횡령으로 판단하였다. 손소장과 나와의 개인 거래는 다양했다. 여행곗돈도 있었고, 재일조선학교 지원금 혹은 노동자 등 사회적 약자들에게 십시일반 성금을 모아 기부하기 위해 내 계좌로 보내준 것도 있었다. 2019년 11월에는 미국 워싱턴 소녀상 제막식 참석을 앞두고 담당 활동가가 실수로 길원옥 할머니와 나, 손 소장까지 모두 비즈니스 좌석으로 예매한 일이 있었다. 이 사실을 공항에서 알게 되었다. 나와 손 소장의 좌석 업그레이드 비용에 정대협 후원금을 사용할 수 없으니 각자 내기로 하고, 우선 비용을 내가 정의연에 송금했고 손 소장이 나중에 자신의 비용을 내게 송금했다. 그런데 2심 판사는 이렇게 손 소장이 나에게 보낸 돈을 횡령금으로 본 것이다. 결국 2심 재판부는 10년 동안 8천여만 원을 횡령했다고 판단하였다. 나는 항소심 판결에 승복할 수 없어 즉각 상고하였다.

많은 사람이 결국 윤미향이 졌다고 생각할 것이다. 그러나 아니다. 나는 재판 결과에 굴하지 않을 것이다. 아직 상고심이 남아 있고, 그

동안과 마찬가지로 무죄를 입증하기 위해 최선을 다할 것이다. 2심에서 비록 나에게 유죄를 선고했지만, 나는 나 스스로 여전히 무죄라고 생각한다. 물론 미숙했던 부분과 부족했던 부분은 지금도 지울 수 없는 부끄러움이다. 법정에서 변호사님들의 변론을 통해, 나의 최후진술을 통해 반복해서 재판부에 전달했다. "저는 정대협에서 사적인 이득을 취하지 않았습니다. 무죄를 판결해 주시길 요청합니다."

나 스스로 나 자신에 대해 말하는 것이 쑥스럽지만, 20대 말부터 50대 말까지 지난 30년 동안 정대협 활동가로 살면서 사적인 것조차 내어놓고 일본군'위안부' 문제 해결 운동이라는 공적인 이익을 위해 살았다고 말할 수 있다. 그렇게 살아야 잠을 잘 수 있었고, 내 몸이 아파가면서 일해야 피해자들의 절박한 시간에 대한 나의 도리를 조금이나마 다한다고 생각하면서 살았다. 몇몇 선배님들이 그런 나더러 일 중독증이라고 말할 때 속상했지만, 누가 쉬고 싶지 않겠는가. 나도 멍하게 앉아서 푸른 숲을 마냥 보는 것도 참 좋아하고, 들길을 걸으며 꽃과 풀에서 느껴지는 감정을 시 구절로 읊는 것도 참 좋아한다. 그러나 할머니들을 만난 후에는 내 일상의 중심은 할머니들의 삶이 되어버렸다.

내가 유급 활동가라는 것이 자원활동을 해 온 선배님들과 후배 자원활동가들에게 미안해서 가능하면 공적인 일을 하면서도 내 것을 사용하기도 하고, 내 개인 자동차를 구입하여 정대협 활동을 위해 사용하고, 강연료와 원고료, 심지어 밤잠을 자지 않고 1년에 걸쳐 썼던 『25년간의 수요일』 책을 출판하고 받은 인세도 기부하는 것이 당연하다고 여겼다. 그래서 검찰이 1억을 횡령했다고 하는 10년의 기간 동안 도리어 1억을 넘게 기부하게 되었다. 그렇게 살아온 나를 나는 알고 있다.

나만큼 나를 믿는 든든한 후원자들도 전 세계에서 응원의 메시지를 보내주고 있다. 이런 방식으로 나를 드러내고 있는 이 상황이 참 속상하다. 왜냐하면 나를 드러내는 것은 '윤미향다운' 것이 아니기 때문이다. 어릴 때 교회학교에서부터 절대로 교만하지 말라고 배웠고, 교만함도 죄라고 배웠다. 그래서 나를 이렇게 표현하는 것이 참 불편하고 죄를 짓는 것 같다. 부디 나의 교만함이 아닌, 나 자신에 대한 변호로 읽어주면 좋겠다.

2심 판결이 내려진 후 많은 고민이 있었다. 1심 판결과 동시에 집필을 시작한 『윤미향과 나비의 꿈』이 대부분 무죄로 판명된 1심 판결을 바탕으로 했기 때문이다. 어쩌면 일부 내용은 독자들에게 혼란을 줄 수도 있겠다, 하는 우려가 있었다. 하지만 오랜 고민 끝에, 지금까지 정리된 원고를 손대지 않기로 했다. 독자에게는 다소 혼동을 줄 수 있겠지만 무죄를 선고받은 내 심정을 그대로 담고 있기 때문이다.

따라서 지금부터 이어지는 이야기는 1심 재판의 결과가 나왔던 그날, 2023년 2월 10일에서 시작한다.

솔로몬의 판결?

2023년 2월 10일. 2년 반 이상을 끌어온 1심 재판이 드디어 마무리되는 날이다. 전날 저녁부터 제대로 된 식사를 하지 못한 탓인지 속이 편하지 않다. 어떤 판결이 내려지건 담담하게 받아들이리라, 마음을 굳게 먹었지만 몸은 의지와 달리 제법 긴장이 되는 모양이다. 내 심정을 아는 걸까. 날씨마저 비라도 내릴 듯 구름이 제법 끼어 있었다.

법원 마당은 일찌감치 취재 차량으로 가득 찼고, 담장 밖에서는 확성기까지 동원한 '태극기 부대'의 '윤미향 성토' 시위가 뜨거운 열기를 뿜어내고 있었다. 그 모습을 보니 우습기도 하고 여전히 아프기도 했다. 이용수 할머니의 기자회견 이후 나에 대한 저주에 가까운 기사와 댓글을 수백 수천 건씩 쏟아내던 그들이었다. 그들 가운데 2

년 반 전 첫 재판 이후 법원 앞에 모습을 보인 이는 거의 없었다. 나를 법정에 세운 것, 그것만으로도 아마 그들의 목적을 이미 달성했기 때문이리라. 그리고 이제 선고가 있는 날, 나에게 최후의 일격을 가하기 위해 중무장을 하고 나를 기다리고 있는 것처럼 느껴졌다.

그들 때문에 생긴 카메라 셔터 소리와 확성기 소리의 트라우마는 오늘 같은 날에는 내 심장을 더 조여들게 한다. 기소가 이뤄지기 전, 집과 사무실 등 내가 가는 곳이면 어디든 수십 명의 기자와 유튜버들이 진을 치고 앉아 수시로 터뜨려 대던 카메라 셔터 소리는 끈질기고, 대담했다. 무죄 추정의 원칙까지는 아니더라도 최소한의 인권과 사생활은 보장해줘야 하지 않냐고 절규해 보지만 입 밖으로 나오지 않는 나 혼자만의 항변이었다. 내가 너무 큰 기대를 하는 것일까?

지난 2년 반 동안 한 달에 몇 차례씩 드나들었던 마포 서울서부지방법원 제303호 형사 법정이다. 그러나 그곳은 여전히 나에게 첫 방문 때처럼 낯설고 막막하다. 법정 앞에는 방청권을 받으려는 사람들이 긴 줄을 이루고 있었다. 몇몇 낯익은 얼굴과 눈인사를 나누고 변호인들과 함께 법정으로 들어섰다. 이윽고 방청객들의 입장이 시작되었다.

오후 2시.

"모두 자리에서 일어나 주시기 바랍니다."

법원 보안요원의 안내에 이어 문병찬 주심 판사와 2명의 배석판사가 입장하면서 선고 공판이 시작되었다. 두 손을 힘주어 깍지 긴 채 기도하는 마음으로 피고인석에 앉았다.

"피고인 윤미향에 대한 선고를 시작하겠습니다."

나만의 착각이었을까? 판결문을 읽어 내려가는 주심 판사의 목소리가 떨리고 있었다. 방청석을 가득 메운 사람들은 숨소리마저 죽인 채 판사의 입을 주시했다. 주심 판사는 거의 한 번도 얼굴을 들지 않은 채 긴 판결문을 읽기 시작했다. 마이크가 켜져 있음에도 목소리는 알아듣기 힘들 정도로 작았다. 판사의 목소리가 본래 큰 편은 아니었지만, 귀를 쫑긋 세워 듣지 않으면 무슨 이야기인지 알아듣기 쉽지 않았다. 문득 '판사님도 긴장한 모양이구나' 그런 생각이 들었다. 사법적 판단을 하면 될 텐데, 나 자신도 그 사법적 판단에 방해가 되지 않기 위해 검찰의 공소 사항에 대해 나의 정치적인 목소리를 내지 않으려고 부단히 애를 써왔다. 그런데 사방에서 '윤미향'을 구속하라고 하는 정치적 압력의 무게까지 짊어지셨으니 판사님도 참 안됐다는 생각이 들었다.

지난 공판에서 검사가 구형한 형량은 징역 5년. 검사가 제출한 증거에 대해서는 그동안의 재판 과정에서 우리 변호인단의 변론과 증인들의 진술 등에 의해 거의 모두 무죄임이 입증되어왔지만, 검찰 역시 그동안 총력전을 펼친 재판이라 결과는 장담할 수 없었다.

검찰이 기소한 혐의는 사기, 보조금 관리에 관한 법률 위반, 지방재정법 위반, 기부금품의 모집 및 사용에 관한 법률 위반, 업무상 횡령, 업무상 배임, 준사기, 공중위생관리법 위반 등 8가지였다. 내 입으로 읽는 것조차도 고통스러운 표현들이다. 스물여덟 살에 일본군'위안부' 문제 해결 운동에 발을 들여 지난 30년 동안 활동가로 일하고 있는 나 자신, 자부심과 함께 늘 무거운 책임감을 갖고 살았다고 생각했다. 일본군'위안부' 피해자들의 삶에 머리로만 아니라 마음도 완전히 녹여서 함께 울고, 분노하고, 아파하며 살아야 한다는 것을 한시도 잊지 않으려고 애썼다. 심리적으로도 육체적으로도 힘든 시간이었지만 그래도 참 보람 있었다며 나 자신을 위로하곤 했다. 그런데 그 30년의 결과는 이렇게 입으로 담기조차 끔찍한 혐의들이었다. 그래서 여전히 실감이 나지 않는다.

주심 판사가 판결문을 읽기 시작하고 나서 잠시 후 방청석에서 술렁거림이 느껴졌다. 첫 번째 혐의인 '보조금 관리에 관한 법률(보조금 관리법) 위반'에 대해 "검찰이 제시한 증거만으로는 윤미향 피고인이 보조금 관리법을 위반했다고 볼 수 없다"라는 판결이 내려졌기 때문이다. 무죄 판결이었다. 이어지는 두 번째 판결, 변호인단과 방청객들은 더욱 숨을 죽였다. '기부금품의 모집 및 사용에 관한 법률(기부금품법) 위반' 혐의에 대한 재판부의 판결은 이번에도 무죄! 판사는 목소리 톤도 바꾸지 않고 첫 번째와 똑같은 '판결 이유'를 읽어 내려갔다.

세 번째, 네 번째, … 일곱 번째까지 '무죄'가 선언되자 방청석에 앉은 사람들의 표정이 한껏 밝아졌다. '아, 이제 됐다. 정의기억연대 활동을 다시 시작할 수 있겠구나!' 내 마음이 그렇게 말하고 있었다. 세 명의 검사는 시간이 갈수록 표정 관리가 어려울 정도로 낯빛이 어두워졌다. 재판이 막 시작되던 시간의 그 표정은 온데간데없고 거의 넋이 빠졌다고나 할까….

문병찬 판사는 일곱 번째 혐의까지 '무죄'를 판결하면서 거의 한 번도 얼굴을 들지 않고 오직 판결문만 들여다보며 읽어 내려갔다. 그리고 마지막 여덟 번째 '업무상 횡령' 혐의에 대한 판결문을 읽어야 할 차례였다. 그런데 검찰이 작성했던 공소장의 네 번째 항목, 업무상 횡령을 건너뛰어 맨 마지막에 판결하는 것을 보면서 '무죄가 아닌가 보다' 짐작하며 참담함을 조금씩 느끼기 시작했다. 판사가 잠시 고개를 들어 법정 안을 슬쩍 살피는 것처럼 느껴졌다. 그러다가 나와 시선이 마주친 것 같았다. 어쩌면 '일부 유죄'로 나온 마지막 판결문과 함께 떠오르는 나의 착각일지도 모를 일이다.

간추려 보자면, 검찰이 주장한 업무상 횡령 217건, 1억 40만여 원 중 68차례에 걸쳐 1,700여만 원을 횡령했다는 혐의에 대해 유죄로 인정하고 이에 대해 1,500만 원 벌금형을 선고한 것이다. 검찰이 주장한 것에 비하면 상당 부분을 무죄로 인정받았지만, 이마저도 횡령이라고 판결한 것을 받아들이기가 쉽지 않았다.

일본군'위안부' 문제 해결을 위해 국내외 연대를 이끌어내고, 언론과 인터뷰하고, 다른 시민단체들의 활동에 연대를 표하자면 외부 행사에 참석할 일이 많다. 이 과정에서 차담을 하기도 하고, 간식비와 교통비를 지출하기도 한다. 수요시위가 끝나면 할머니들과 봉사자들이 함께 식사하는 것도 정대협 활동의 일부다. 이렇게 지출한 비용 가운데 일부가 증빙 기록이 없다며 인정되지 않은 것도 있다. 또한 정대협의 내부 조직과 결재 시스템에 따라 협의하여 지출한 것인데도 지출을 인정받지 못한 것도 있다. 물론 더 철저하게 관리해야 했는데 그러지 못했거나 미숙했던 점에 대해서는 재판과정에서 회한을 표하기도 했다. 아무리 바빴어도, 아무리 잠자는 시간이 부족할 만큼 일이 많았어도, 실무능력이 부족했어도, 더 철저하게 관리했어야 한다는 것을 확인하는 과정이기도 했다. 하지만 검찰이 기소한 지난 2011~2020년만 보더라도 회계 처리에 계속 같은 방법만 이용한 것은 아니었다. 매년 실무적인 경험과 평가를 통해 오류를 수정하고 변화를 거치면서 활동을 이어 왔다.

그리고 판결문에서도 언급했듯이 나는 같은 기간 동안 각종 강연료, 상금, 책 인세 등을 대부분 정대협과 정의연, '김복동의 희망'에 기부해 왔다. 이번 재판 과정에서 확인해보니까 그 액수가 1억 원이 넘었다. 검찰이 횡령했다고 하는 액수보다 기부금액이 더 컸다. 이 이야기를 한다는 것이 참 부끄러운 일이다. 오른손이 한 일을 왼손이 모르게 해야 하는데, 내가 한 일을 나 스스로 꺼내는 것이 죄스럽기까지 하다.

완전 무죄가 아니라 일부 유죄가 되긴 했지만, 한편으로 1심을 맡은 문병찬 재판부가 나름 고민한 끝에 '솔로몬의 판결'과 같은 결론을 끌어냈을 것이라고 생각하며 스스로 위로한다.

'그래, 판사님도 우리 재판 맡아서 2년 반 동안 엄청 힘들었을 거야. 항소심에서 충분히 소명하여 무죄를 받을 수 있도록 또 최선을 다하지.'

윤미향 1심 판결문이
'탄핵'한 검찰·언론의 '마녀사냥'

최종 판결문 낭독이 끝난 뒤에도 환호나 박수는 없었다. 주심과 배석 판사들이 모두 퇴정한 뒤 비로소 자리에서 일어나 방청석으로 고개를 돌렸다. 낯익은 얼굴들이 나를 보며 눈인사를 건넨다. 나도 마찬가지였지만, 방청객들의 표정도 밝지 못하다. 아마도 내 마음과 똑같이, 깔끔하게 무죄를 받지 못하고 '일부 유죄' 판결이 났기 때문일 것이다. '내가 웃어야 모두가 웃겠구나' 하는 데 생각이 미치자 자연스럽게 내 얼굴에 웃음기가 만들어졌다. 그러자 약속이나 한 듯 만면에 웃음을 띤 채 서로 악수하고, 포옹하고, 눈물을 훔치는 수많은 장면이 만들어졌다.

변호인단과 짧은 이야기를 나누고 법정 밖으로 나오니 강민정 의원을 비롯해 많은 사람이 눈시울을 붉히고 서 있었다. 뜨거운 포옹이 이어졌다. 훌쩍훌쩍. 누군가 참아왔던 울음을 터뜨리자 삽시간에 눈물바다가 이뤄졌다. 나는 조용히 그들 하나하나를 안아주고 쓸어 주며, 그들 또한 힘겨웠을 지난 3년 동안의 시간을 위로했다. 그 순간에도 내 휴대폰은 쉴 새 없이 울리고 있었다. 언론에 뜬 속보와 함께 쏟아지는 축하 메시지였다. 그만큼 많은 분들이 검사의 5년 구형 때문에 걱정하고 있었다는 것을 알 수 있었다.

짧고도 긴 축하의 시간이 지나고 집으로 향하는 차 안에서 비로소 메시지들을 하나하나 살폈다. 보내준 언론사 링크는 대충 제목만 훑 어보고 말았다. 한 줄짜리 제목에 언론사의 '의중'을 실을 수 있다는 게 놀라웠다.

"윤미향 의원 1심서 '사실상 무죄', 파문 커져"와 같은 제목이 있는 가 하면 "'정의연 후원금 횡령' 윤미향, 벌금 1,500만 원 선고"처럼 앞뒤 싹 자르고 '일부 유죄' 부분만 강조한 제목도 있었다. 참 씁쓸하 고 헛헛했다. 진실은 둘째치고, '속보'라면 응당 독자들에게 '사실'은 알려줘야 할 텐데, 3년 전 매일 500개가 넘는 기사를 생산하며 앞다 투어 '윤미향'의 가짜혐의를 유포하던 언론들이 대부분 무죄 판결에 대해서는 이렇게 반응하는구나, 생각하니 여전히 나의 내일이 아득 하게 여겨졌다.

시간이 지나면서 본격적으로 관련 기사가 나오기 시작했다. 하지 만 예상대로 일부 진보 계열 언론사를 제외하고는 일부 유죄에 대 해서만 강조할 뿐 제대로 판결 내용을 실은 곳을 찾아보기 어려웠다. 그때 한 언론사 〈오마이뉴스〉의 기사 제목이 눈에 들어왔다. 바로 "윤미향 1심 판결문이 '탄핵'한 검찰·언론의 '마녀사냥'"이었다. 검찰이 기소했던 여러 혐의와 이에 대한 법원의 판단을 조목조목 비교, 설명하면서, 판결문 자체가 2년 8개월 동안 마녀사냥에 나섰던 검찰과 언론에 대한 '탄핵'이라고 설파한 것이다. 그 기사를 쓴 기자는 재판이 진행되던 법정 안에서 종종 만나던 몇 안 되는 기자 중 한 명이었다.

정치에 관심이 있는 사람이라면 1심 판결이 어떻게 났는지는 대부분 알고 있을 것이다. 하지만 언론이 보도한 그 숱한 의혹 중 아예 기소조차 안 된 것이 무엇인지, 실제로 어떤 내용이 기소되었고 어떤 이유로 무죄로 판결되었는지 내용까지 아는 사람은 드문 것 같다. 일부 유죄의 경우도 마찬가지다. 간단하게나마 최종 판결문에 실린 내용들을 소개한다.

검찰은 애초에 '보조금 관리법 위반' 등 8개 혐의로 기소했다. 재판부는 그중 7개 혐의는 무죄로 판결했고, "10년간 총 217회에 걸쳐 1억 37만여 원을 횡령했다"라는 검찰의 주장에 대해서도 대부분 무죄를 선고하고 1,700여만 원에 대해서만 유죄 판단을 내렸다. 하나씩 간단하게 정리해보면 다음과 같다.

1. 보조금 관리법 위반, 2. 지방재정법 위반, 3. 사기

- 검찰 : 전쟁과여성인권박물관 등록 서류를 허위로 제출함으로써 관계 기관을 기망했고, 이를 통해 부정한 방법으로 보조금을 받아서 썼다. 이는 '보조금 관리법 위반, 지방재정법 위반, 사기' 등 혐의가 있다.
- 법원 : 박물관 등록 과정에 하자가 있거나 부정한 방법이 있었다고 볼 수 없다. 검사가 주장한 기준은 보조금 사업자 선정에 영향을 미치는 요소가 아니다.

4. 기부금품법 위반

- 검찰 : 1,000만 원 이상의 기부금품을 모집할 때는 금품 모집 사용계 획서를 관계기관에 미리 등록해야 한다. 정대협은 무등록 상태로 후원 금을 모금했다.
- 법원 : 정대협과 정의기억재단, 정의연, '김복동의 희망' 등 4개 단체의 후원금은 기부금품법에 따른 등록 의무 조항이 아니다.

5. 준사기

- 검찰 : 길원옥 할머니는 중증 치매 진단을 받아 정상적 의사결정을 할 수 없는 상태였다. 그런 할머니에게 기부금 명목으로 거액을 받아냈다.
- 법원 : 길원옥 할머니가 중증 치매 진단을 받았다거나 심신장애 상태 에 있었다고 보기 어렵다. 18년 동안 활동했던 경력을 보면 자기 의사 로 기부했다고 볼 수 있다.

6. 업무상 횡령

- 검찰 : 10년간 총 217회에 걸쳐 1억 37만여 원을 횡령했다.
- 법원 : 68회 1,748여만 원에 대해서는 횡령을 인정한다. 나머지 8,319만 원은 정대협 등의 활동비, 운영비로 보인다.

7. 업무상 배임

- 검찰 : 4억 원대에 불과한 부동산을 7억 5천만 원에 매입해 정대협에 재산상의 손해를 끼쳤다.
- 법원 : 4억 원대로 평가한 검사의 감정 평가에 오류가 있다. 또 부동산 중개인, 매도인, 피고인 사이의 금전적 비리가 확인되지 않는다.

8. 공중위생관리법 위반

- 검찰 : 안성 쉼터를 관할 관청에 등록하지 않은 채 무허가로 숙박업소로 사용했다.
- 법원 : 안성 쉼터의 월 이용 횟수는 0.62회에 불과하다. 숙박업을 영위했다고 볼 수 없다.

이미 1심에서 재판부의 판결이 내려진 마당에 모든 혐의에 대한 반박은 무의미하다. 다만 언론에서 미처 다루지 못했던 혹은 단순 사실만 전달된 몇 가지 일에 대해서는 좀 더 자세한 이야기를 들려주고 싶다.

재판부도 인정한
'평화운동가' 길원옥 할머니

　문병찬 판사가 판결문을 읽어 내려가는 동안 법정의 모든 사람이 숨을 죽인 채 귀를 쫑긋 세우고 있었다. 그런데 나는 어느 한 대목에서 갑자기 가슴이 뛰면서 판사의 그다음 목소리가 잘 들리지 않았다. 길원옥 할머니와 관련된 언급이었다. 정확한 문구는 기억나지 않지만, 검사가 제출한 증거만으로는 길원옥 할머니가 정의연에 기부할 당시에 의사결정 능력에 문제가 있었다고 보기 어렵고, 준사기죄에서 말하는 심신장애 상태에 있었다고 보기 어렵다는 내용이었다. 즉 18년 동안 평화운동을 해온 분으로서 본인이 스스로 기부할 의사가 있었다고 봐야 한다는 것이었다.

　'아! 하느님 감사합니다. 이것으로 됐습니다!'

저절로 기도가 나왔다. 당시 내가 가슴이 뛸 정도로 기뻤던 것은 단순히 나의 혐의가 벗겨졌기 때문이 아니다. 준사기 혐의에 대한 무죄 판결은 법원에서 길원옥 할머니를 '평화운동가'로 인정해준 것이나 마찬가지였기 때문이다.

재판부는 길원옥 할머니가 1998년 일본군'위안부' 피해자로 등록한 이후 수많은 언론 인터뷰를 비롯하여 일본군'위안부' 문제 해결을 위해 국내외에서 활발하게 활동해왔고, 2012년 3월 8일 김복동 할머니와 함께한 기자회견에서 일본으로부터 배상금을 받으면 전액을 전시 성폭력 피해자들을 돕는 데 기부하겠다는 의사를 밝혀 정대협이 나비기금을 설립할 수 있게 되었다는 역사까지 짚어주었다. 또한 김복동 할머니보다 앞선 2010년에 일본을 방문하여 재일조선학교와 인연을 맺고 장학금을 전달한 일도 언급했다. 재판부는 이런 여러 활동에 비추어 봤을 때 할머니의 기부행위가 본인의 의사에 따른 것이었다고 본 것이다.

검찰은 나와 손영미 쉼터(일본군'위안부' 피해자 쉼터 '평화의 우리집') 소장이 공모하여 중증 치매에 걸린 길원옥 할머니를 속여서 정의연 등에 후원금을 기부하게 했다며 나를 준사기 행위로 기소했다. 스스로 의사결정을 할 수 없는 할머니의 통장에서 돈을 빼내 정대협과 정의연, '김복동의 희망'에 기부하게 했다는 게 검찰의 주장이었다. 검찰의 주장에 따르면 적지 않은 돈을 기부한 길원옥 할머니의 행위마저 주체적인 의지가 아니라 치매에 의한 비자발적 행위가 되

는 셈이었다

검찰이 '준사기'로 나를 기소하게 된 계기는 나로서도, 손영미 소장을 생각해도 너무 가슴 아픈 일이다. 정대협 활동을 오래도록 지켜봐 오신 분들은 알겠지만, 길원옥 할머니는 나뿐 아니라 손 소장, 정대협 활동가들과 특별한 사랑을 주고받으며 같은 활동가로서뿐만 아니라 거의 한식구처럼 지낸 특별한 사이다. 우리는 할머니의 표정만 봐도 '할머니가 말하고 싶어 하지 않는구나' '할머니가 나가고 싶어 하지 않는구나' 등을 금방 알아챌 수 있었다. 말씀으로는 뭐든지 다 "맛있네요" 하셔도 우리는 '음식이 맛이 없구나' 혹은 '싫어하시는 게 있구나' 하는 할머니의 다양한 감정을 눈치챌 수 있었다. 16년 동안 쉼터에서 한식구로 살았으니 당연한 것이 아닌가 하는 사람들도 있겠지만, 길원옥 할머니가 주는 기쁨은 조금 특별났다.

우리 활동가들도 할머니를 참 좋아하고 사랑했지만, 우리 역시 할머니의 사랑을 참 많이 받았다. 할머니가 수요시위에 나가시지 못할 때, 수요시위가 끝나고 인사차 들르면 할머니는 현관문 밖에 나와서 우리를 기다리고 계시곤 했다. 대문이 열리면 얼굴을 대문 쪽으로 쭈욱 빼서 "대장이구나야!" "내 사람이 왔구나!" 하며 반겨주셨다. 때때로 내가 쉼터 거실에 앉아 있을 때, 할머니는 살금살금 손가락으로 내 머리카락을 들어 올리며 흰 머리를 뽑아주기도 했다. "아이스크림 먹고 싶은데…" 하며 주머니에서 만 원짜리를 몇 장 꺼내시고는 내 눈치를 살피던 할머니 모습은 지금 생각해도 웃음이 난다. 당뇨 질환이 있으셔서서 단 음식에 대해서는 손 소장도 나도 달가워하지 않는다는 것을 할머니도 알고 계시기 때문이다. 할머니의 그 말씀에 대해서는 나도 선뜻 대답할 수 없다. "소장님, 할머니가 아이스크림 드시고 싶다는데, 괜찮을까요?" 그렇게 확인하고 "네, 오늘은 할머니 아이스크림 드셔도 될 것 같아요" 하면 금방 우리 길원옥 할머니의 표정은 활짝 핀 해바라기다. "아이 좋아라!" 하시며 주머니에서 꺼낸 간식비를 젊은 활동가에게 건넨다. 할머니의 그런 몸짓과 말씀에서 맛보았던 행복감은 말로 다 표현하기 어렵다.

검찰은 길 할머니의 중증 치매를 증명하기 위해 정신건강의학과 전문의와 함께 길 할머니의 양자 부부를 증언대에 세웠다. 이미 길 할머니의 양자 부부는 나를 학대죄로 처벌해달라며 형사고발하고 기부금 반환 민사소송을 낸 상태였다. 황 목사 부부는 정의연이 할 머니께 드린 '인권상' 상금 중 정의연에 기부한 5,000만 원뿐만 아 니라 2020년까지 정대협 쉼터에 거주하면서 있었던 모든 기부행위 가 치매 상태에서 이뤄진 것이라고 주장했다.

압수수색 과정에서 확보한 정의연 활동가들의 단톡방 대화 내용 까지 일일이 화면에 띄운 채 할머니의 중증 치매를 우리가 이미 알 고 있었다는 걸 증명하기 위해 애썼다. 사적이고 은밀한 대화 내용 이 법정 안에 생중계되는 건 참기 힘든 모욕이었다. 이런 검찰의 노 력에도 불구하고 재판부는 검찰의 주장을 받아들이지 않고 할머니 의 후원 역시 본인의 의사라고 봐야 한다고 판결했다.

우리 측 증인으로 나온 또 다른 신경과 전문의는 길 할머니가 정상 생활이 가능할 뿐 아니라 계산능력과 사회성에 문제가 없으며, 오히려 창작 능력과 인지능력이 대단하다는 걸 확인해 줌으로써 중증 치매 환자로 인지 및 의사결정 능력이 없다는 검찰의 주장을 탄핵하기도 했다. 이 증인은 1998년부터 1주일에 200~250명의 치매 환자를 만나고 있는 치매 전문 의사로서, 길원옥 할머니의 건강 상태에 대한 증언 역시 그만큼의 무게가 있었다. 2013년부터 2020년 초까지 쉼터에서 간병인으로 일했던 분도 증인으로 출석하여 검찰의 치매 주장을 본인의 경험을 토대로 반박하기도 했다. 길원옥 할머니의 활동에 대한 존경과 사랑이 묻어났다.

한편 2021년 6월 10일 13차 공판에서 검찰 측 증인으로 나선 황 목사는 오히려 검찰을 당혹스럽게 했다. 황 목사가 쉼터에 찾아올 때마다 할머니는 수십만 원씩 용돈을 주셨고, 부인이 수술할 때 수술비 지원금을 주기도 했다. 2017년 정의연에서 상금을 받았을 때는 1,000만 원을 현금으로 주기도 하고, 또 매월 십일조의 개념으로 50~60만 원을 주셨는데, 그 순간에는 길 할머니가 치매가 아니었다고 주장한 것이다. 검찰 조사 당시 "어머니는 치매에 의한 단기 기억 장애"라고 진술했던 황 목사가 진술조서까지 화면에 띄운 법정에서는 "우리 어머니는 깜빡깜빡하는 것일 뿐이다. 나는 어머니를 치매라고 말한 적이 없다"라며 검찰에서의 진술을 부정하기도 했다. 충분히 짐작할 수 있는 일이었다.

또한 황 목사는 "우리 어머니는 총명한 분이었다. 노환 때문에 깜빡깜빡한다고만 알고 있었다. 말씀도 다 알아들으셨다. 대소변을 못 가린 적이 없다. 정신력이 강한 분이셨다"라며 검사가 줄곧 길원옥 할머니를 대소변도 못 가리는 중증 치매로 몰고 가려는 것에 대해 부정했다. 지난 2004년 길원옥 할머니가 정대협이 운영하는 쉼터에 이주한 뒤 매주 1회씩 방문하고 매일 두 차례씩 전화로 안부를 물었던 당사자로서 할머니에게 치매 증세가 없었다고 스스로 밝힌 것이다.

그럼에도 검사는 길원옥 할머니가 2017년 여성인권상과 함께 받은 1억 원 중 5,000만 원을 길원옥여성평화상으로 기부한 것은 치매 상태에서 한 것이고 1,000만 원을 황 목사에게 준 것은 정상적인 행위였다고 보았다. 황 목사의 양자 입양을 두고도 똑같은 상황이 벌어졌다. 길원옥 할머니는 생전에 황 목사를 양아들로 키우긴 했지만 정식으로 입양하지는 않았다. 그런데 황 목사는 2020년 3월경 길원옥 할머니가 중증 치매에 걸렸다고 주장하는 그 시기에 양자 입양이 이뤄졌다고 주장했다. 기부금은 치매에 걸린 상태에서 속아서 냈지만 양자 입양 당시에는 치매가 아니었다는, 앞뒤가 맞지 않는 주장을 한꺼번에 펼친 것이다.

잠시 오해가 있을지 몰라 한 가지 이야기를 덧붙이고 싶다. 길 할머니 이야기를 이렇게 장황하게 하는 이유는 하나다. 정대협은 지난 30년 동안 피해 당사자들의 주체적인 활동을 아주 중요하게 인식하고 활동했고, 나 역시 그런 마음가짐과 자세를 가지고 있었다. 그래서 정대협 대표로 일하면서도 할머니들 앞에 서기보다 늘 할머니들의 그림자가 되고, 지팡이가 되어주고, 할머니들 옆에 서서 같이 걷는 것이 참 좋았다. 그러나 검찰의 수사와 기소, 언론보도는 지난 30년의 우리 노력을 공격하는 것이었고, 유엔인권이사회의 숱한 보고서에 수록된 피해 당사자들의 주체적인 인권운동을 무력화하고 피해자들의 주체성과 존엄을 훼손하는 것이었다. 그래서 그 어떤 무죄 판결보다 길원옥 할머니의 치매를 이용한 준사기 혐의가 무죄로 판결된 것에 눈물이 나도록 기뻤던 것이다.

내가 절대로 해서는 안 되는 일

2023년 2월 10일 서울서부지방법원 제303호 법정. 지금도 그날의 법정 모습이 눈에 생생하다. 판결문 낭독이 모두 끝나고 주문과 판결 이유까지 모두 확인한 다음 머릿속에 가장 먼저 떠오른 단어는 '김복동 할머니'였다. 지난 3년여 동안 나를 살아있게 해준 할머니에 대한 고마움과 몸과 마음으로 겪은 서러움이 뒤섞인 탄성이었다. 만감이 교차했다. 비로소 지난 3년 동안 무너져내린 희망, 할머니가 만들어오신 희망의 역사를 다시 시작할 수 있게 되었다는 생각이 들었다. 생각이 거기까지 미치자 수요시위에 너무나 나가고 싶어졌다. 그 거리에서 다시 사람들을 만나고 싶었다.

그날 이전까지 3년여 동안 나는 죽음과 삶의 경계를 오락가락하는 경계인으로 살았다. 매일 죽었다 살아나기를 반복했다. 새벽에 습관적으로 눈이 떠지면 그때부터 오늘 하루 살아내야 할 시간이 끔찍하게 다가왔다. 아침마다 국회의원회관 530호 문 앞에서 나를 기다리고 있을 수십 명의 기자와 카메라 셔터 소리 그리고 인터넷에 도배되는 내 모습들…. 내가 마치 그들의 장난감이 된 것 같았다.

지금도 가끔 꿈에 나타나는 그 날의 그 사건은, 아마도 생애 마지막 순간까지도 내 마음의 빗장을 열 수 없는 기자들의 모습으로 남을 것 같다. 늘 같은 상황이 반복되었지만, 그날 기자들은 더 난폭했나. 기자라고 할 수 없었다. 퇴근 시간이 되어 어제와 같이 의원회관 530호 출입문을 열었다. 그런데 문이 딸깍 열리자마자 수십 명의 기자가 동시에 카메라 셔터를 눌러대며 내가 한 발자국 이동할 때마다 나를 둘러싸고 엘리베이터까지 따라오며 사진을 찍어댔다. 카메라가 아주 무서운 폭력의 도구가 될 수 있다는 것도 그때 느꼈다.

그때였다. 한 기자가 내가 등에 메고 있던 등가방의 손잡이를 잡고 힘껏 당겨 나를 넘어뜨리려고 했다. 다행히 나 또한 어떤 일이 있어도 넘어지지 말자며 늘 각오하고 있었던 터라 다리 힘을 다 내서 버틸 수 있었고, 기자가 원하는 사진을 제공해주지 않았다. 나를 둘러싼 채 사진기와 비디오카메라를 들고 찍어대던 기자들의 모습, 엘리베이터에 비친 그 모습이 악몽처럼 각인되어 여전히 사라지지 않고 있다. 내 가방을 끌어당겨 나를 넘어뜨리려 했던 그 기자는 그 날을 어떻게 기억하고 있을까?

그런 하루를 시작하기 위해 눈을 뜬다는 것은 고통 그 자체였다.

차라리 침대에 붙은 채 영원히 눈을 감아버리면 좋지 않을까 하는 생각이 들기도 했다. 내가 눈을 감아버리면 내 가족도, 재판을 준비하느라 마음이 많이 아픈 나의 옛 동료들도 자유를 얻게 되지 않을까?

그런 나에게 힘내서 살아가야 한다고 동기를 부여해준 것은 김복동 할머니였다. 암과 싸우다 죽음이 바로 앞에 다가왔다는 것을 알게 된 그 순간에도 마지막 순간까지 일본 정부와 싸울 것이라고 하며 "나는 희망을 잡고 산다. 희망을 잃어버리지 말자"라고 하셨던 김복동 할머니셨다. 7년여 동안 일본의 전쟁터에 끌려다니며 견뎌야 했던 치욕의 순간들, 해방 후 한국 사회의 편견과 혐오들, 그 모든 것을 견뎌내고 살아남아 우리 사회에 남기고 간 가치, 그분의 향기를 생각하며, 이대로 무너져서는 안 된다는 생각으로 견뎌낼 수 있었다.

하지만 그런 의지는 오래가지 못했다. 3년 동안 가족들과 외식도 편하게 할 수 없었다. 나에 대한 혐오의 말과 희롱, 손가락질로부터 자유로운 곳은 없었다. 아파트 안에까지 찾아오는 보수 유튜버들의 방송 트럭은 어마어마한 음량의 스피커로 "위안부 앵벌이 윤미향은 국회의원 사퇴하라!" "윤미향을 구속하라!" 등의 구호를 외치며 나와 우리 이웃의 삶의 터전까지 흔들어댔다. 그럴 때마다 살아있음이 지옥 그 자체로 느껴졌다.

부모님의 마음은 어땠을까? 어머니는 매일 새벽기도를 다니며 "하나님, 우리 미향이가 어떻게 살았는지 아시잖습니까? 부디 우리 미향이에게 긍휼을 베풀어주시옵소서" 기도를 올렸다. 그리고 "미향아, 오늘도 잘 버텨주길 바란다. 하나님한테 기도했다" 하며 기도 문구를 메시지로 보내주셨다. 그럴 때마다 얼마나 울었는지…. 그 생각을 하면 지금도 눈물을 멈출 수가 없다.

> 내가 절대로 해서는 안 되는 일.
> 내 부모님께서 나의 부고장을 보게 하는 일.
> 그것만큼은 질대로 해서는 안 되는 일
> 그동안의 죄로도 내 남은 인생에서 절대로 갚을 수 없는 일인데,
> 다시 태어나서 다시 나만큼 산다 해도 그 죄는 다시는 갚을 수 없음을
> 내 부모 삶을 보며 나는 알지.
> 그것만은 절대로 내가 해서는 안 될 일.

2022년 3월 어느 날 블로그에 올린 글이다. 손영미 소장이 떠난 '그날'로부터 2년이 지난 뒤였지만 여전히 날마다 죽음을 생각하는 나 자신이 무서워서, 부모님을 생각해서라도 죽지 말고 살아남아야 한다고 스스로 다짐하며 쓴 글이다.

'윤미향'과 조금이라도 관련이 있는 단체나 개인은 누구도 검찰의 칼날을 피해 가지 못했다. 밝혀진 혐의나 증거가 없는데도 이미 나는 사회적으로 '마녀'가 되어 있었고, 정의연은 할머니들을 팔아 보

소금도 사기로 받고, 기부금도 불법으로 받고, 강제로 할머니들에게 기부금을 받고, 안성힐링센터를 불법적으로 숙박업소로 운영하여 돈을 벌어먹는 집단으로 매도되었다. 수를 헤아릴 수 없는 사람들이 나 때문에 피눈물을 흘렸고, 견디지 못한 사람들은 내 곁을 떠나거나 나와 거리를 두기 시작했다. 아프고, 아프고, 또 아팠지만 내가 할 수 있는 일이 없었다.

언론과 검찰은 그렇게 내 손과 발을 묶고 주변 사람과 나를 완벽하게 격리시켜 나갔다. 그리고 쉼터를 16년이나 지켰던 손영미 소장은, 결국 그 압박을 이기지 못하고 스스로 목숨을 끊고 말았다. 2020년 6월 6일이었다. 언론과 검찰에 의한 명백한 타살이었다. 하지만 그 누구도 지금까지 미안하다는 말 한마디 한 적이 없다.

그날 이후, 나는 때때로 국회의원회관 530호, 내 방에 홀로 앉아 어두운 창밖을 내다보곤 했다. 먼저 떠난 손영미 소장과 할머니들을 생각했다. 지난 30년간 함께 울고 웃고 눈물 흘렸던 할머니들의 모습이 하나씩 창밖에 나타났다 사라지고, 진밥 된밥 잡곡밥 하얀 쌀밥… 할머니들 취향에 맞춰 끼니때마다 밥솥에 쌀을 몇 번씩 새로 안치던 손영미 소장의 얼굴이 나를 바라보며 손짓하기도 했다.

'그렇게 가니까 편해요?'

손영미 소장은 말이 없다. 저 까만 창문을 넘어가 한 발만 내디디면 바로 그가 있는 곳으로 갈 수 있을 텐데…. 소스라쳐 놀라 정신을 차려보면 어느새 창문 잠금쇠를 붙들고 있는 내 손이 보이곤 했다. 그럴 때면 문득 오래전 검찰 수사를 받다 스스로 목숨을 끊었던 현대그룹 회장이 떠오르기도 했다. 현대그룹이라는 막강한 보호막이 있음에도 검찰의 수사가 얼마나 수치스럽고 견디기 힘들었으면 그 작은 창문으로 몸을 욱여넣어서 뛰어내렸을까. 그 순간 그는 무슨 생각을 했을까. 나보다 한참 덩치가 큰 그 사람이라면 의원실 창문으로는 못 뛰어내리겠구나, 하는 엉뚱한 생각이 들기도 했다. 그런 순간에 나를 붙잡아 준 것은 매일 새벽기도를 통해 나의 삶의 자리에 함께하는, 나를 믿고 사랑하는 부모님과 내 가족 그리고 먼저 가신 피해자들에게 약속한 숙제를 마저 끝내야 한다는 할머니들에 대한 내 사랑이고 책임감이었다.

마지막 길을 떠나기 며칠 전 내게 전화를 걸어 하소연했던 손영미 소장의 목소리를 잊을 수가 없다.

"대표님, 제가 잠을 잘 못 자요. 어쩌다 잠들어도 깊이 잘 수가 없어요. 자다 깨다 반복하다 보면 어느새 새벽이 다가오고, 그러면 할머니들 밥을 해드려야 하는 시간이에요. 할머니들 음식 준비하러 생협에 가야 하는데, 현관문도 못 열겠어요. 24시간 기자들이 쉼터 밖에서 지키고 있나 봐요. 너무 무서워요. 카메라 렌즈가 꼭 총구처럼 보여요. 밤에 자다가도 깜짝 놀라 일어나서 창밖을 보면 여전히 카메라가 보여요. 그렇게 잠을 설치다가 겨우 한숨 자고 일어나 보면 침대에 물이 흥건하게 고여 있어요. 저, 어쩌면 좋아요?"

자기 자신도 힘든데, 자기 몸도 가누기 힘들었을 텐데, 아침에 눈 뜨면 길원옥 할머니 드실 음식 준비해야 하고, 혹시나 길원옥 할머니가 상처를 입으면 어쩌나 하는 걱정이 더 큰 사람이었다.

"소장님, 잘 버티고 꼭 이겨내야 해요. 저랑 약속했잖아요. 우리, 할머니들 다 돌아가시고 나면 그때 진짜 자유롭게 오로라 여행도 다니자고요. 우리 정말 그렇게 살아요."

내 나름으로 희망의 메시지도 주고 격려도 하면서 함께 버텨 나가자고 말하곤 했다. 어쩌다 한 번씩 만날 때는 "대표님, 저 좀 안아주세요" 했다. 이상했다. 평소 자기 몸에 손을 대는 걸 싫어하는 분인데, 자기를 안아달라고 부탁까지 하다니…. 그만큼 힘들었던 것이다. 휑한 눈동자에서 금방이라도 눈물을 쏟아낼 것 같기도 하고, 고립감도 느껴져 그를 꼭 안아주며 다독거렸다.

2020년 6월 6일 현충일, 지옥 같은 날들을 보내던 중 모처럼 남편이랑 딸과 둘러앉아 늦은 아침 식사를 하고 있었다. 무심결에 SNS를 열었더니 사법농단 문제를 제기했던 이탄희 의원이 공황장애 때문에 국회에 휴직계를 제출하려 한다는 글이 올라와 있었다. 이탄희 의원이 올린 증세가 내가 겪고 있는 증세와 같았고, 손영미 소장이 전화로 하소연하던 증세와 같았다. 가슴이 너무 아팠다.

'우리 모두 이렇게 앓고 있었구나….'

이탄희 의원 같은 분도 휴직을 생각하는데, 매일 매일 자신도 힘든데 할머니까지 챙겨야 하는 손 소장은 어떨까 걱정이 되어 전화를 걸었다. 이탄희 의원의 소식을 전하며 "소장님, 우리 잘 버팁시다. 잘 버텨서 이겨냅시다. 반드시 이겨서 우리 둘이 지금 겪고 있는 일들을 추억으로 이야기하며 할머니들도 생각 안 하고 우리만 생각하며 오로라 여행 갑시다" 하고 말을 이었다. 그렇게라도 희망을 주고 싶었다. 하지만 손 소장은 "너무 버티기가 힘들어요" 하더니 "지금 운전 중인데 나중에 다시 전화할게요" 하고는 전화를 끊었다. 한참 있다가 주차했다며 손 소장에게서 다시 전화가 왔다.

"저, 조금만 울다가 들어갈게요. 좀 울고 나면 시원할 것 같아요. 걱정하지 마세요."

"그러세요. 제 치료 방법도 우는 거예요. 실컷 울다가 가세요"라고 답하고 전화를 끊었다. 하지만 그것이 손 소장과 나눈 마지막 대화가 될 줄이야. 왜 나는 그때 좀 더 깊은 걱정을 하지 못했을까…. 오후 3시쯤이었을까? 손 소장이 곧 들어온다고 하고 나갔는데 문자를 보내도 답이 없고, 전화도 안 받고, 쉼터에도 오지 않는다며 쉼터 주말 활동가에게서 전화가 왔다. 나는 "오전에 소장님과 통화했어요. 좀 울고 들어간다, 걱정하지 말라고 했으니 조금만 기다리면 들어오실 거예요"라며 그를 안심시켰다. 그런데 다시 전화가 왔다. 오후 5시쯤이었던 것 같다. 계속 연락이 되지 않는다는 것이다. 분명히 주차했다고 했던 손 소장이 연락이 끊어지다니…. 그제야 뭔가 알 수 없는 불안감이 닥쳐오기 시작했다.

할머니들 건강관리를 위해 매주 쉼터를 방문하던 윤 박사가 생각났다. 윤 박사는 손 소장과 사회복지대학원 석·박사 과정을 함께한 친구여서 쉼터와 인연이 만들어졌다. 손 소장의 집을 알고 있을 것 같아 한번 가봐 달라고 부탁하기 위해 전화를 걸었다.

정말 미안하게도 손 소장의 집에 한 번도 가본 적이 없었다. 그럴 수밖에 없는 것이, 1년 내내 거의 모든 시간을 쉼터에 있었고, 아주 가끔 휴식이 필요할 때 본인의 아파트에 가서 하룻밤 자고 오곤 했기 때문에 그 집을 알 만한 기회가 없었다. 다행히 윤 박사는 손 소장의 아파트를 알고 있다고 했다.

하지만 손 소장의 집에 가봐 달라고 부탁했던 나는 오히려 혼이 나고 말았다. 손 소장은 그럴 분이 아니라고, 왜 그런 생각을 하느냐고, 조금 기다리면 올 것이니 아무 걱정하지 말고 있으라고 했다. 잠시나마 마음이 약해졌던 나를 탓하며, 윤 박사의 말씀이 맞을 거라며 나를 다독거렸다. 그런데 날이 어둑해져서도 여전히 연락이 닿지 않아 다시 전화를 드렸다. 그때는 윤 박사도 불안했던 것일까? 얼마간의 시간이 지난 후 윤 박사가 전화를 주셨다.

"집에는 안 계신 것 같아요. 아파트에 갔다 왔는데, 불이 꺼져있어요. 걱정하지 마세요. 절대 나쁜 마음 먹을 사람 아니니까요."

하지만 마음이 놓이지 않았다. 잠시 후 밤 9시가 가까운 시간이었던 것 같다. 손 소장이 자택에서 숨진 채 발견됐다는 안타까운 소식이 전해졌다. "그분이 가셨습니다"라는 문자 한 통.

이게 꿈인가? 그 문자도 거짓말 같았고, 전화기 속에서 전해져 오는 동료의 울먹이는 목소리도 거짓말 같았다. 그러나 사실이었다. 내가 살아있음에 자책감이 들었다. 그 무섭고 외로운 길을 혼자 그렇게 떠나게 해서 너무나 미안했다. 나도 같이 갈 것을⋯. 만약 내가 먼저 떠났다면 이런 고통스러운 일들이 중단되었을 텐데⋯. 그랬다면 손영미 소장을 살릴 수 있지 않았을까?

하지만 그것은 내가 절대로 해서는 안 될 일이었다. 부모님과 우리 가족뿐 아니라 나를 믿고 의지했던 수많은 사람, 특히 나와 30년을 동고동락했던 할머니들을 생각하면 그렇게 떠날 수는 없는 일이었다. 어쩌면 그것이 바로 '그들'이 원하는 길인지도 모르기에 더욱 그 길을 나 스스로 선택할 수 없다는 생각을 누누이 했다.

하시만 정말 무서운 건 언론과 일부 극우 SNS였다. 손 소장의 죽음 앞에 미안함을 표하기는커녕 오히려 '손영미는 윤미향 때문에 죽었다'라는 주장이 생중계되다시피 했다. 심지어 당시 미래통합당의 이른바 '위안부 할머니 피해 진상규명 TF' 위원장을 맡고 있던 곽상도 의원은 "경찰에서 손 소장이 자살이라는 결론을 미리 내려놓고 제대로 조사를 하고 있는지 의문"이라는 막말을 서슴지 않았다. 또한 그는 "수사책임자인 배용석 파주경찰서장이 2018년 총경으로 승진해 청와대 민정수석비서관실에 파견 근무했고, 2020년 1월 파주경찰서장으로 부임한 경력 때문에 의심을 거두기 어려우니, 수사책임자를 교체해 철저히 조사해 주기 바란다"라고 했다. 자살이 아니고 타살 아니냐는 의혹을 공개적으로 제기한 것이다.

그런데 항소심 부장판사도 역시 그렇게 생각했던 것일까? 그래서 나에게 피고인 신문을 통해 "손 소장이 왜 자살했다고 생각하는가?"라고 물었던 것일까? 사람의 죽음을 대하는 그들의 태도가 끔찍하게 무섭다. 16년 동안 자신의 사적인 유희를 접어두고 24시간 내내 할머니들을 모시고 살면서 온갖 희로애락과 갈등을 받아내며 '할머니들의 편안한 노후'라는 말을 입에 달고 살던 한 여성이 목숨을 끊었는데, 어떻게 그 사람의 죽음을 이렇게 자신들의 이익을 위해 희롱하고 왜곡하며 도구로 이용할 수 있는가.

당시 내 심정이 어떠했는지는 훗날 나의 개인 블로그에 올린 글을 보면 잘 드러난다.

〈매일 아침 눈을 뜨면〉

아… 숨 쉬는 것조차 힘들어요.

오늘만 살자 오늘만 살자,

나를 다독이며 큰 숨 쉬어보지만

들숨은 가슴을 통과하지도 못하고 목구멍에서 할딱할딱

들숨 들어오면 온갖 찌꺼기 함께 뱉어 낼 준비하고 있던 날숨은

안간힘 부여잡고 헉헉냅니다.

오늘 아침 어김없이 5시에 알람은 울리고

그냥 이대로 이대로….

어느새 나는 사람이 오를 수 있는 가장 높은 꼭대기에 서 있습니다.

내가 지금 몇 킬로그램인가.

꿈쩍 않는 몸뚱어리

너무 무겁구나.

……

엄마, 잘 지내세요?

내년이면 60이 되는 큰딸,

여전히 엄마 아버지 도움으로 살고 있어 죄인인데

미향아, 이대로는 너무 억울하다 한마디에

더 큰 죄인이 되어가고

억울하다는 엄마의 소리를 들으며 다시 나는 길을 잃습니다.

'모든 것 내려놓고 쉬고 싶다'는 생각을 하다가

어느새 나의 삶 안에 들어와 버린 수많은 사건들은

다시 단 하루를 살아도 내가 해야 할 일을 생각하게 하고

할머니들과 나눴던 수많은 약속은

다시 내 심장에 무거운 숙제가 되어

어떻게 할래, 어떻게 할래

나에게 묻습니다.

다시 거리에서 뜨겁게
포용할 수 있는 날을 기다리며…

검찰 조사 과정에서도, 재판 진행 과정에서도, 검찰이 가장 먼저 앞세운 말이 있었다. 바로 "이용수 할머니의 기자회견으로 시작된…"이었다. 그때로부터 3년이 지났지만 지금도 외부 모임에 나가면 참가자들로부터 빠지지 않고 받는 질문이 이용수 할머니에 대한 내 생각과 심정에 대한 것이다. 그런데 정말로 검찰의 말처럼 '이용수 할머니의 기자회견으로 시작된' 것이었을까?

2020년 3월 29일 일본의 대표적인 우익매체 〈문춘 온라인〉은 "왜 이 여자여야 하는가?"라는 제목의 기사를 실었다. 기사는 "반일 운동 단체 우두머리 출마 선언의 충격은 크다"라면서 "윤미향 씨 경력에 의문점이 있는 것은 사실이다" "위안부 등 피해자들은 늘 이용당해 왔다"라고 의혹을 제기했다. 마치 이후에 보도될 기사들을 지휘하고 있는 듯한 내용이었다.

그 기사에는 더불어시민당 비례대표 공천 신청에서 탈락한 가자! 평화인권당 최용상 대표의 인터뷰도 실렸다. 그는 "지금 더불어민주당이 하는 행태는 일본 아베보다도 더 나쁜 짓"이라고 주장하기도 했다. 최용상은 이용수 할머니가 기자회견을 할 때 진행을 맡았던 사람이다.

이후 〈조선일보〉는 과거 주한미군 방위비 분담 문제와 사드 배치 비용 전액 한국 부담에 대해 비판의 목소리를 냈던 나에게 '반미' 프레임을 씌우고 "자신은 반미를 하면서 딸은 미국으로 유학 보냈다"라는 기사로 내 딸을 소환하기 시작했다. 그리고 다른 우익매체들은 같은 내용을 복사해서 쓰기 시작했다.

그리고 며칠 지나지 않아 일본의 〈요미우리〉는 "한국인 위안부 지원단체의 전 대표인 윤미향 후보가 총선에서 당선권 안에 있으며 그가 국회의원으로 변신하면 위안부 문제로 한국 정부에 대일 강경 자세를 더 강화하라고 촉구할 거라는 분석이 나온다"라고 보도했다. 기다렸다는 듯이 〈조선일보〉는 "日 요미우리, 정대협 전 대표 국회 입성 가능성에 경계심"이라는 제목으로 〈요미우리〉 보도를 전하면서 "7번인 윤 후보는 당선이 유력한 상황"이라고 덧붙였다. 그런데 이 기사는 한 시간 뒤 "그가 국회 들어가면 … 일본이 경계하는 與 비례당 후보"라는 제목으로 바뀌었고, 다시 그날 밤에 기사가 삭제됐다. 왜 그랬을까? 그리고 이용수 할머니의 기자회견이 이어졌다.

이용수 할머니는 지난 30년 동안 때로는 쉼터에서 함께 기거하며 일상생활을 함께 하기도 했고, 멀리 미국과 일본, 필리핀 등 해외 캠페인을 할 때는 한방에서 지내며 활동을 함께 했던 '우리'였다. 그런 과정에서 희로애락을 함께 느껴왔다고 생각했다. "너는 왜 내가 하는 말에 바로 '네네' 하지 않는데?" 하며 꾸지람할 때도 있었고, 한 시간 내내 분노를 욕으로 풀 때도 있었다. 그리고 시간이 지나고 난 후에는 뜨겁게 포옹하면서 "아이 러브 유" 하기도 하고, 그동안 욕을 해서 미안했다고 하실 때도 있었다. 그런 때는 행복해서 기록을 해두기도 했다.

하지만 국회의원 후보 그만두라는 할머니의 요구를 들어드리지 못한 내 진심은 통하지 않았고, 두 시간이 넘는 긴 전화 통화에도 불구하고 할머니로부터 이해받지 못했다. 할머니의 분노는 기자회견을 통해 표출되었다.

그런데 그날의 기자회견은 그동안 우리 운동 안에서 활동가로, 동지로 옥신각신하며 지내왔던 관계 맺기의 과정들과 다르다는 것을 온 감각으로 알아차렸다. 무서웠다. 기다렸다는 듯 언론, 방송, SNS에서 화살을 쏘기 시작했다. "나는 돈을 한푼도 받은 적이 없다"라는 할머니의 말씀은 '그렇다면 할머니들 도우라고 모은 후원금은 누가 어디에 사용했는가?' 하는 추측 기사들이 쏟아져 나오게 했다. 하루 100여 개였던 화살이 지난 3년 동안 수천 개로 늘어나 무더기로 날아왔고, 그대로 내 심장에 내리꽂혔다.

상황은 매우 빠르게, 아주 나쁘게 진행되었다. 2020년 5월 8일과 11일, 정의연은 할머니가 말씀하신 기부금과 관련하여 해명 기자회견을 열었다. 피해자들에게 직접 금전을 지급하기 위해 모금한 것은 전액 피해자들에게 지급했다는 것을 설명하며 영수증까지 공개했다. 그리고 정의연은 '인권옹호 활동'을 하는 민간단체로서 일본군'위안부' 피해자들의 인권과 명예 회복을 위해 시민들이 낸 후원금은 모두 목적사업에 사용하였다는 것을 긴 시간 동안 설명했다. 하지만 여론은 가라앉지 않았고, 정체불명의 시민단체가 '정의연의 부실 회계 및 후원금 횡령 의혹'과 '안성 쉼터 매입 및 매각 의혹' 등을 제기하면서 나를 고발했다. 12일에는 다른 시민단체들이 아동학대 및 청소년 보호법 위반 혐의로 고발장을 접수했고, 13일에는 또 다른 시민단체들이 나와 이나영 정의연 이사장을 횡령·사기 등 혐의로 고발했다. 그리고 14일에는 서울서부지검이 나와 관련된 고발 사건을 형사4부에 배당하고 수사에 착수했다. 마치 모든 것이 누군가에 의해 미리 준비되어 있었던 것처럼 모든 일이 신속하게 이루어졌다.

5월 16일에는 정의연의 안성 쉼터 '평화와 치유가 만나는 집' 운영 및 저가 매각 의혹이 제기되었고, 20~21일에는 검찰이 서울 마포구 정의연 사무실과 전쟁과여성인권박물관 등을 전격 압수수색했다. 압수수색은 할머니들이 사는 쉼터 '평화의 우리집'에서도 이루어졌다. 수십 박스의 서류를 나르는 모습이 방송에 노출되었고, 여론을 다시 불태우는 이용수 할머니의 두 번째 기자회견이 25일에 있었다. 그리고 뒤이어 사법시험준비생모임에서 사문서위조 및 행사 등 혐의로 나를 고발했다.

26일에는 검찰에서 정의연 회계담당자 A씨에 대한 1차 참고인 조사가 이뤄졌고, 28일에는 2차 소환조사가 이뤄졌다. 언론이 의혹을 만들고, 익명의 시민단체가 고발하고, 검찰이 수사에 나서고, 이를 다시 언론에서 '확정된 범죄사실'처럼 흘리는 전형적인 검언합작 플레이가 이어졌다. 몇 차례 언론보도에 대응을 시도했지만, 그 대응은 오히려 또 다른 기삿거리로 재생산되는 결과를 만들어냈다. 그 회오리바람을 보면서 모든 의혹이 다 쏟아져 나올 때까지 지켜보는 쪽으로 대응 방식을 바꿀 수밖에 없었다. 주변에서는 왜 대응을 안 하고 마음대로 기사를 쓰게 하느냐고 지적했지만, 대응하면 또다시 수십, 수백 건의 기사가 새롭게 생성되는 것을 보면서 그냥 화살을 맞고 있을 수밖에 없었다. 그것은 극심한 고문을 겪어내는 것과 같은 상황이었다.

밤낮 쉴 틈도 없이 고통을 겪고 있는 정의연 활동가들과 쉼터 손 소장 그리고 평화·인권운동가로 활동해온 피해자들, 게다가 나의 부모님과 남편, 딸까지 모두가 견디기 힘든 날들이었다. 관련 기사를 보는 것조차 고통스러워 몇 날 며칠을 식음을 전폐하고 식물인간처럼 누워있을 수밖에 없었다.

사실 나는 2020년 3월 첫 주까지도 국회의원 자리를 꿈꿔본 적이 없다. 나뿐만 아니라 정대협 활동가들 모두 마찬가지였다. 때로는 우리의 목소리를 대변할 사람이 국회 내에 있었으면 하는 간절한 마음이 없었던 건 아니지만 우리 중 누구도 직접 그 자리로 갈 생각을 하지는 않았다.

우리 운동의 자리는 시급성이 있었기 때문에 늘 긴박했다. 어느 해에는 11명의 할머니가 돌아가시는 등 매월 할머니들의 장례식이 있었다. 할머니들의 좋지 못한 건강 상황은 한 분이라도 더 살아계실 때 일본 정부로부터 사죄와 배상을 받아야 한다는 절박감을 느끼게 했고, 5~6명에 불과한 정대협 활동가들로 하여금 단 한 명도 떠나면 안 된다는 생각을 하게 만들었다.

나 자신도 마찬가지였다. 잠자는 시간에도 휴대폰을 머리맡에 둔 채 언제 어떤 할머니에게서 걸려 올지 모를 전화를 기다리면서 자야 했다. 그런데 머리맡에 두고 잠든 그 휴대폰을 가장 많이 울린 사람은 손영미 소장이었다. 어느 날은 새벽 3시경에 전화를 걸 때도 있었고, 막 잠들 무렵인 1시에 걸 때도 있었다. "대표님, 제가 잠 깨웠죠. 죄송해요. 혼자니까 무서워서요" 하면 "아뇨, 아뇨, 소장님, 괜찮아요. 저도 아직 깨어 있었어요" 그렇게 벌떡 일어나 전화를 받곤 했다. "길원옥 할머니가 기침을 많이 하셔서 잠을 깊이 못 주무시는데 어떻게 할까요?" "할머니가 가슴이 아프시다고 하는데 지금 119를 불러야 할까요?" "악몽을 꾸셨는지 주무시다가 일어나셔서 헛소리를 하시네요" "김복동 할머니가 설사하신다고 밤새 화장실을 들락날락하세요" 등 홀로 감당하기에 두려운 한밤중의 소소한 일상들이 수화기를 통해 들려왔다. 나는 전화를 받는 그때뿐이지만 손 소장은 늘 그런 시간을 살아내고 있었다.

매주 수요일에는 수요시위를 진행해야 했고, 수요시위에 참석하는 분들이 한 사람이라도 더 수요시위의 의미를 안고 각자의 삶의 자리로 돌아가기를 바라는 마음에 수요시위 전후해 거의 두 시간 동안 일본대사관 앞 아스팔트 위를 종종거리며 사람들을 찾아다니고 인사했다. 조금이라도 빨리 문제를 해결하기 위해 아는 사람을 총동원하여 그분들이 있는 곳에서 일본군'위안부' 문제 해결을 위한 활동을 해줄 것을 요청하며 연대를 확산해 나갔다. 그만큼 해외 연대도 늘어났다. 국제적 여론을 만들기 위해 스위스 제네바에 있는 UN과 ILO(국제노동기구) 관련 회의에도 참석했고 노르웨이, 프랑스, 독일, 영국, 네덜란드, 벨기에, 핀란드, 미국, 캐나다, 호주 등 안 다닌 나라가 없을 정도다. 일본은 1년에도 여러 차례 다녔다. 대만, 중국, 필리핀 등 아시아 나라도 마찬가지였다.

웃지 못할 사연이 있었다. 어느 날 국세청에서 정대협 사무실로 전화를 걸어 대표를 찾았다. 다른 활동가가 전화를 받아서 무슨 일인가 하고 물으니, 윤미향 씨가 뭐 하는 분인데 세금은 최저 월급으로 내면서 해외여행을 이렇게 자주 다니느냐는 내용이었다. 즉 세금을 적게 내려고 급여를 줄여서 신고하는 것이 아닌가 하는 의혹이었다. 그 활동가는 웃을 수도 없고 화를 낼 수도 없어서 '일 열심히 하느라

'그런 것이다' 하면서 정대협이 뭐 하는 단체인지, 해외를 왜 많이 가는지 그 이유를 친절하게 설명해줬다고 한다. 국세청에서 의심할 만큼 해외를 많이 다녔다는 것을 나도 인정한다. 그러나 그 나라의 유명한 관광지가 어딘지는 기억에 없다. 유명 관광지의 그림자조차 밟을 겨를 없이 캠페인이 끝나자마자 짐을 싸서 공항으로 달려갔기 때문이다.

해외 활동을 마치고 집에 돌아오면 바로 다음 날부터 다시 승용차를 몰고 전국 곳곳으로, 일본군'위안부' 문제를 한 사람에게라도 더 알릴 수 있는 곳으로 찾아다녔다. 무엇보다 생존자들의 삶에서 멀어지면 안 된다는 게 가장 중요한 나의 철학이었다. 아무리 일과가 바빠도 생존자를 방문하는 일은 빼놓지 않았다. 2020년 3월에도 나의 삶의 자리는 마찬가지였다. 그런 나를, 아니 정대협을 정치의 자리로 이끈 것은 바로 21대 총선을 앞두고 있던 더불어민주당이었다.

'최순실 게이트'로 박근혜 대통령이 탄핵당한 상황에서 치러진 2020년 제21대 총선은 혼돈 그 자체였다. 미래통합당(현 국민의힘)은 개정된 선거법의 허점을 파고들어 미래한국당이라는 위성정당을 창당했고, 더불어민주당도 이에 대응해 더불어시민당이라는 위성정당을 만들었다. 우후죽순처럼 위성정당과 소수정당이 난립했고 여러 곳에서 공천 파동이 일어나기 시작했다. 더군다나 더불어시민당에 가자!평화인권당, 가자!환경당 등 처음 들어보는 정당들이 결합해 있다는 뉴스까지 있어서 나는 더욱 정치에 귀를 닫고 있었다.

그 무렵이었다. 총선이 얼마 남지 않은 3월의 어느 날, 정의연 사무총장으로부터 더불어시민당이 비례대표 후보 추천을 요청했다는 보고를 받았다. 가자!평화인권당과 가자!환경당 대표가 후보에서 탈락했다는 소식도 함께 전해주었다. 하지만 나는 그 이야기를 듣고도 별로 신경을 쓰지 않았다. 딱히 추천할 만한 사람이 있었던 것도 아니고, 제21대 국회의원 선거에 별로 관심이 없었기 때문이다.

그런데 나도 모르는 사이에 나를 공천하자는 의견이 몇 분 이사님들 사이에서 논의되었던 것 같다. 어느 날 모처럼 하루 휴가를 내서 집안일을 하고 있는데 정의연 사무총장이 전화를 걸어와 후보로 추천할 사람이 나밖에 없다면서 당장 결정하라는 것이 아닌가. 이미 정대협 운동의 선후배들이 후보 신청서에 추천인으로 이름을 올리고 도장을 찍은 상태라고 했다. 정치인으로의 변신은 내 삶의 방향을 다시 한번 전환하는 문제인데, 그 중요한 결정을 세 시간 안에 내린다는 것은 무리였다. 생각지도 못한 일이었다. 그해(2020년) 11월 16일이 마침 정대협 30주년이어서 30주년 기념으로 김복동센터를 세운 뒤 정의연 대표를 사임하고 안식년을 가질 예정이었다. 그런데 난데없이 정치인의 삶이라니….

그러나 결국 고민 끝에 더불어시민당 비례대표 후보 신청서를 접수하기로 결정했다. 마지못해 결정해야 하는 그 상황이 내키지 않았지만, 김복동 할머니도 돌아가시고 생존자가 몇 분 되지 않는 상태에서 '생존자 없는' 다음 활동은 어떻게 할 것인가 하는 것이 결단의 중심이 되었다. 나도 늙어갈 테고, 피해자들을 만나보지도 못하고 기억하지도 못하는 세대들이 우리 사회의 주역이 되는 상황이 다가오고 있는데, '피해자 없는 시간'을 준비하기 위해서는 제도화가 필요하다는 생각에 이르게 되었다. "다시는 우리와 같은 피해자를 만들지 말라"라고 했던 피해자들의 재발 방지 요구를 실현하기 위해서도 국가와 국가 간의 외교도 중요하지만, 국가를 초월한 인권외교의 방향을 세우는 것이 필요하다는 평소 생각을 실천해보자는 의지도 생겼다. '나의 활동 현장을 거리에서 국회라는 공간으로 옮기는 것이니까!' 그렇게 마음먹고 결단했다. 그러나 결정을 내리면서도 뭔가 개운하지 못한 느낌은 지울 수 없었다.

과정이 워낙 긴박하게 진행되었기 때문에 이용수 할머니를 비롯하여 함께 활동해 온 피해자들과 의논하거나 양해를 구하는 등의 활동을 미리 할 수 없었다. 단지 쉼터의 길원옥 할머니와 상황을 공유할 수 있었을 뿐이다. 상황이 아무리 급박했다고 해도 그동안 할머니들과 함께 활동하면서 늘 할머니들과 의논하며 함께해왔던 '윤미향다움'을 챙기지 못한 것이다. 그 개운하지 못한 느낌은 그 때문이었을 것이다.

후보 신청서를 접수하러 간 날은 마지막 날이었다. 온종일 시간이 소요되었다. 그렇게 힘든 과정을 거쳐서 후보가 된다는 것을 그때 처음 알았다. 세무서에 가서 세금 관련 서류를 떼고, 개인정보 관련 모든 자료를 구청에 가서 발급받고, 더불어시민당 회의실에 가서 선거관리위원회 관련 서류를 직접 작성해야 했다. 써넣는 내용은 또 얼마나 많은지….

늦은 저녁이 되어서야 서류접수를 마쳤다. 지쳐서 집으로 돌아가는 길에 비로소 이용수 할머니께 가장 먼저 전화를 걸었다.

"할머니, 저예요."

"응, 미향이가? 대표님이 지금 이 시간에 왜 전화했노?"

할머니께 더불어시민당 비례대표 후보가 된 과정에 대해 자세하게 설명해 드렸다. 내심 걱정하면서 전화를 드렸는데, 반전이었다. 할머니의 첫마디는 "잘했다"였다. 뜻밖의 반응에 할머니가 혹시 잘못 들으신 건가 싶어서 "후보로 신청한 것일 뿐이고, 몇 번이 될지, 정말 될지는 아직 잘 몰라요"라고 다시 말씀드렸다.

"할머니, 만약 제가 국회의원이 되면 할머니와 함께 되는 것이라고 생각할게요. 같이 출근도 하고, 또 할머니가 하실 말씀 있으면 제게 하시고, 함께해요. 빨리 남북통일의 물꼬도 터서 할머니랑 함께 손잡고 평양도 가고 그럴 수 있으면 좋겠네요."

"오냐 오냐, 그러자. 그러자."

이미 접수해 놓고 말씀드리는 것이라 걱정을 많이 했는데, 얼마나 다행이고 감사한지 모를 일이었다.

그로부터 며칠이나 지났을까? "비례대표 후보 7번, 윤미향의 당선이 유력하다"라는 기사들이 나기 시작했다. 직접 유튜브에 출연해서 7번 후보로 선정된 배경에 대해 알리기도 했다. 후보가 되었다고 자동으로 국회의원이 되는 것이 아니고 투표율(득표율)에 따라 결정되는 식이기 때문에 그만큼 홍보의 책임이 있다고 생각했다. 그런데 보도가 난 후 더불어시민당사 앞에서는 예비후보를 신청했던 가자! 평화인권당 대표와 몇몇 할아버지들이 무대 트럭까지 동원해 '윤미향 후보 사퇴 요구' 집회를 벌이기도 했다.

그 무렵 보도된 어떤 기사의 내용이 아직도 생각난다. "아베보다 나쁜 민주당"이라는 큰 제목 아래 "'탈락' 최용상, 윤미향 명단 포함"에 "위안부가 어떻게 강제징용자보다 대우받나'"라는 작은 제목이 달린 기사였다(2020년 3월 23일 〈연합뉴스〉). 민주당은 강제징용 문제를 말하지도 말라는 원색적인 표현도 있었다.

그렇게 '윤미향'이 뜨거운 감자가 되고 있던 어느 날, 선거운동을 마치고 저녁 늦게 집으로 가는 중에 이용수 할머니로부터 전화를 받았다. 전화 통화는 수원 집에 도착하고도 한 시간여 동안 차에서 내리지 못한 채 거의 두 시간 동안 계속되었다. 할머니의 목소리는 처음부터 화가 나 있었다. 비례대표 후보를 그만두라는 것이었다. 그런데 할머니의 전화기 옆에서 누군가 이야기하고 있는 듯했다. 녹음될 수 있겠다는 추측도 했지만 숨길 것도 없었다. 내 솔직한 마음을 전달하면 이해해 주실 것이라고 믿었기 때문이다. 할머니는 국회의원

비례대표 후보가 되는 것을 찬성한 적이 없는데 왜 방송에서 그렇게 말했느냐고 항의했다. 아마도 유튜브 방송에서 할머니가 지지하셨다고 한 발언을 문제 삼는 것 같았다. 지난번 후보 신청서를 접수하고 나서 할머니와 통화했던 내용에 대해 말씀드렸지만, 소용이 없었다. '위안부 문제가 아직 해결이 안 되었는데 국회의원이 되려 하느냐. 네가 나를 배신할 수 있느냐. 문제가 해결되고 나서 가면 안 말린다. 죽을 때까지라도 해결하고 어디든 가라' 그런 말씀이었다. 할머니들을 배신하고 가는 게 아니라 문제를 다른 방법으로 해결해보려고 가는 것이라고 말씀드리며 지난번 통화 때처럼 할머니와 같이 하자고 부탁도 드리고 이해를 구했지만 결국 "네가 그만두지 않으면 예정대로 기자회견을 할 것이다"라는 결론을 남기고 전화는 끊겼다.

당시 나는 국회의원에 출마하는 심정을 다음과 같이 페이스북에 올렸다.

새로운 도전을 꿈꾸며

이제 저는 새로운 도전으로 먼저 떠나신 할머니들과의 약속을 지키고 싶습니다.

"우리가 죽어도 잊지 마라. 세계 여러 사람이 우리 문제를 알도록 해 달라. 우리나라뿐 아니라 세계 어느 곳에서도 이런 일이 다시는 일어나지 않도록 힘써 달라."

할머니들이 제게 주신 유언입니다. 특히 지난해(2019년) 1월 28일 돌아가신 김복동 할머니는 "내가 죽어도 윤 대표가 나 대신 애써 달라"고 유언을 주셨습니다.

지난 30년이 넘는 제 여성운동의 경험을 바탕으로 할머니들께서 주신 유언을 실현하기 위한 노력을, 한국 사회와 일본 여성들과 세계 여성들과 함께 협력하며 나눠왔던 시민사회단체에서의 경험을 토대로 정치 현장으로 계승하여 다시는 이 땅에 '여성'이라는 것 때문에, 약자라는 것 때문에 인권이 침해받고, 전쟁의 피해를 입고, 성폭력 피해를 입는 일이 일어나지 않도록 그렇게 노력을 계속하고 싶습니다.

그 약속을 지키고 싶다.

20년 만에 완성한 '공작'

몇 년 전부터 우리 사회에 널리 쓰이기 시작한 외래어 표현 중에 '트리거'라는 것이 있다. '방아쇠'를 뜻하는 말인데, 어떤 사건이 발생하였을 때 그 사건의 도화선이 되는 것을 의미한다. 비유적으로 참 많은 뜻을 내포하고 있는 것 같아 나도 가끔 쓰곤 한다.

2년 전쯤, 우연히 한 전직 국정원 요원의 고백을 접하게 되었다. 그의 고백에 의하면 국정원은 오래전부터 나와 관련된 여러 음모를 지속적으로 시도했고, 이번 일과 똑같은 일을 이미 20년 전에 기획했었다는 것이다.

"저들은 이제 안중근과 같은 민족의 영웅을 만드는 방식으로 윤 의원과 같은 사람을 처리하지 않습니다. 금전 문제, 성 관련 문제 등으로 처리합니다."

그 말을 듣고 있자니 저절로 소름이 끼쳤다. 그러고 보니 문득 떠오르는 사건이 있었다. 1997년, 할머니 여덟 명이 정대협 간사인 나와 당시 윤정옥 공동대표를 검찰에 고소한 사건이다. 고소한 죄명은 그때도 사기·횡령이었다. '정의연 3인의 공동대표 중 한 사람인 윤정옥 대표가 조카인 윤미향을 간사로 앉히고 우리 이름('위안부')을 팔아 모금해서 윤미향에게 용산역 앞에 4층짜리 빌딩을 사주었다' 라는 것이었다. 그 시대를 살았던 분들은 알고 있겠지만, 1990년대 한국 사회는 여전히 일본군'위안부' 문제에 대해 냉소적이거나 편견과 혐오의 시선이거나 무관심했다. 정대협은 피해자를 지원하기 위해 세 차례의 시민 모금을 진행했지만 참여가 너무 저조해서 큰 장벽을 경험해야 했다.

첫 번째 시민 모금은 1992년에 있었다. 피해자들이 가장 많이 신고했던 시기였다. 신고 당시 정대협이 확인한 피해자들의 경제 상황은 너무나 열악하였다. 기거할 집이 없어 사글세를 전전하고 있었고, 그마저도 쫓겨나기 직전인 피해자도 있었다. 일용직으로 근근이 모은 돈을 '위안부' 후유증의 병원비로 다 써야 했고, 그러다 보니 기본 생활이 힘들 정도로 가난하게 살고 있었다.

이런 사정을 파악한 정대협은 종교계, 법조계, 시민사회단체 대표단과 함께 '정신대 할머니 생활기금모금 국민운동본부'를 발족했다.

정대협 혼자서는 힘들어도 범시민사회단체가 함께하면 모금이 될 것이라 생각하고 시작했지만 기대는 어긋났다. '정신대 양말'을 만들어 교회를 돌거나 거리에서 팔기도 했다. 그때의 힘겨움은 글로 다 담아내기 어려울 정도다.

그렇게 힘겹게 모금한 돈을 1992년 12월 당시까지 신고한 피해자 전원에게 250만 원씩 개인 이름으로 통장을 만들어 직접 입금해 드렸다. 그때는 금융실명제 실시 전이어서 다른 사람 명의로 통장을 만드는 것이 가능했다.

이후 또 한 차례 피해자를 직접 지원하기 위한 모금을 시작했다. 일본 정부가 1995년 종전 50주년을 맞아 '여성을 위한 아시아평화국민기금'(국민기금)을 설립하고 민간 모금을 통해 아시아의 피해자들에게 위로금을 지급한다는 계획을 발표한 이후였다. 피해자들과 정대협은 피해자들이 바라는 것은 가난하다고 주는 위로금이 아니라 '사죄와 법적 배상'이라고 밝히며 국민기금에 대한 반대 목소리를 높였다. 그리고 이에 대응하기 위해 1996년 10월 '일본군'위안부' 문제의 올바른 해결을 위한 시민연대'를 결성하고 모금 활동을 시작했다.

그러나 그때도 모금은 잘되지 않았다. 한 방송국에서 특별방송을 하고 ARS 번호까지 게시했지만, 모금은 계획대로 되지 않았다. 우리는 밤낮없이 전국으로 뛰어다녔다. 모금액은 일본 정부가 밝힌 1인당 4,300만 원의 국민기금에 비하면 그 4분의 1에도 못 미쳤다. 다행히 그때 들어선 김대중 정부에 지원을 요청하여 시민 모금에 정부 예산을 합해 일본의 국민기금과 같은 4,300만 원을 피해자 각자에게 지급할 수 있었다.

그런데 그렇게 성금이 지급된 지 얼마 지나지 않아 피해자 여덟 명이 윤정옥 공동대표와 나를 고소한 것이다. 용산역 앞에 4층짜리 건물을 사줬다는 의심이 어떻게 생겼는지, 설사 의심이 생겼다 할지라도 할머니들이 검찰에 고소할 생각을 어떻게 갖게 되었는지 등 궁금한 것이 많았다. 하지만 고소당했다는 사실이 너무나 충격적이어서, 어떻게 그 일이 가능했는지에 대해 관심조차 둘 수 없었다. 사실 고소 사실도 조사받으러 출두하라는 검찰의 연락을 받고서야 알았다.

그날의 충격은 '내가 왜 이 일을 하고 있지?' 하는 회의감이 들게 만들었다. 그동안 사용한 정대협의 모든 통장과 직접 손으로 기록한 장부 등 회계 관련 서류를 종이가방에 가득 싸 들고 가 검찰 조사를 받았다. 조사받기 위해 검찰에 간다는 것 자체가 너무나 참담했다. 그것도 사기·횡령 혐의로 피해자들이 고소해서 조사받는다는 사실이 더욱 나를 힘들게 했다.

조사가 끝났을 무렵, 이미 어두운 밤이었다. 윤정옥 대표가 횡령을 해서 내게 용산역 앞의 4층짜리 건물을 사준 것이 사실인지 아닌지는 간단한 조사만 해보면 알 수 있었을 것이다. 나에게 그런 건물이 있을 턱도 없지만, 그런 재원이 정대협에는 없었다.

당시 정대협 경상비 수입은 실행위원들의 월회비, 회원단체들의 회비, 공동대표의 강연료 후원, 간사(나)의 강연료 후원 등이 대부분이었다. 상근 활동가들의 급여는 월 50만~70여만 원이었다. 국민기금을 막기 위한 모금은 별도의 조직을 만들어서 진행했고, 모금한금액은 전액 피해자들 각자에게 지급하고 조직을 해산했다. 장부만들여다봐도 명확하게 드러나는 사실이었다.

윤정옥 대표와 나는 할머니들이 생각하는 친인척 관계가 전혀 아니었다. 당연한 이야기지만 같은 윤 씨라고 해서 본이 같은 것도 아니고, 친척 관계도 아니다. 정대협 간사로 들어오기 전에는 윤정옥대표의 이름도 알지 못했다. 1988년 제주도에서 열린 '여성과 관광문화 국제세미나'에서 당시 이화여대 영문학과 윤정옥 교수가 정신대 문제에 대해 강연한 것이 신문에 보도된 적은 있지만, 그 이름을딱히 기억하고 있지 못했다.

사실 할머니들은 '위안부'라는 용어를 좋아하지 않았다. 각자 다이름이 있는데 왜 '더러운' 위안부라는 이름을 쓰느냐며 거부하는분위기도 적지 않았다. 실제로 이용수 할머니는 여러 공식적인 자리에서 "우리 아버지가 지어준 이용수라는 이름이 있어요. 나는 그 더러운 위안부가 아니에요" 하는 이야기를 자주 했다. 사회적·역사적의미를 규정하는 '용어'와 '이름'이었음에도 그 용어가 불편했던 것이다. 그렇다고 해서 '위안부'라는 용어를 쓰지 않을 수는 없었다. 할머니들의 상황을 적확하게 대변하는 용어라고는 볼 수 없지만 '제1차 일본군'위안부' 문제 해결을 위한 아시아연대회의'에서 일본군 문서에 표기된 역사적 용어인 '위안부'를 사용하기로 결의했고, 그 토론의 자리에 피해자들도 함께했다. 당시로서는 그 이상의 용어를 찾아낼 수 없었다. 그러나 결의는 했지만 '그 더러운 이름'을 거부한다는 목소리는 피해자들에게서 끝나지 않았고 2010년경까지 지속되었다.

어쨌든 배경은 알았지만 갑작스럽게 '윤미향과 4층 빌딩'이 왜 튀어나왔는지 그 이유를 알 수 없었다. 그때 문득 떠오른 것이 당시 내가 살고 있던 수원 송죽동 빌라의 '4층'이었다. 아마도 누군가로부터 내가 빌라 4층에 살고 있다는 이야기가 전해졌고, 모금한 돈으로 대표가 나에게 4층짜리 빌딩을 사준 것으로 받아들여진 것은 아닐까 하는 생각이 들었다. 그렇지 않고는 4층짜리 건물이 나올 이유가 없다고 생각했다.

조사 한 번에 무혐의로 끝났지만 그 사건은 나에게 큰 상처를 주었고, 3년 전의 사건과 겹치며 악몽처럼 되살아나기도 한다. 그때 어떻게 해서 빌라 4층 집에서 살게 되었는지 설명하기 위해서는 잠시 내 신혼생활을 이야기하지 않을 수 없다.

1992년, 정대협 간사로 일하고 있을 때 남편 김삼석을 만나 1993년에 결혼했다. 그런데 결혼한 지 불과 5개월 28일 만에 남편은 여동생과 함께 안기부(현 국정원) 요원들에게 끌려갔다. 남편 혼자 있는 상황에서 벌어진 일이었다. 남편이 누구에 의해 어디로 끌려갔는지 모르는 채 정대협에서 일하다 어두운 밤에 집에 와서야 남편이 사라진 것을 알게 되었다. 그리고 동네 주민들의 제보를 통해 '새까만 옷을 입은 사람들'이 '새까만 차를 여러 대' 몰고 와서 남편을 데리고 갔다는 것을 알게 되었다.

이틀이 지나도록 남편이 어디 있는지 알 수 없어 백방으로 찾으러 다녔다. 그러는 동안 남편은 안기부에 불법 구금된 상태에서 성고문, 폭행, 잠 안 재우기 고문, 강제 날인 등의 인권침해를 당했고, 결국 '간첩죄'로 기소되어 4년이라는 세월을 감옥에서 보냈다. 성고문 피해를 남편으로부터 전해 듣고 도저히 묵과할 수 없어 안기부를 검찰에 고소·고발했다. 낮에는 정대협에서 일하고 밤에는 조작 간첩 사건의 진상을 밝혀내고 남편 구명 활동하느라 새벽이 되어 집에 가는 일이 많았다. 그 와중에도 안기부는 대놓고 나를 미행했고 내 앞에 나타나 협박까지 했다. 하루하루 긴장감 속에서 살아냈다.

프락치 당사자인 백흥룡이 독일로 건너가 양심선언을 하고 대한변협에 특별위원회가 만들어지는 등 성과가 있었지만, 실형이 확정된 후여서 남편은 그대로 4년이라는 세월을 감옥에서 보내야 했다. 그로부터 20년이 지난 2015년에 재심이 받아들여져 남편은 '간첩' 누명을 벗게 되었고, 국가로부터 억울한 옥살이에 대한 배상을 받았다. 하지만 빼앗긴 시간, 파괴된 가족의 일상은 회복되지 않았다. 용서할 수 없는 일이다.

백흥룡의 양심선언을 통해 알게 된 것은 안기부가 범죄 사건을 확인하고 수사하는 것이 아니라 사람을 선택하여 '간첩 사건'을 기획

하고 프락치를 투입하여 사건을 조작했다는 것이다. 국가가 내 가족에게 행한 범죄행위는 아무리 세월이 가도 잊히지 않을 것이다. 그때부터 나는 정대협 운동의 반대편에 선 사람들에게 '간첩 마누라'라는 공격과 놀림을 받으며 활동해야 했다. 혹시나 피해자들에게 또 다른 피해를 주면 어쩌나 하는 마음에 정대협 활동을 그만둬야겠다는 생각에 이르게 되었고, 당시 정대협 공동대표에게 이 사실을 전했으나 받아들여지지 않았다.

수원 송죽동의 빌라 4층에 있던 집은 남편이 감옥에 있을 때 새로 마련한 집이었다. 본래 신혼집은 양가 부모님의 도움으로 마련한 다세대주택 1층의 방 두 칸짜리 전세였는데 남편이 그곳에서 체포되었다. 그때 나는 임신 중이었다. 임신부의 몸으로 정대협 간사 일과 남편 사건의 진상규명, 재판 지원, 옥바라지를 함께 해야 했기에 하루 24시간이 짧게 느껴질 정도였다. 내 몸을 돌볼 시간은 없었다. 출산예정일이 되어도 산기가 없었는데, 왜 산기가 없는지 이상하게만 생각했을 뿐 병원에 가보지 않았으니 참 무지한 임신부였다. 병원 가기 일주일 전까지 뜨거운 뙤약볕 아래 수요시위에서 메가폰을 잡고 일본 정부를 향해 사죄하라고 외쳤으니 참 용감한 임신부이기도 했다.

출산예정일에서 일주일이 지나도 똑같은 상태여서 결국 병원을 찾았다. 그리고 의사로부터 충격적인 말을 들었다. 아이가 이미 엄마의 배 속에서 취할 수 있는 영양분은 다 취했는데도 나올 생각을 하지 않고 있다는 것이다. 출산예정일에서 일주일이 지나도록 병원을 찾지 않는 엄마가 어디 있느냐는 질책도 받았다. 그리고 보여주는 배속 사진. '아, 하느님, 저를 용서해 주세요.' 아이의 머리가 골반을 가득 채우고 있었다. 의사는 아이의 머리가 비정상적으로 크다면서 이상이 있을 수도 있다고 했다. 자연분만은 어려워 수술해야 하는데, 보호자의 사인이 필요하다고 했다. 배 속의 아이에게 너무나 미안하고, 내 신세가 불쌍하고 안타까워 얼마나 울었는지…. 내 삶이 한국 역사를 남은 내하○설도 시니고, 어떻게 이럴 수 있느냐며 항변해보기도 했다. 감옥에 있는 남편이 미웠다. 결국 친정아버지가 보호자로 수술동의서에 사인할 수밖에 없었다. 그렇게 남편 없이 딸을 출산했다.

"미향아, 머리도 크지만 다리도 길다."

어렴풋이 마취에서 깨어났을 때 약간 상기된 목소리로 아버지가 하신 말씀이다. 건강한 딸을 주셨다. '아, 하느님, 감사합니다!' 그러나 신혼집에서 홀로 아이를 키울 수 없었다. 결국 전셋집을 정리하고 친정에 들어가 살면서 친정 부모님의 도움으로 딸을 키우고 정대협 활동과 남편 옥바라지를 하게 되었다. 남편 구명 활동을 해 준 박원순 변호사님, 김제완 변호사님 그리고 대표변호사로 활약해 주신 이귀남(이기욱) 변호사님과 인권운동사랑방, 이미 고인이 되신 민주주의 민족통일전국연합 조성범 국장님, 일본 김삼석·김은주구원회의 오자와 다카시 씨와 다나카 히로미 씨 등 그분들에 대한 고마움은 평생 잊지 못할 일이다.

남편의 4년 옥살이가 끝나갈 무렵 우리가 함께 살 집을 장만해야 했다. 남편까지 친정에서 지낼 형편이 되지 못했기 때문이다. 그래서 마련한 것이 신혼집 전세자금 1,500만 원과 그동안 저축한 돈 그리고 무이자 대출금 2,000만 원을 합해 구매한 수원 송죽동의 19평짜리 빌라였다. 총 4,200만 원이었다. 당시 정대협에서 받은 월급은 50만 원 남짓. 그나마 친정에서 먹고 자고 한 덕에 남편이 감옥에 있는 4년 동안 꼬박꼬박 매월 20만 원, 30만 원씩 정기적금을 들어 돈을 모을 수 있었다. 사실상 반은 '은행 집'이었지만, 남편이 감옥에서 나왔을 때 따뜻한 보금자리를 마련해주고 싶었고 감옥에 있을 때 태어난 딸아이와 함께 새집에서 새 삶을 시작하고 싶었다.

그런데 이 집이 4층짜리 빌딩으로 둔갑한 것이 아닐까 추측할 뿐이다. 그 집이 '위안부'라는 이름을 팔아서 번 돈을 횡령하여 윤정옥 대표가 '조카 윤미향 간사'에게 선물로 준 용산역 앞 4층짜리 빌딩이 되어버린 것이다. 곽상도 전 의원이 "윤미향이 현금으로 산 집 다섯 채"라고 했던 집 중의 하나이기도 하다.

1994년부터는 월급 외의 가외 수입도 제법 있었다. 1995년 광복 50주년을 앞두고 전국적으로 총여학생회 건설이 한창 화두가 되면서 여성운동에 관한 관심이 커졌고, 일본군'위안부' 문제와 관련한 강연 요청도 그만큼 많아졌다. 원고 청탁도 간간이 들어왔다. 한 번 강연하고 받는 돈은 10만 원, 20만 원 정도였지만 특별한 일이 없는 한 필요경비를 제외한 대부분의 강연료를 정대협에 기부했다. 하지만 그런 사실들을 할머니들은 모르고 계셨다.

검찰 조사에서 확인한 내용들도 그랬다. 실행위원들의 회비, 회원 단체들의 회비, 윤정옥 대표의 강연료 후원, 간사(나)의 강연료 후원 등을 보고 검찰은 월급이 이렇게 적은데 강연료를 왜 단체에 기부하냐고 물었다. "대표님은 단체 운영에 돈을 내면서 일하는데도 강연료를 기부하고 있다. 그런데 나는 적지만 활동비를 받고 일하는 유급 활동가이기 때문"이라고 대답했다.

그때의 고소 사건으로 내심 상처받고 일할 의욕도 떨어졌지만, 할머니들과 싸울 수는 없는 일이었다. 검찰 조사가 다 끝난 후 검사는 할머니들을 무고혐의로 고발할 수 있다고 말했다. 그때의 내 대답은 지금 생각해도 참 좋은 교과서 같은 말이었다.

"사실 할머니들이 그러시는 건 우리 사회가 만들어낸 피해의식 때문일 거예요. 그동안 한국 사회가 얼마나 이분들을 이용만 하고 믿지 못하게 했으면 자기들을 돕겠다고 나선 우리마저 '뭔가 이용 가치가 있어서겠지' 하고 생각하시겠어요? 심지어 가장 가까이에서 가장 많이 함께했던 저조차도 믿지 못하셨던 거죠. 결국 저를 포함한 우리 사회의 책임이라고 생각합니다."

지금도 이 생각에는 변함이 없다. 비록 그 일로 인해 깊이 상처받고 힘든 시간을 보냈지만 여덟 분의 피해자들을 오히려 안타까운 마음으로 마주할 수 있는 여유를 갖게 된 것도 피해자 책임이 아니라 우리 책임이라는 생각에 변함이 없기 때문이다.

그런데 그 당시에는 그러한 책임 인식이 나의 머리, 사고의 틀 안에서는 당연한 것이었지만 나의 가슴 아래로 순환되지는 못했다. 그 생각이 심장에 도달한 순간 턱 막혀서 꼼짝을 하지 않았다. 계속 눈물이 났다. 1992년부터 5년 동안 온 열정을 다해 할머니들 문제에서 한눈팔지 않고 살아왔다고 생각했다. 아이를 출산하고도 100차 수요시위 등을 준비하느라 몸조리도 하지 못한 채 사무실에 나와 일했고, 주말이라고 해서 쉼을 가진 것도 아니었다. 늘 시간이 부족해서 종종거렸다. 일본군'위안부' 문제 해결을 위해 조금이라도 도움이 될 수 있는 일이라면 나의 모든 시간을 공적 · 사적 구분하지 않고 백방으로 뛰어다녔다.

매주 수요일마다 수요시위를 주관하는 것도 여간 힘든 일이 아니었다. 홀로 시위용품을 큰 가방에 챙겨 넣고 메가폰을 어깨에 메고 일본대사관 앞에 나가 시위하고, 할머니들 점심 식사를 대접하고 사무실에 돌아오면 기진맥진해 있었다. 어떨 때는 다음 달 사무실 운영비가 없는 경우도 있어서 후원회비를 모으는 일도 게을리할 수 없었다. 그런 나를, 후원금을 횡령했다고 할머니들이 고발했으니, 가슴이 무너져 내렸다. 너무나 큰 충격이었다.

그런데 그날로부터 13년이 지난 후 다시 한 할머니의 기자회견을 시작으로 나에 대한 수십 건의 고소·고발이 진행되었고, 검찰은 나를 사기·횡령 등의 혐의로 기소하였다. 씁쓸했던 예전의 그 사건이 다시 재현되는 것 같다는 생각을 지울 수가 없다. 다시 나는 20년 전 그때와 같이 지난 10년 동안의 모든 계좌 내역과 영수증, 정대협과 정의연의 금전출납부, 회의 기록 등 활동자료들을 찾았고, 2년 반 동안 진행된 1심 재판에서 그 자료들을 제시했다.

애드벌룬이 된 '곽상도가 쏘아 올린 작은 공'

서민 단국대 교수, 윤봉길 의사의 손녀 윤주경 의원(국민의힘, 당시 미래통합당), 김현아 전 의원(당시 미래통합당)…. 이들의 공통점은 이른바 '윤미향 저격수'로 명성을 날렸다는 것이다. 서민 교수는 "할머니들을 데리고 앵벌이…" 어쩌고 하는 막말로 나를 악마화시켰고, 윤주경 의원은 '정의연의 실체'에 대한 의혹을 제기함으로써 우리 운동 전체를 문제화했다. 그리고 김현아 전 의원은 이른바 '부동산 전문가'답게 나의 부동산 문제를 집중적으로 제기했지만 안타깝게도 자신이 각종 부동산 비리 문제로 낙마하고 말았다.

이외에도 참 많은 정계 인물들과 기자, 극우 유튜버 등이 '윤미향 사냥'에 나섰다. 하지만 이 많은 이름 중 가장 앞에 세울 수 있는 건 아무래도 '곽상도'라는 이름일 것 같다. 맞다. '50억 클럽'으로 전 국민적 명성을 얻은 검찰 출신 전직 국회의원. '아들은 아들, 나는 나'라는 궤변으로 아들이 받은 50억 원에 대해 1심에서 무죄 판결을 얻어낸 사람, 곽상도.

한때 그는 화려한 언변과 폭넓은 정보력 그리고 검찰 출신다움으로 무장하고 진보 계열 인사들에 대한 막강한 공격력을 과시했다. 그는 당시 미래통합당 정책위 산하의 '위안부 할머니 피해 진상규명 태스크포스(TF)' 위원장이었다. 2020년 5월 26일 〈뉴데일리〉 오승영 기자는 '곽상도 의원실'의 입을 빌려 이렇게 썼다.

정의기억연대(정의연) 대표 시절 자금 유용과 회계부정 의혹을 받는 윤미향 더불어민주당 당선인 일가가 총 다섯 채의 집을 모두 현금으로 구입했다는 의혹이 추가로 제기됐다.

26일 미래통합당 곽상도 의원실이 윤 당선인의 재산신고 등 각종 자료를 분석한 결과에 따르면 윤 당선인 일가는 1995년부터 2017년까지 아파트와 빌라 등 모두 다섯 채의 집을 구입한 것으로 나타났다.

(중략)

통합당 정책위 산하 '위안부 할머니 피해 진상규명 태스크포스(TF)' 위원장으로 선임된 곽 의원은 전날 TF 첫 회에서 "윤 당선인이 1995년 수원 송죽동 빌라를 매수했다. 그런데 1992년 정신대할머니돕기국민운동본부에서 모금을 시작했다"며 "이때부터 자금 추적이 필요하다"고 주장했다.

(중략)

윤 당선인의 남편인 김삼석 수원시민신문 대표의 부동산 매입 과정도 도마에 올랐다. 곽 의원은 "윤 당선인의 남편은 2017년 경남 함양의 빌라를 현금 8,500만 원에 산 것으로 추정된다"고 지적했다.

이때를 전후해 각 언론사에서는 대대적으로 "윤미향 남편 김삼석 수원시민신문 대표, 5채의 집을 모두 현금으로 구입" 등의 기사가 쏟아지기 시작했다. 송죽동 빌라의 매입 과정에는 (앞에서 밝힌 대로) 곽 의원이 의혹을 제기하기 23년 전인 1997년에 이미 그의 후배들(검찰)에 의해 아무런 문제가 없다는 것이 명명백백하게 드러났다. 그리고 1992년에 진행한 모금은 정대협 사무처가 담당하지 않고 종교계, 학계, 시민단체 등 시민사회 대표단이 중심이 되어 정대협과 별개 단체인 '정신대 할머니 생활기금모금 국민운동본부'를 결성하여 진행했고, 모금액은 전액 피해자들에게 지급했다. 은행 계좌도 정대협 계좌와 독립된 것이었고, 모금운동본부의 사무국과 직원도 별도로 있었다. 그럼에도 무조건 언론에 유포하여 보도되게 하고, 그것이 진실이든 아니든 결과에는 관심도 없고, 사실이 아닌 것으로 밝혀져도 사과는커녕 아무런 반응이 없다.

이 일로 인해 거의 1년여 동안 금융범죄 전문 수사팀이 나는 물론 남편과 남편의 신문사, 딸의 계좌를 샅샅이 뒤졌고, 정의연을 비롯하여 나와 관련이 있었던 모든 단체를 압수수색했다. 그뿐만 아니라

각 단체의 실무자, 나의 부모님과 동생들, 수요시위 관련 업체, '평화의 소녀상' 조각가, 사회적기업, 정대협과 정의연의 후원단체, 1인 미디어에 이르기까지 나와 한 번이라도 거래가 있었던 모든 사람의 계좌를 추적조사했다. 이처럼 정보가 넘치는 상황에서 곽상도 의원이 모르고 의혹을 제기했다면 참으로 무능한 것이고 알고도 그랬다면 후안무치한 혐의 조작이 아닐 수 없다.

게다가 애꿎은 남편을 끌어들여 마치 온 가족이 부동산 투기 전문가인 것처럼 몰이기는 데는 아연실색할 수밖에 없었다. 특히 "다섯 채의 집 현금 구매"라는 문구는 자극적인 표현 때문인지 끝 간 데 없이 번져나갔다.

더불어민주당에서 나에게 출당 조치를 내린 이유가 바로 '부동산 투기' 문제였다는 것을 사람들은 얼마나 알고 있을까? 그것은 바로 곽상도가 언론을 통해 '윤미향의 남편 김삼석이 현금 8,500만 원으로 구입했다'라고 주장한 함양 읍내의, 시어머님이 살고 계시는 다세대주택에 대한 것이었다. 더불어민주당 송영길 전 대표에게 내가 지금까지 마음에 앙금이 남아 있는 일 중의 하나이기도 하다.

당의 출당 조치로 인해 부동산 투기꾼 이미지까지 더해져 전국적으로 뉴스가 퍼져 나갔다. 하지만 부동산 문제는 경찰과 검찰 조사를 거쳐 무혐의로 결론이 내려졌다. 그럴 수밖에 없는 일이었다. 곽상도가 의혹을 유포하자마자 검찰이 조사했고, 곧 무혐의로 판단한 사항이었기 때문이다. 하지만 나를 출당시킨 송영길 대표는 부동산 투기가 무혐의로 최종 결론이 내려졌음에도 불구하고 '복당 불가'라는 문자를 대변인을 통해 기자들에게 뿌렸다. 또, 의혹을 제기했던 곽상도는 물론이고 열심히 보도했던 대부분의 언론도 여전히 침묵하고 있다.

간단하게 정리하자면 '집 다섯 채 현금 매입'의 실체는 친정 부모님의 집과 시부모님 집 두 채를 제외하면, 신혼 때 장만한 전셋집에서 수원 송죽동 빌라로 이사하고, 몇 년 후 빌라를 팔고 아파트를 매입해 이사했다가, 다시 그 아파트를 팔고 현재 살고 있는 아파트를 매입한 것을 말한다. 현재 살고 있는 집으로 이사 오기까지의 역사를 '다섯 채의 집'으로 둔갑시킨 곽상도 의원, 참으로 존경할 만한 언술인 듯하다.

곽상도, 그는 어떤 사람인가. 역사는 결코 그를 평범한 사람으로 기억할 수 없을 것이다. 곽상도는 1991년 강기훈 유서 대필 조작 사건 때 검사로 '잠 안 재우기 고문' 등을 했던 것으로 알려져 있다. 본인은 극구 부인하고 있지만 피해자인 강기훈 씨는 당시의 일을 아주 생생하게 증언했다. 또 안타깝게 생을 마감한 고 노회찬 의원을 "이중성을 드러내도 무방한 그곳에서 영면하시기 바란다"라며 조롱하여 인간성의 끝을 보여주었다. 또한 2016년 TV조선이 특종 보도한 '1조 8,000억 원 규모의 사기대출 사건 불법 변론' 등 여러 건의 불법 · 편법 변론을 했다는 의혹에 휩싸이기도 했다.

하지만 검찰은 '선배'인 그의 의혹을 단 한 번도 시원하게 밝혀낸

적이 없다. 그는 이런 숱한 의혹과 막말에도 불구하고 보수 정당 중진으로 당당하게 군림했다. '50억 클럽' 사건이 아니었다면 그는 이번 나의 판결에 대해서도 분명 한마디를 아끼지 않았을 것이다. 곽상도 의원이 쏘아 올린 작은 공을 거대한 애드벌룬으로 띄워주었던 많은 언론인은 지금 모두 어디에 있는가. 그들이 함께 띄웠던 애드벌룬은 어디로 갔는가.

출당 조치,
다시 한번 재고해 주시기를 간청합니다

윤미향 의원을 악마로 만든 검찰

8개 혐의 징역 5년 구형.

2년 반 재판 후 7개 무죄 1개 벌금.

인생을 통째로 부정당하고 악마가 된 그는 얼마나 억울했을까.

검찰과 가짜뉴스에 똑같이 당하는 저조차 의심했으니….

미안합니다.

잘못했습니다.

다시 정신 바짝 차리겠습니다.

1심 선고가 내려진 다음 날인 2023년 2월 11일, 더불어민주당 이재명 대표가 페이스북에 올린 글이다. 페이스북 친구들 여럿이 동시에 소식을 전해주기도 했지만, 사실은 1심 선고가 있던 날 밤 이재명 대표가 메시지로 내용을 보내주어 미리 알고 있었다. 그날은 마침 이재명 대표도 검찰 조사를 마친 날이어서 마음이 복잡했을 텐데, 늦은 밤에 조사를 마치고 귀가하던 중 뉴스를 보고 보내준 메시지였다. 짧은 글이었지만 행간에 많은 것이 숨어 있는, 묵직한 내용이었다. 무엇보다 "저조차 의심했으니…"라는 대목에서 그동안 나를 이재명 대표가 어떻게 인식하고 있었는지 충분히 짐작할 수 있었다.

이재명 대표의 짧은 글 덕분에 오랜 숙제를 하나 풀었다. 그것은 '민주당에 대한 섭섭함'이다. 앞에서 잠깐 언급했듯이 송영길 더불어민주당 전 대표는 지난 2021년 6월 국민권익위원회의 '부동산 전수조사' 결과를 바탕으로 의혹이 발생한 지역구 의원에겐 탈당을 권유하고, 비례대표 의원이던 양이원영 의원과 나에게는 출당 조치를 취하고, 이를 기자회견을 통해 공표했다. 찬반 토론도 없었고, 소명 기회도 주어지지 않았다. 오전에 출당 결정, 오후에 곧바로 기자회견 발표 등 속전속결이었다. 상상도 하지 않았던 일이었는데, 소명도 없이 국민권익위원회의 조사 결과 발표만으로 출당 조치를 내리다니!

모든 일이 일사천리로 진행된 후에야 의원총회에서 발언 기회가 주어졌다. 이미 기자회견을 통해 출당 조치가 발표된 뒤였지만 그때까지도 나는 일말의 기대를 갖고 있었다. 그렇게 순진했다니…. 하지만 나의 기대와 달리 그날 의원총회가 내가 마지막으로 참석한 민주당 의원총회였다.

다섯 페이지 빼곡히 소명문을 써서 의원들 앞에서 호소했다. 하지만 어느 한 사람도 송영길 대표의 결정에 문제를 제기하지 않았다. 앞에서 설명한 대로 조금만 살펴보면 '부동산 투기 의혹' 자체가 말도 안 되는 검찰의 '언플'(언론플레이)이라는 걸 알 수 있었겠지만, 누구도 이의를 제기하지 않았다. 그날 이후 나는 무소속이 되었다. 돌이켜보면 국회의원의 자리에 서게 되면서 겪은 일들이 참으로 참혹하고 참담한 일투성이다. 그때 송영길 대표에 대한 나의 항변은 이랬다.

"언론과 검찰의 공격에 함께 싸워달라는 요구는 안 합니다. 옆에 서있어 달라는 요구도 안 합니다. 그저 홀로 싸우며 의정활동을 해갈 테니 언론과 검찰이 쏘는 화살을 덩달아 같이 쏘지는 말아주십시오."

참 아픈 이야기다. 동지라고 생각했는데, 그들은 나를 향해 더 강한 화살촉을 쏘았다.

민주당이라는 울타리 안에 있을 때도 홀로 맞서 싸우며 감당해 왔지만, 무소속이 된 후 그마저 사라진 상황에서 나 홀로 낯선 정치라는 황야에서 천둥, 번개, 비바람에 맞서야 했다. 게다가 송영길 전 대표는 국회 윤리특위를 통해 윤미향 의원을 제명하라는 요구까지 대놓고 했다.

아직도 이해할 수 없는 것이 있다. 한창 대선이 진행 중이던 2021년 2월 28일, 3·1절을 하루 앞두고 송영길 대표는 페이스북에 "윤리특위는 제명을 속히 진행하라"라는 한 문장을 올렸다. 벼랑 끝에 서 있는 나를 아예 밀어 떨어뜨리려는 메시지로 읽었다. 검찰과 언론이 쏜 화살을 빼내기 위해 안간힘을 쓰며 대응하고 있고, 국민이 맡겨주신 국회의원 직분을 다하기 위해 열심히 환경노동위원회 현장을 뛰어다니며 일하고 있는데, 왜 '윤미향'을 사회악처럼 취급했을까? 민주당이 싸워야 할 적을 '윤미향'으로 설정하고 치닫는 것 같았다. '윤미향'을 정리하면 민주당이 대선에서 이길 수 있다고 생각했던 것일까? 가슴에 자리 잡은 시커먼 멍이 마치 온몸으로 퍼져나가는 것 같았다. 왜 그랬는지 아직 그 누구도 해명하거나 설명하지 않는다.

하지만 이재명 대표의 짧은 글은 3년 동안 내 가슴에 자리 잡고 있던 짙은 멍을 옅게 빼주었다. 이재명 대표의 뒤를 이어 많은 민주당 의원들이 홀로 겪게 해서 미안했다며 메시지를 보내주기도 하고 SNS에 밝히기도 했다. 전화로 축하 인사를 건네준 의원들도 있었다. 강민정 의원은 1심 선고가 있던 날 직접 법정을 찾아 나를 따뜻하게 안아주며 "긴 시간 홀로 겪게 해서 미안해. 1심 판결 때라도 함께 서주려고 왔어"라고 말해주었다. 슬프고 깊은 감동이었다.

거리에서 시민들을 만나면 나에 대한 인식이 달라져 있음을 확인한다. 뉴스만 보고 욕했다며 미안하다고 말하는 시민들, 버텨줘서 고맙다고 인사하는 시민들이 늘어났다. 지나가다 일부러 달려와서 "응원합니다!" 하고 가는 시민들도 만난다. 지역 강연회에 나를 초청해 일본군'위안부' 문제 해결을 위해 살아온 지난 30년을 다시 조명할 수 있도록 기회를 주고, 강연 후에는 "왜 그렇게 공격받았는지 알 것 같다"라며 뜨거운 평가를 해주기도 한다. 어떤 선생님은 직접 전화를 걸어 살아있어서 고맙다며 울기도 하셨다. 광화문 거리에서 현수막을 펼쳐 들고 '윤미향'에 대해 혐오성 욕을 하며 구속하라고 소리 지르는 보수단체의 집회 현장을 보았다고 하셨다. '아, 윤미향 의원이 어떻게 살고 있나…. 나 같으면 견디기 힘들었을 텐데….' 그러셨단다.

참 고마운 일, 덕분에 바위처럼 굳건하게 견뎌낼 수 있었고, 내 얼굴에 자주 피던 미소를 되찾을 수 있게 되었다. 결국 사람이 희망이었다.

생채기

지난 3년 동안 참 많은 분이 내 곁을 떠나갔다. 오랫동안 함께 운동했던 후배도, 수시로 통화하며 안부를 나누던 지인도, 오랜 후원자도 차츰 소식이 뜸해지고 결국은 연락이 끊겼다. 이해한다. '모진 놈 곁에 있으면 벼락 맞는다'라는 옛말도 있지 않은가. 어떻게든 나를 위로하고 함께하려고 했던 많은 사람이 검찰이 내리꽂는 '날벼락' 앞에서는 어쩔 수 없었을 것이다.

그런데 그중에는 그냥 떠난 것이 아니라 가슴에 생채기를 남기고 떠난 사람도 제법 있다. 원하든 원하지 않았든 정치권에 들어왔고 검찰의 표적이 된 이상 크고 작은 상처는 어쩔 수 없다고 생각하지만, 믿거라 하는 사람에게 받은 상처는 몇 배로 더 아프다.

재판 진행 과정에서 참 가슴 아팠던 동료가 한 사람 있다. 전쟁과

여성인권박물관 등록할 때 학예사 요건을 충족해줬던 모 학예사다.

검찰이 전쟁과여성인권박물관과 관련하여 나를 기소한 혐의는 '보조금 관리법 위반', '지방재정법 위반', '사기' 등 세 가지였다. 쟁점은 여러 가지였는데, 간단하게 정리하면 박물관 등록에 꼭 필요한 학예사 자격증을 허위로 제출하고, 이런 과정을 거쳐 전쟁과여성인권박물관을 사립박물관으로 등록한 후 역시 허위 서류 등을 바탕으로 국가 보조금을 받아서 썼다는 혐의다. 여기서 검찰의 주장을 뒷받침해줄 수 있는 카드로 꺼낸 것이 바로 모 학예사였다.

모 학예사는 정대협이 전쟁과여성인권박물관을 건립하는 과정에 실무자로 참여하여 최저임금도 되지 않는 활동비를 받으며 박물관 자료 정리와 전시기획 실무를 맡았던 동료다. 일본군'위안부' 문제를 넘어 한국이 책임져야 할 베트남 문제까지 담기 위해 베트남 현지 조사 활동을 나와 함께 진행하기도 했고, 베트남 문제를 우리 박물관에 어떻게 담아야 할지 고민하며 숱한 시간을 함께했던 동료였다. 그런데 모금이 저조한 데다 부지 확보가 어려워지면서 박물관 건립이 애초 계획보다 지연되는 바람에 중간에 퇴직하게 되었다. 하지만 그녀는 정대협이 박물관을 개관하고 사립박물관으로 등록을 진행할 때 박물관 등록요건인 학예사가 되어주었다. 그런데 재판에 검찰 측 증인으로 나온 그녀는 자신이 박물관의 학예사가 아니었다고 진술하고, 박물관 등록에 자신이 기여한 것을 부정했다.

검찰 측에서 그녀를 소환, 조사했다는 소식을 들었을 때는 나로 인해 고초를 겪는 그녀에게 미안한 마음이 컸다. 검찰 조사가 일반 사람들이 감당하기 쉽지 않다는 것을 내가 겪으면서 잘 알게 되었기 때문이다. 그동안 민주화운동 과정과 정대협 활동 과정에서 이러저러한 이유로 경찰서, 검찰, 법정 등에 여러 번 출석했던 나조차 이번 일을 겪으면서 깜깜한 터널 속에 갇힌 듯한 감정을 느끼곤 했다. 그러니 평소 검찰이나 법원 근처에도 오지 않고 살던 평범한 사람들에게 검찰 출두와 조사 과정 그 자체가 얼마나 힘든 일이었을까, 하는 생각이 들었다. 그런데 검찰은 힘겨울 때 함께 일했던 그 동료를 우리 맞은편에 앉혀서 갈라놓는 방법으로 수사를 진행하고, 기소했다. 가슴 아픈 일이었다.

2021년 12월 24일 크리스마스이브 날에도 재판이 있었다. 7차 공판이었다. 모 학예사의 얼굴은 다소 긴장된 듯 보였다. 우리는 정말 오랜만에 만났지만 서로 인사도 할 수 없는 관계가 되어 있었다. 눈동자를 마주치고 '얼마나 힘들었니?'라고 전하고 싶었지만, 그녀는 얼굴을 보여주지 않았다. 피하고 싶었을 것이다. 검찰은 모 학예사에게 마치 내가 무슨 위해라도 가할 것처럼 몰고 갔다. '칸막이를 설치했으면 좋겠다,' '엄마와 함께 증인석에 앉게 해달라' 등을 요청했다. 물론 재판부에 받아들여지지 않았지만 한 공간에 네 시간 이상 함께 앉아 있었음에도 우리는 말 한마디 나눌 수 없었고, 오히려 더 철저하게 영혼까지 분리되어 있었다. 슬픈 일이었다.

스스로 수요시위 현장에 찾아와 전쟁과여성인권박물관을 건립하는 일에 무엇이든 돕겠다며 나섰던 그녀가, 함께 어려운 과정을 하나씩 넘어가며 박물관의 토대를 만드는 데 기여했던 그녀가, 자신의 원고나 책에서 자신을 소개하는 이력에 가장 먼저 '전쟁과여성인권박물관 큐레이터'를 쓰고 있으면서도 그토록 심한 '자기부정'에 나서야 했던 그 모든 상황이 그저 안타깝고 슬플 뿐이다. 이 모든 것이 아프다. 너무나 아프다. 이렇게 살아가는 것 자체가 나에게는 너무나 힘겹다.

'이름 짓기'의 천재들

"위안부 할머니들 팔아 앵벌이" "집 다섯 채를 현금으로 구매" "반미 외치더니 딸은 미국 유학-할머니들 돈으로" 등등 3년 가까이 검찰과 언론 등의 집요한 공격에 시달리면서 그들은 '이름 짓기'에 탁월한 능력을 가진 것 같다고 생각했다. 내 사건과 관련해서 기억나는 것만 해도 이 정도다. 그리고 이런 문구들이 종편과 일부 극우 신문에 도배되기 시작하면 며칠 안으로 시중에 '아, 윤미향이 그런 사람이었군' 하는 얘기가 떠돌기 시작한다. 그리고 일부 유튜버들은 주말마다 내가 사는 아파트 앞으로 트럭까지 몰고 와 "위안부 할머니 앵벌이 윤미향은 국회의원을 사퇴하라!" 외치며 엄청난 소음을 일으키고 혐오 감정을 확산시킨다. 처음에는 믿지 않았던 사람도 똑같은 얘기들이 계속 이어지면 어느새 그 짧은 문구에 물들어간다.

가히 히틀러의 선전상 괴벨스를 능가하는 솜씨다.

그들이 몸소 이름을 지어준 덕에 일반 서민들도 혀를 내두르며 나와 정의연을 비난하게 만들었던 사건 가운데 '맥줏값 3,300만 원'이라는 게 있다. 간단히 말하면 할머니들을 위해 모금한 돈을 정의연 활동가들이 한 맥줏집에서 자그마치 3,300만 원어치나 마셔댔다는 이야기였다. 이런 기사들이 나오자마자 바로 조사에 들어갔던 검찰은 기소조차 안 했건만 표현 자체가 워낙 자극적이고 흥미로워서 그런지 꽤 오랫동안 사람들의 입에 오르내렸다. '집 다섯 채'나 '앵벌이'와 함께 지금도 이걸 사실로 믿고 있는 사람도 제법 있을 것이다.

'맥줏값 3,300만 원' 지출은 2018년 정의연의 '모금사업비'로, 140여 곳에 쓴 '지출총액'을 말한다. 당시만 해도 국세청 공시자료는 지출 목적이 같을 경우 대표적인 곳 '한 곳'만 명시하도록 서식이 정해져 있었다. 140여 곳이나 되는 지출처를 모두 명시할 수 없기에 생긴 규정이다. (이것이 문제가 되면서 2019년 3월부터는 같은 지출 목적이더라도 거래처별로 쪼개 써야 하는 것으로 규정이 바뀌었다.) 그리고 이와 같은 사실은 2020년 5월부터 여러 매체에서 공식적으로 보도하기도 했다. 그런데도 일부 매체는 의도적으로 상당한 기간이 지날 때까지 사실을 보도하지 않고 토론 프로그램 등에서 패널의 입을 통해 지속적·반복적으로 '맥줏집 3,300만 원'을 되풀이했다.

대표적인 사례가 TV조선 '이것이 정치다'에 출연한 김병민 경희대 행정학과 객원교수의 이야기다. 그는 정의연의 해명을 이미 알고 있었음에도 "한 맥줏집에서 3,000만 원이 넘는 돈을 썼다. 기부금을 받아서 활동하는 시민단체가 이렇게 회계를 집행해서는 안 된다"라고 주장했다. 1년 후인 2021년, 그는 국민의힘 대변인이 되었고 2023년 3월, 국민의힘 최고위원이 되었다.

또 하나, 검찰과 언론의 합동 작전으로 탄생한 '이름 짓기' 중 하나가 "할머니들 돈으로 딸 미국 유학" "반미 외치더니 딸은 미국으로" 등 우리 딸에 대한 것이다. 어쩌면 이렇게 가족들까지 먹잇감으로 삼아버리는지 참담하기 이를 데 없다. 딸의 유학 이야기를 하자면 먼저 남편 이야기를 꺼낼 수밖에 없다. 딸의 유학 비용이 대부분 남편의 억울한 옥살이에 대한 보상금에서 지출되었기 때문이다.

남편이 간첩 혐의로 체포된 것은 1993년 9월 모 국회의원실의 비서관 면접을 보러 가던 길이었다. 딸은 당시 내 배 속에 있었다. 이른바 세상을 떠들썩하게 했던 '남매 간첩단 사건'의 주인공이 바로 남편 김삼석과 시누이였다. 당시 혐의 내용은 '이적표현물 소지 및 유포, 반정부 첩보 활동, 반정부 시위 선동 및 참여 등의 국보법 위반' 등이었다. 반정부 첩보 활동 즉 간첩죄는 사형도 가능한 무시무시한 범죄행위였다. 불행 중 다행이라고 할까, 약 1년 뒤인 1994년 10월에 남편은 대법원에서 징역 4년이 확정되었고, 1997년 만기 출소했다. 하지만 2014년 3월에 재심청구가 받아들여져 재심이 개시되었고, 2016년 3월 '간첩죄'에 대해 무죄로 판결이 내려졌다. 이에 대한 보상금으로 남편에게는 1억 9,000만 원, 나와 딸 등 가족 몫으로는

8,900만 원이 각각 지급되었다. 복잡한 과정들을 다 생략하고 간단하게 말하면 딸의 유학 자금은 '김삼석의 딸'로서 자신이 받은 보상금에 엄마·아빠의 보상금 중 일부를 더한 것이다.

언젠가 보상금 액수를 들은 누군가가 "와, 4년 고생하고 거의 3억 가까이 받았네요" 하는 걸 듣고 울분이 치밀고 올라왔던 적이 있다. 겨우 눌렀지만 그런 말을 들을 때마다 심장을 바늘로 찌르는 것 같은 아픔을 느낀다. 남의 아픔에 공감하지 못하고 쉽게 생각하고 던지는 말들이 누군가의 목숨을 앗아갈 수 있는 무기가 된다는 것을 그들은 모르는 것 같다.

남편이 그렇게 끌려갈 당시 배 속에 있던 딸은 두 달 정도가 지난 11월 9일 세상의 빛을 보았다. 아빠는 '간첩죄'로 차가운 영등포교도소(현 서울남부교도소)에 갇힌 채 언제 열릴지 모르는 재판을 기다리고 있었고, 엄마는 아빠의 옥바라지와 재판 준비, 곧 다가올 100차 수요시위 준비 때문에 갓 태어난 딸을 따뜻하게 보살필 여력이 없었다. 산후조리도 제대로 못 한 상태에서 아이 키우랴, 매주 수요시위 준비하고 할머니들 만나러 다니랴, 국내외 연대 활동하랴… 몸이 열 개라도 모자랄 판이었다. 결국 딸이 백일쯤 되었을 때 친정어머니에게 딸을 맡겼다.

그렇게 대학생이 되기 전까지 친정에서 자란 딸은 내가 지어주는 밥을 먹은 적이 없다. 생일 밥도 할머니가 차려주었다. 아무것도 해주지 못해서 늘 미안함이 컸던 딸이다. 그런 딸이 어릴 때부터 교회 예배당에서 피아노를 치며 놀더니 초등학교 때부터 피아니스트가 되겠다고 꿈 자랑을 했다. 그리고 어느새 대학에서 피아노를 전공하고, 여기저기 메일도 보내고 피아노 연주 모습을 영상으로 담아 보내고 하더니 전액 장학생으로 미국으로 유학을 가게 되었다.

가끔 생각해본다. 딸의 음악성은 어디서 어떻게 왔을까? 물론 이렇게 말하면 딸은 전적으로 자신의 노력이라고 말하며 억울해할 수 있을 것이다. 그럼에도 불구하고 어쩌면 내 배 속에 있을 때부터 들었던 찬송가에서 비롯된 것은 아니있을까, 그런 생각을 해본다. 나의 부모님은 중학교도 제대로 졸업을 못 했지만 지금도 즉석에서 화음을 넣으며 찬송가를 부르신다. 외삼촌 역시 따로 음악 공부를 한 적이 없지만, 교회에 놓인 오르간을 독학으로 깨쳐서 주일 예배 때마다 성가를 연주할 정도의 실력을 갖춘 분이다. 아버지도 중고 피아노를 거실에 놓고 홀로 터득한 실력으로 피아노를 치며 찬송을 즐겨 부르셨다. 덕분에 우리 집은 잘 공간이 부족할 정도로 좁았을 때도 거실 한쪽에 늘 풍금이나 피아노가 놓여 있었다. 딸과 피아노는 그렇게 어린 시절부터 좋은 친구가 되었다.

하지만 결국 딸은 피아노 전공으로 최고의 실력을 닦아보겠다는 자신의 꿈을 접어야 했다. 하루가 멀다 하고 터져 나오는 국내 소식도 모자라 딸이 공부하는 미국 현지까지 기자들이 들이닥치는 통에 공부를 하고 싶어도 할 수 없었다. 하이에나 같은 언론이 결국 한 아이의 인생 행로를 완전히 뒤집어버린 것이다. 그럼에도 우리 딸은 이에 굴하지 않고 또 다른 자신의 길을 찾아 열심히 자신의 삶을 살아내고 있다. 그런 딸이 고맙고 자랑스럽다.

오늘도 언론과 검찰의 기막힌 '이름 짓기' 실력은 한치도 녹슬지 않고 또 다른 목표물을 찾아 유감없이 발휘되고 있다. 그들에게 전하고 싶다. 절대로 자기 자신의 삶을 포기하지 말고 살아내라고.

제2장

올가미

여행

　흔히 대화 중에 '이유 없이 밉다' 혹은 '주는 것 없이 밉다'라는 표현을 쓰는 사람을 가끔 만나게 된다. 그 이야기를 들으면서 '그런 사람이 누굴까? 나는 겪어봤나?' 생각할 때가 있다. 그런데 정말 주는 것 없이 미운 경우는 없지 않을까? 설사 나 스스로는 잘 모르고 있다 해도 누군가를 미워하는 데는 어떤 이유가 있을 것이다. 특히 누군가를 죽일 만큼 미워한다면 분명히 이유가 있을 것이다.

　언젠가부터 나를 죽일 만큼 미워하는 어떤 세력이 있다는 게 느껴졌다. 처음에는 잘 몰랐지만, 시간이 흐르면서 그 적의는 차츰 분명해졌다. 직접 나를 향하기도 했고, 때로는 내가 가장 약해질 수밖에 없는 대상 '내 가족'을 향해 진행되기도 했다. 무엇보다 내 딸의 꿈을 포기하게 만들고 관계를 파괴해버린 데 언론이 큰 역할을 했다는 것은 부인할 수 없을 것이다. 또한 수십 명의 기자와 카메라를 끌고 다니면서 압수수색을 하고 수사상황을 기자들에게 흘리며 혐의사실을 확정된 범죄처럼 유포·확산하는 데 앞장섰던 검찰이 있었다. 그런데 그 뒤에 또 다른 거대한 세력이 있음을 이미 오래전부터 온몸으로 느끼고 있었다. 언론과 검찰과 다양한 세력을 장기판의 말처럼 이리저리 움직일 수 있는 어떤 힘으로 느껴졌다.

2023년 2월 10일. 2년 반을 끌었던 나의 1심 재판이 일단락되었다. 기소되었던 8개 혐의 중 7개가 무죄로 판결되었고 '업무상 횡령'에 대해서는 '일부 유죄'가 인정되어 1,500만 원의 벌금형이 내려졌다. 물론 대법원까지 절차들이 많이 남아 있지만, 1심 판결로 이미 나는 승소한 것이나 마찬가지라고 마음먹기로 했다. 하지만 기뻐할 수만 없다. 지난 3년 동안 기억에 기억을 쌓게 만든 보도들, 그 보도들을 진실이라 믿고 있는 사람들. 이제는 언론이 따로 보도하지 않아도 저절로 시스템이 작동하듯 사람들의 눈과 입을 통해 '악마 윤미향'이 퍼져나가고 있다. 이 재판이 시작되기도 전에 이미 '그들'이 원하는 목적은 달성된 셈이다. '그들'은 언론의 전폭적인 지원 속에 '윤미향은 위안부 할머니를 등쳐먹은 나쁜 ×'이라는 이미지를 많은 국민의 머릿속에 각인시키는 데 성공했다. 왜 나에 대해 그런 이미지가 필요했을까?

2023년 3월 1일 윤 대통령의 3·1절 기념사는 다음과 같았다.

104년 전 3·1 만세운동은 기미독립선언서와 임시정부 헌장에서 보는 바와 같이 국민이 주인인 나라, 자유로운 민주국가를 세우기 위한 독립운동이었습니다. 새로운 변화를 갈망했던 우리가 어떠한 세상을 염원하는지를 보여주는 역사적인 날이었습니다.

그로부터 104년이 지난 오늘, 우리는 세계사의 변화에 제대로 준비하지 못해 국권을 상실하고 고통받았던 우리의 과거를 되돌아봐야 합니다.

(중략)

3·1 운동 이후 한 세기가 지난 지금 일본은 과거 군국주의 침략자에서 우리와 보편적 가치를 공유하고 안보와 경제 그리고 글로벌 어젠다에서 협력하는 파트너가 되었습니다.

윤 대통령의 기념사는 "조선이 식민지가 된 건 구(舊)한국이 힘이 없었기 때문이며 세계적 대세에 순응하기 위한 유일한 활로다"라고 했던 구한 말 이완용의 발언과 일치한다. 굴종의 극치라는 것 외에 달리 보탤 말이 없다.

이후 벌어진 사태는 더욱 경악을 금치 못하게 한다. 윤 대통령의 발언에 동의하는 뜻으로 일장기를 버젓이 내건 목사가 있는가 하면 "나는 기꺼이 친일파가 되렵니다" 하고 나선 현직 도지사도 있다.

하지만 이 정도는 약과라는 듯 윤석열 대통령은 일제하 강제동원 피해에 대해 '제3자 변제' 해법을 피해자의 반대에도 불구하고 일본 정부에 제시했다. 일제강점기에 우리 국민을 강제로 동원했던 일본 전범 기업에 피해 배상을 명령한 한국 대법원의 판결을 무시하고, 사죄와 배상을 거부하고 있는 일본 정부와 일본 기업을 대신하여 한국 기업이 돈을 내게 한 것이다. 이는 대법원 확정판결을 부정함으로써 헌법이 규정한 삼권분립을 전면적으로 파괴한 것이다. 뿐만 아니라 일본의 가해 책임을 우리 정부가 앞장서서 면제해 주고 피해자 인권을 정면으로 짓밟은 것이다.

이는 국민적 차원에서 거센 반발을 불러왔다. 이미 토요일마다 서울 시청역 대로에 모여 온 시민들은 윤석열 대통령 퇴진을 공개적으로 요구하기 시작했고, 교수들의 시국선언 또한 전국 대학으로 확산되었다. 최근에는 천주교정의구현전국사제단이 전국을 순회하며 퇴진 미사를 진행했다.

3년 전부터 본격화되고 있는 일본군'위안부' 피해자들에 대한 한국 보수·우익의 혐오 발언과 공격도 우연은 아니라고 본다. 1990년대 초 정대협 간사로 활동을 시작한 이후 나는 일본의 우익들에게 늘 공격의 대상이었다. 그들은 매일 아침 사무실에 전화해서 "아이 헤이트 코리아"라는 영어 한마디를 던지고는 "수요데모를 멈춰" "너는 북한 간첩이다" 등의 한국말을 뱉어낸다. 그때 내가 했던 대답은 지금 생각해도 웃음이 난다. "나는 일본사람 좋아합니다"였다. "아이 라이크 저패니즈."

그런데 3년 전 그날 이후 일본대사관 앞에서도, 광화문사거리에서도, 법원 앞에서도, 한국 우익단체 사람들과 유튜버들은 '위안부' 피해자들을 향해 "한국에는 진짜 위안부가 한 명도 없다" "정의연을 수사하라" "정의연을 해체하라" "윤미향을 구속하라" 등을 외치며 집회를 계속하고 있다. 심지어 1심 판결 후에도 이들의 목소리는 달라지지 않았다. 일본군'위안부' 문제 해결을 위해 전국 각지에서, 해외에서 활동해온 시민단체 활동가들은 상처를 입었고 목소리가 작아졌다. 보수단체들은 이제 대놓고 광화문사거리에 현수막을 걸고 일장기를 흔들며 '위안부' 문제에 대한 역사를 부정하는 등 일본 우익이 해온 주장을 반복하고 있다.

일본군'위안부' 문제 해결을 방해하고 공격할 뿐 아니라 피해자들을 향해 저리도 당당하게 2차·3차 가해를 자행하고 있는데, 공권력은 아무 조치도 취하지 않고 있다. 이것이 현실이다. 3년 전만 해도 상상할 수 없었던 일이다. 나아가 윤석열 정부의 굴욕적인 한일 과거사 태도와 관련하여 잘못됐다고 비판의 목소리를 내면 보수정치권에서는 '윤미향'은 입 닫으라고 거세게 공격한다. 모두 다 우연히 시작된 것일까?

일본에까지 뻗친 국정원의 그림자
_빤스까지 벗겨버려!

　학창 시절의 일이다. '정보기관의 능력'에 대해 깜짝 놀라는 일이 가끔 있었다. 주로 MT를 가거나 학내 시위가 벌어졌을 때다. MT 장소를 몇 사람에게만 알려주고 나머지 멤버들에게는 당일 버스 탈 때가 되어서야 알려주었는데도 버스정류장이나 기차역에 내려보면 현지 경찰관들이 반갑다며 마중 나와 있곤 했다. 학내 시위도 마찬가지였다. 사복 경찰이 교내에 당당하게 들어와 있던 80년대 초, 학내 시위 계획은 도서관이나 본관 앞 혹은 신학대 정문 등 특정한 장소를 정해 은밀하게 전달된다. 그런데 어떻게 알아냈는지 그날의 주동자가 미리 검거되거나 현장을 선점한 경찰에 의해 시위가 무산되는 경우가 종종 있었다. 도청을 했을 수도 있고 이른바 '프락치'를 활용했을 수도 있지만, 어쨌든 참 대단한 능력이라고 생각했다.

그 시절과 비슷한 일들을 정대협 활동을 하면서 종종 경험했다. 특히 일본의 경우, 공항에 도착해 보면 낯익은 얼굴들을 자주 만났다. 우리를 마중 나온 시민단체 회원이 아닌 것으로 보아 한국이나 일본 정보기관의 요원이 아닐까 짐작되곤 했다. 국내에서는 수요집회 때 외곽 쪽에 둘러서서 나를 계속 주시하는 눈길이 느껴지는 경우가 종종 있다. 역시 모르긴 몰라도 정보기관 요원일 거라 짐작했다.

그들은 직접적으로 흔적을 남기기도 했다. 국가정보원은 2007년부터 2012년까지 6년 동안이나 당시 정대협 사무처장과 대표인 나의 개인 이메일을 수시로 열어보며 정보를 수집하고 탐지하다가 혐의를 발견하지 못하자 수사를 종료했다는 통지를 해왔다. 그 통지를 받기 전까지는 상상조차 못 했던 일이다. 그때의 충격 때문에 아주 무서운 꿈을 수년간 계속 꾸고 있는 느낌이다.

일본 우익들의 적대적인 행동도 마찬가지였다. 일본에서 일본군‘위안부’ 문제와 관련한 행사나 회의가 있어 할머니들과 함께 가거나 혼자 방문할 때면, 행사장 옆 공간을 일본 우익단체가 빌려 맞불 집회를 하기도 하고, 행사장 입구에서 소란스럽게 떠들며 ‘위안부’ 피해자들을 모욕하고 인권을 훼손하는 일을 서슴지 않았다. 그때도 저들이 우리 일정을 어떻게 이렇게 세세하게 꿰고 있는지 의문이었다.

전쟁과여성인권박물관 벽 모서리에 “독도는 일본 땅”이라는 나무 말뚝을 세워놓고 간 일본 우익단체 대표. 그는 블로그에 ‘매춘부’ 박물관에 말뚝을 박고 왔다고 자랑스럽게 글을 올리고, 같이 행동할

'애국자'를 모집했다. 정대협 사무실에도 "독도는 일본 땅"이라고 새긴 플라스틱 막대기를 우편물에 넣어 보냈고, 소녀상이 무릎 꿇고 있는 형상을 만들어 보내기도 했다. 활동을 당장 중단하라는 협박성 편지를 '윤미향 대표' 앞으로, 일본 주소까지 써서 보내기도 했고, 태극기 배경 밑그림 위에서 남녀가 성관계하는 적나라한 모습이나 태극기 위에 용변을 보는 여성의 엉덩이를 그려 보내 혐오감과 모욕감을 주기도 했다.

그런데 어느 날부터 그들이 내 바로 앞에 모습을 본격적으로 드러내기 시작했다. 2015년 한일 일본군'위안부' 합의가 발표된 이후였다. 일본 시민들과 연대하기 위해 일본을 방문했을 때의 일이다. 나리타공항, 간사이공항, 히로시마공항 등지에서 입국 수속 중에 또는 짐가방을 찾는 중에 이유 없이 조사실로 데리고 가 긴 시간 동안 특정 공간에서 의미 없는 심문을 하며 나를 겁박했고, 총기류와 마약류, 거액의 달러 그림을 보이며 그런 걸 소지했느냐고 가방을 열고 속옷까지 들춰내며 모욕하고, 범죄자 취급을 하기도 했다.

2015년 한일 일본군'위안부' 합의가 발표된 뒤 정대협의 활동은 합의 무효화에 초점이 맞춰질 수밖에 없었다. 그 어느 해보다 더 많이 유엔으로, 미국·유럽·일본으로 날아다녀야 했다. 그러던 중 다시는 하고 싶지 않은 특별한 경험을 하게 되었다. 일본에서 일본군'위안부' 문제 해결을 위해 활동하고 있는 시민단체들과 연대하여 한일 '위안부' 합의의 부당성을 알리기 위해 일본행 비행기에 몸을 실었다. 그런데 나리타공항에 도착하였을 때 어떤 묘한 느낌, 누군가 나를 계속 주시하는 듯한 느낌을 지울 수 없었다.

비행기가 나리타공항에 착륙하면 입국 수속을 위해 외국인과 내국인(일본 국민)으로 나뉘어 줄을 선다. 기계로 먼저 지문검사를 하고, 사진 촬영으로 입국심사를 한다. 그리고 입국심사 담당 직원에게 가서 여권에 입국허가 도장을 받고 짐가방을 찾아서 나오면 된다.

그런데 지문도 검사하고, 얼굴 사진도 촬영하고, 여권 스캔도 했는데, 입국심사대에서 만난 직원이 지문대 위에 손가락을 다시 대라고 하고, 사진 찍기를 계속 반복했다. 해당 직원은 다른 사람들을 심사할 때와 달리 별도의 인쇄물을 꺼내놓고 뭔가를 기록하면서 나를 봤다. 기다리는 것이 민망하여 "난니노 몬다이가 아리마스카?"(무슨 문제가 있어요?)라고 미리 외워둔 일본말로 질문했지만, 그는 뭔가를 열심히 쓰기만 할 뿐 답이 없었다.

그가 서류를 들고 일어서서 누군가를 부르니 40대 후반쯤 되어 보이는 직원이 입국심사대까지 왔다. 아마도 입국심사 담당자에게 업무를 지시하는 사람 같았다. 갑작스럽게 사건화되는 분위기였지만, 이미 준비되어 있었다는 느낌은 지울 수 없었다. 입국심사를 받기 위해 줄 서 있던 사람들의 시선이 나에게 집중되었다. '아, 나를 마치 무슨 범죄가 발각된 사람처럼 인식하게 하는구나. 만약 다른 사람이 나와 같은 상황에 있었다면 나도 저 사람들처럼 입국 시간을 지체시키는, 무슨 문제가 있는 사람처럼 쳐다보고 있었겠구나' 그런 생각을 했다.

그 직원은 내 여권과 입국서류를 들고 자기를 따라오라며 훌쩍 가버린다. '오려면 오고, 싫으면 안 와도 되고' 하는 것 같은 모습이었다. '이들은 내가 이곳에서 문제를 일으켜주기를 바라는 걸까?' 순간 그런 생각이 들면서 아무것도 하면 안 된다고 마음먹으니 자괴감이 들었다.

그를 따라 들어간 곳은 회색 벽에 오래된 업무용 철제 책상과 전화기, 의자가 양쪽으로 놓인 아주 작은 공간이었다.

그는 나에게 일본말로 불었나. "일본말을 할 줄 아는가?"

나는 한국말로 답했다. "아니요."

다시 그는 영어로 물었다. "영어를 할 줄 아는가?"

나는 또 한국말로 대답했다. "조금요."

그는 나에게 기다리라고 하고 어디론가 가더니 감감무소식이었다. 기다리다 못해 회색 공간에서 밖으로 나가 가장 먼저 만나는 직원에게 서툰 영어로 "왜 나를 여기 잡아두고 있나? 내가 범죄자인가?"라고 물었더니, 그 직원이 얼굴이 발갛게 되면서 한 말은 "자스트 웨이트!"였다. 그냥 기다리라는 것이었다.

주일 한국대사관에 전화를 걸었다. 한 여성 직원이 전화를 받았다. "저는 한국정신대문제대책협의회 윤미향 대표라고 합니다. 제가 지금 나리타공항 입국심사 과정에서 부당하게 억류되어 있는데, 대사관에서 도움을 줄 수 있습니까?" 그랬더니 이 직원의 대답은 "입국심사는 그 국가의 고유한 영역이어서 도움을 줄 수 없습니다" 하는 것이었다. "자국의 국민이 이유도 없이, 무슨 영문인지도 모른 채 부당하게 억류되어 있는데 도움을 줄 수 없다는 말인가요?" 돌아오는 대답은 역시 그렇다는 것이었다. "상담원 선생님이 전화를 받으신 것 같은데, 대사관 책임자에게 연결해주면 좋겠습니다"라고 요구했지만 똑같은 대답이었다. 그래서 "한국대사관의 그 대답 기억하겠습니다" 하고는 전화를 끊었다.

해외의 다른 나라에 입국하면 으레 도움이 필요한 일이 있으면 연락하라는 그 지역 주재 한국대사관에서 보내는 문자를 받는다. 그러나 별 기대하지 마시라. 내 경험에 의하면 도움을 받을 수 없었다.

30여 분 동안 홀로 별의별 상상을 다 하며 기다리고 있으니, 어디서 무슨 의논을 했는지 다시 그 직원이 들어와 한국어 통역을 할 사람에게 전화를 걸었다. 한국어를 하는 한 여성이 내게 스피커폰을 통해 "이 사람이 묻는 말에 대답하라고 합니다" 하며 통역한다. 그렇게 전화기를 사이에 두고 대화가 오갔다.

일본에 왜 왔느냐, 호텔이 어디냐, 호텔에 계속 머무느냐, 직업은 뭐냐, 단체는 어떤 일을 하느냐, 호텔을 예약한 사람은 누구냐, '위안부' 문제를 해결하기 위해 활동한다고 했는데 그 활동과 이번 방문이 연관이 있느냐, 공항에 마중 나온 사람 전화번호는 무엇이냐 등의 질문이 이어졌다. 내 친구의 정보를 알려줘야 할 의무가 있냐고 묻자 입국심사에 필요하다고 했다. 인권의 기본 개념도 지켜지지 않았다. 지금 생각해보면, 인권운동 30년을 했다고 하면서 실상은 나와 내 친구들의 인권을 보호하는 데 기본 소양이 부족했던 것 같다. 그들에게 왜 그런 정보를 제공했는지 너무나 부끄럽다.

질문은 계속되었다. 또다시 이번 방문 목적이 뭐냐고 물었다. 아주 친절하게 김복동 할머니의 삶에 대해서, 일본 여성들의 존경스러운 활동에 대해서 설명했다.

"일본에 '위안부' 할머니를 만나러 왔는가?"
"일본에는 생존해 계신 피해자가 없다."
"그러면 왜 왔는가?"

한 시간 넘도록 전화기 통역을 사이에 두고 질문과 답을 이어가다가 어느 순간 입을 닫아버렸다. 혹시 이렇게 친절하게 대답하면 이 사람들도 일본군'위안부' 문제에 관심을 갖게 되지는 않을까 했던 게 순진한 것이 아니라 바보 같은 것이라는 생각에 이르게 된 것이다. 그때, 누구를 만나든 내가 알고 있는 것을 설명하려 하고 내가 가진 견해를 이해시키려고 하는 내 습관을 다시 적나라하게 보게 되었다.

또 덧없는 시간이 지났다. '저들이 원하는 대로 만들어주지 말자' 하며 항의하고 싸우고 싶은 의지를 억누르며 있으려니 점점 지쳐갔다. 그제야 그는 여권을 갖고 와 이미 입국허가 도장이 찍힌 것을 보여주며 마치 선심을 써줬다는 듯이 "입국허가가 났습니다"라고 내 여권을 준다. 시간을 보니 그곳에 억류된 지 두 시간이 넘었다. 내 짐가방은 혼자 덩그러니 주인을 기다리고 있었다. 공항에 억류된 경험은 그때 한 번으로 끝나지 않았다. 오사카공항과 히로시마공항에서도 계속되었다.

히로시마공항에서는 여권에 입국허가 도장을 받고 짐가방까지 챙겨서 출구를 향해 걸어가고 있는 나를 직원이 "윤미향 씨!" 하고 불러 세우고는 내 여권과 가방을 들고 계단 위로 뛰어 올라가 버렸다. 그 바람에 나도 자동으로 그 직원을 따라갈 수밖에 없었다. 납치나 마찬가지였다. 훗날 그들은 그렇게 말하겠지? 내가 자발적으로 따라왔다고.

그날도 똑같은 경험을 했다. 하지만 질문은 완전히 다른 것이었다. 아주 위압적인 태도로 공항 관계자들에 이어 사복 입은 사람들이 왔다 갔다 하며 나를 구경했고, 이것저것 질문하면서 내 캐리어와 손가방을 샅샅이 뒤지기 시작했다. 심한 모멸감이 느껴질 정도로 막무가내의, 거친 말과 손길이었다. 그러다 창문도 없는 밀폐된 공간에 나를 두고는 한참 동안 아무도 나타나지 않았다. 별의별 생각이 다 들었다.

'이렇게 갇혀 있다가 한국으로 추방당하는 게 아닐까?'

'같이 온 일행들은 내가 어디 있는지 알고 있을까?'

'한국이나 일본 지인들에게 이 사실을 알리고 도움을 청해야 하는 것 아닐까?'

그렇게 한 시간여가 지난 뒤 공항 관계자들이 나타나 나를 풀어주었다. 온통 헝클어진 캐리어와 손가방과 함께. 그때 사복을 입고 나타났던 사람들은 누구였을까? 그들이 일본 공안기관원이었다는 것을 안 것은 2년 전 한 제보자를 통해서였다. 역시 내 짐작이 맞았다.

그 이후에도 비슷한 일들이 반복되었다. 일본 시민들과 거리 행진을 할 때면 티가 나도록 내 사진만 줄기차게 찍어대던 사람. 단순한 사진 촬영이 무서울 수 있다는 걸 그때 처음 알았다. 카페에 앉아 있으면 늘 어디선가 나타나 신문을 펼쳐 든 채 나에게 신경을 곤두세우고 있던 사람. 일본 활동가들과 만나는 자리가 있을 때면 장소가 어디든 귀신같이 나타나 나를 주시하던 묘한 눈길들.

이뿐만 아니다. 언젠가 할머니들과 일본 나라현에서 오사카시까지 가는 기차를 탔다. 일정을 어디 공지한 것도 아닌데 우리 자리가 빤히 보이는 대각선 자리에 앉은 사람이 휴대폰으로 나를 계속 촬영한 적도 있다. 좌석제 기차라 미리 표를 끊지 않고는 할 수 없는 일이었다. 그러다 우리 일행 중 한 사람이 영상 촬영하고 있는 것을 확인하고 뭐 하고 계시느냐며 다가가자 그 여성은 곧바로 기차에서 내려버렸다. 일본인이 분명한데 유창한 한국어를 구사하면서 일본은 물론 한국에서 열리는 정대협 활동에 끊임없이 나타나는 여성도 있었다. 그 여성은 한국 공안에 협력하는 사람이라는 것이 결국 밝혀졌다. 일본에서 집회를 열기만 하면 어김없이 일본 극우파들의 차량과 현수막이 나타나 집회를 방해하기도 했다.

도대체 그들은 내가, 아니 우리가, 어딜 가는지, 언제 가는지, 어떻게 알고 있는 것일까? 그 궁금증은 2021년 6월 1일 방영된 MBC 'PD수첩' [국정원과 하얀 방 고문−공작관들의 고백] 덕분에 풀렸다. 전직 국정원 직원의 '양심고백' 내용 가운데 '의문 속의 그들'에 대한 적나라한 내용이 들어있었기 때문이다.

그의 고백에 따르면 우리나라 국정원은 오랫동안 일본 극우단체들을 지원해 왔다고 한다. 또 2015년 한일 '위안부' 합의에 관여한 것은 물론 일본 자민당 정권의 극우 정책을 뒷받침하는 극우단체 국가기본문제연구소까지 지원했다는 놀라운 사실도 밝혀졌다. 아울러 국정원 출신 인사들이 일본 내 혐한 여론을 부추기는 것도 모자라 한국 시민단체의 정보를 일본 공안기관에 제공했다고 하니, 내가 당했던 그 많은 일들이 어떻게 가능했는지 단번에 이해할 수 있었다. 여기에다 일본 극우 인사들을 한국으로 초청해 극진히 대접하고 북한 관련 정보를 제공했다니, 어느 나라 정보기관인지 그 정체가 의심스러울 지경이다.

그동안 내가 일본 공항에서 왜 그런 수모를 겪었는지 알게 되었다. 대한민국 공안기관이 일본 공안기관 담당자에게 나에 대한 정보를 자세히 알려준 것도 모자라 일본에 도착하기 전 미리 연락해서, "그 여자 빤스까지 벗겨!"라고 직접 지시를 내렸다는 것이 아닌가. 그것도 두 차례나. 이유는, 내가 그냥 '종북주의자'이기 때문이란다. 그 이야기를 들으면서 '아, 내가 이렇게 살아있는 것도 어쩌면 참 다행스럽고 감사한 일이구나' 하는 생각이 들기도 했다.

국정원에 나에 대한 사찰 정보를 청구했지만 '외교·안보 사안'이어서 공개 불가능하다는 답변을 받았고, 나를 '공안'으로 사찰했다는 것도 알게 되었다. '공안'이란 유엔과 국제사회가 대표적인 여성인권운동으로 평가하고 있는 정대협 활동에 색깔을 입혀 '다른 목적'을 위해 '피해자들을 이용하는' 단체라는 프레임을 만들기 위해 준비된 기획이었으리라. 새삼스러울 것도 없이 2015년 한일 '위안부' 합의 이후 나와 정대협을 공격하던 한국의 보수단체와 논객, 유튜버와 언론이 수도 없이 써먹던 표현들이다. 이럴 때는 남편 김삼석이 한때 간첩 혐의로 수형 생활을 했던 사실이 아주 요긴하게 쓰이곤 했다. 그들이 덧씌운 남편의 간첩 혐의는 무죄로 판결이 나서 국가 배상금까지 받았다는 사실은 쏙 빼놓고 말이다.

추측은 하고 있었지만 직접 사실을 대면한 그날, 무섭고 긴장했던 지난 기억들이 하나씩 다시 살아나면서 3일 동안 끔찍한 악몽에 시달렸다. 악몽의 내용은 늘 비슷했다. 외지고 막다른 골목에서 끊임없이 쫓기면서 아무리 달려도 제자리에서 뛰고 있다는 공포로 숨마저 제대로 쉴 수 없는 그런 꿈. 꿈에서 깨어나면 온몸이 땀에 흥건히 젖어 있었다. 나 자신이 참 담대한 사람인 줄 알았는데, 아니었다. 나는 겁도 많고 지극히 약한 사람이었다.

그들은 왜 그랬을까?

윤미향 후원을 중단하세요.
안 그러면 다칩니다!

'PD수첩' 방영 이전부터 정체 모를 사람들이 주변을 맴도는 것에 대한 속박감과 두려움이 있었다. 전화 통화를 할 때도 상대방에게 피해를 줄 수 있다는 생각에 "제 전화는 도청되고 있다고 생각합니다"라며 상대방이 사생활 침해를 당하지 않도록 미리 알려야 했다. 집 거실에 서서 창밖을 내다보며 수상한 사람들이 없는지 나도 모르게 살피게 되었고, 현관을 나서면서도 미리 바깥을 살핀 후에 문을 열기도 했다. 그런데 언제부터였을까? 그들은 '은근히' '숨어서'가 아니라 노골적으로 나를 쫓아다니고, 사진 찍고, 내 주변 사람들을 감시했다. 노골적인 게 오히려 두려웠다. 벌건 대낮에도 저렇게 대놓고 나를 쫓아다니고 위협을 가하는데, 사람 없는 외진 곳이거나 나 혼자 있는 공간이라면…. 용기 있는 국정원 전 직원의 양심고백 덕분에 '그들'의 실체를 알게 되었지만, 그렇다고 해서 두려움이 줄어든 것은 아니었다.

2013년경의 어느 날 정대협 사무실로 편지가 왔다. 수신자는 '윤미향'이었다. 자주 받아보는 일본 우익들의 혐오성 혹은 협박성 편지처럼 보였기에 '그런다고 내가 흔들리지 않아' 그렇게 생각하며 우습다는 듯 봉투를 개봉했다. 그런데 그때 뭔가 손가락에 이물질이 만져지는 느낌이 들었다. 별로 좋지 않은 느낌이 들어 위생장갑을 끼고 봉투를 열었다. 글씨를 오려서 "너를 죽여버리겠어!"라고 모자이크한 위협적인 편지였다. 일본으로 가는 일정을 앞두고 있을 때는 "나리타공항에 내리는 순간 목숨을 각오하라"라는 내용의 팩스가 들어오기도 했다. 다양한 방법으로 나를 위협하고 모욕하는 우편물이 수시로 배달되었다.

자국의 국민을 위험으로부터 보호해야 할 대한민국 국가의 기관이 전달해준 정보로 내가 그런 위협적인 일을 겪었을지 모른다고 생각하니 참담했다. 왜 그들은 나에게 그런 위협을 가했을까? 왜 나를 그렇게 미워했을까? 그럴 이유가 없지 않은가.

공안기관과 관련된 이야기를 하자면 재일 동포 사업가 이종필(가명) 씨를 빼놓을 수 없다. 2011년, 정대협 사무실이 서울 종로구 연건동의 한 상가에 세 들어 있을 때였다. 어느 날 낯선 전화 한 통이 걸려 왔다. 전화를 건 이는 이종필 씨로, 자신을 재일 동포라고 소개하며 사무실로 찾아오겠다고 했다. 약속된 날 정대협 사무실에서 그를 만났다.

"위안부 할머니들이 일본 텔레비전 뉴스에 나올 때마다 아버지께서 꼭 할머니들을 도와주라고 말씀하셨습니다. 아버지께서 돌아가신 후 장자로서 아버지 유언을 집행하고 있는데, 정대협에서 하는 일을 후원하고 싶어서 왔습니다."

이종필 씨에 따르면, 제주도 출신인 그의 아버지는 일제 식민지 시기에 일본으로 이주해 해방 후에도 일본에 살면서 사업으로 큰돈을 벌었다. 그는 김대중 정권 시절, IMF 극복을 위해 재외 동포들의 적극적인 투자를 권유할 때 '한국을 돕기 위해' 큰 빌딩을 한 채 샀다. 훗날 그 건물은 큰 임대료 수익을 남겼다.

그의 아버지는 이렇게 번 돈을 고국을 위해 쓰고 싶었던 모양이다. 훗날 그는 세상을 떠나면서 큰아들인 이종필 씨에게 유언을 남겼는데, 그 내용이 바로 '위안부 할머니들'을 적극적으로 후원하라는 것이었다. 돌아가신 아버지의 유언을 따르기 위해 이종필 씨는 우리를 찾아왔던 것이다. 그것이 나와 이종필 씨의 첫 인연이었다. 처음 만난 날, 자신의 아버지에 대해 자세한 이야기를 들려준 이종필 씨는 "뭘 도와드리면 될까요?" 하고 물었다.

마침 전쟁과여성인권박물관 건립을 위한 시민 모금을 하고 있을 때였다. 그래서 박물관 건립에 후원해주면 좋겠다고 제안했고, 그는 흔쾌히 그렇게 하겠다고 답했다. 일본에서 태어나 자랐는데도 우리 말을 아주 잘했다. 물어보니 조선학교를 졸업했다고 한다. 그는 지속적으로 후원하고 싶으니 새 통장을 만들어달라고 요청하면서 아주 구체적인 방법까지 알려주었다. 즉 '윤미향(정신대문제대책협의회)'이라는 이름으로 통장을 만들어달라는 것이었다. 박물관 모금 계좌가 따로 있다고 알려줬으나, 아버지 이름으로 별도로 후원하고 싶다며 뜻을 굽히지 않았다. 곧 공동대표들과 의논해서 기부자가 원하는 방법으로 하기로 하고, 은행에 가서 통장을 개설한 다음 계좌번호를 전달했다.

계좌번호를 전하자마자 1억 원이라는 거액이 입금되었다. 그런 거액을 보낼 것은 생각지도 못했던 터라 박물관 후원금을 확인하던 정대협 실무자가 깜짝 놀라 우리 모두에게 보고했다. 그 후 다시 1억 원이 입금되었다. 그때 잠시 '매월 1억 원을 보낼 것인가?' 하는 생각에 잠겨보기도 했다. 그뿐만 아니라 그는 "실무자들과 함께 드세요" 하면서 매달 풍성한 과일바구니를 백화점에서 직접 사무실로 배달시켜주었다.

그런데 다시 그가 찾아왔다. 아버지 고향마을을 지원하기 위해 아버지 이름으로 제주도에 복지재단을 설립하려고 하는데 나에게 재단의 이사가 되어달라는 것이었다. 대학원에서 사회복지학을 공부하기도 했지만, 특별히 제주도에 관심이 컸기에 흔쾌히 그러겠다고 대답했다. '위안부' 문제에만 전력하던 나의 삶에 충전재가 필요한 시기였는데, 다른 문제에 관심을 가질 수 있는 계기가 될 것 같아 개인적으로 호기심도 컸다. 비상임 이사이기에 충분히 감당할 수 있을 것 같았다.

그는, 이사직을 수락해줘서 고맙다며 제주도 이사회 참석 경비와 연구수당을 지급하기 위한 계좌번호를 알려달라고 했다. 기존에 내가 사용하던 계좌번호를 알려줬더니 똑같이 '윤미향(정대협)'으로 계좌를 만들어 달라고 요청했다. 이유는 윤미향이 정대협에서 일하는 사람이라는 것이 은행 계좌에 표시되면 좋겠다는 것이었다. 왜 꼭 그래야 하는지 의아함이 들기도 했지만, 어차피 개인 계좌이니 상관없을 것 같아 요청하는 대로 계좌를 새로 개설하여 전달했다. 바로 이 계좌가 3년 전 검찰이 기소할 때 포함된 '개인 계좌'다.

그렇게 좋은 인연이 이어져 가던 2012년 어느 날, 그가 다시 다급한 걸음으로 사무실을 찾아왔다. 주일 한국대사관에서 영사가 불러서 갔더니 자신을 일본에 나와 있는 안기부의 대표라고 소개하면서 정대협을 '종북주의 단체'라고 했다는 것이다. 그리고 "윤미향의 남편이 간첩이다. 내가 윤미향의 남편을 체포하여 수사했던 안기부 수사관이다. 윤미향이 정대협 대표로 있는 한 정대협에 대한 후원을 중단하라. 복지재단 이사도 그만두게 하라"하고 협박했다는 것이다.

언젠가 남편에게 들었던 그 이름이 어렴풋이 기억났다. 권 모 수사관. 남편을 끌고 가서 불법적으로 구금하고, 성고문과 잠 안 재우기, 강압수사, 강제 날인 등 불법을 자행했던 그가 주일 한국대사관 영사 이름을 달고 이종필 씨를 협박한 것이다. 대한민국 외교부가 아니라 정보기관이 좌지우지하는 곳이 재외공관인가 하는 불신마저 들었다. 지금도 여전히 그 불신은 씻어내지 못했다.

그의 얼굴에서 안타까움과 답답함, 미안함, 다급함, 초조함, 불안감 등의 복잡한 심경이 그대로 전해져 왔다. 가슴이 먹먹했다.

"죄송합니다, 윤미향 선생님. 저는 선생님에게 아무런 유감이 없습니다. 선생님을 참 좋게 생각합니다. 그런데 정대협을 계속 두우면 한국의 재산을 몰수할 수도 있다고 하니 어쩔 도리가 없습니다."

그는 정말 미안해서 어쩔 줄 몰라 했다.

"괜찮습니다. 그게 뭐, 저나 선생님 잘못이겠습니까. 조국이 분단된 것이 가장 큰 잘못이고, 그것을 이용하는 그 사람들이 나쁘다고 저는 생각합니다. 아무런 책임감 느끼지 마시고 마음 편하게 가지세요."

죄송하다며 연신 인사를 하는 그에게 괜찮다고 말하며 보냈지만 분노가 치솟았다. 재일 동포의 아픈 자리를 이용하는 나쁜 것들! 욕이 저절로 터져 나왔다. 그가 나가고 나서 한참 동안 멍하니 앉아 있었다. 당장은 아무 생각도 나지 않았다. 후원금이 끊기는 데 대한 아쉬움은 크지 않았다. 긴 세월 동안 활동하면서 언제 우리가 넉넉하고 풍족했던가. 늘 풍찬노숙하는 심정으로 살아온 우리에게 후원금의 단절은 큰 충격이 아니었다. 다만 언제나 따뜻하고 고마웠던 후원자 한 사람이 '윤미향'이라는 이름 때문에 위협당하고 있다는 사실이 미안할 뿐이었다.

'이제 내가 정대협 대표를 그만둬야 하나? 이종필 씨처럼 일본에서 성공한 사업가도 한국 측의 협박을 당할 정도라면 내가 모르는 사이에 혹시 또 다른 누구도 정대협을, 아니 윤미향의 활동을 돕는다는 것 때문에 피해를 보지는 않았을까? 저들은 내가 정대협 대표를 그만둘 때까지 무슨 일이든 할 수 있겠구나.'

그날 사무실 책상 앞에 앉아 수없이 했던 생각이다.

언론과 국정원의 환상적인 협업

제목 앞에 '단독'이라는 표현이 붙은 기사를 많이 접한다. 그런데 기사를 읽다 보면 '기자들이 탐사 취재하여 확인한 것'과 '누군가 정보를 제공해서 보도된 것'쯤은 금방 구분할 수 있다.

지난 2020년 비례대표 후보로 지명된 뒤부터 나는 검찰과 언론의 환상적인 협업 플레이에 아주 녹초가 될 정도로 심한 내상을 입었다. 그 상처는 여전히 깊고 아프다. 언제 치유될 수 있을지, 치유가 가능한지도 잘 모르겠다. 그러면서도 여전히 언론인을 만나고, 언론 인터뷰를 하고, 언론사에 보도자료를 보내야 한다. 사람들에게 정보를 알리는 공공의 역할을 언론이 하고 있기 때문이다.

2020년 5월 어느 날이었다. 휴대폰이 전화가 왔다며 진동음을 냈다. 정대협 후원금으로 맥줏집에서 3,300만 원을 지출했다는 등 말도 안 되는 의혹들을 언론에서 '단독'이라는 이름을 붙여 앞다퉈 보도하고 있을 때였다. 보좌진과 함께 모 지역에 가기 위해 차를 몰고 서울을 막 떠나던 참이었다. 지치고 힘겨울 때여서 전화기를 수신 버튼을 누른 채 스피커폰으로 받았다. 여성의 목소리였다.

"안녕하세요. 저, 〈세계일보〉 기자입니다. 이종필 씨 아시죠?"

한 시간여 전에 자신의 이름을 밝히며 통화하고 싶다고 문자를 보냈던 기자였다. '이종필' 어떻게 그 이름을 잊을 수 있겠는가.

"이종필 씨가 윤미향 씨에게 기부한 돈이 있다고 하는데, 그 돈 어디에 썼나요?"
"네? 저에게 기부를 왜 합니까? 정대협에 기부했고, 당연히 정대협에서 관리했죠."
"윤미향 씨 계좌로 기부했다는데, 정대협에서 관리해요?"

'이게 무슨 말인가? 나에게 기부했다고? 그러면 그때 윤미향(정대협)으로 계좌를 만들어 달라고 했던 게 그때부터 기획이었나?' 머릿속에 회오리바람이 불며 기억을 불러 모으고 있었다.

"이종필 씨가 보낸 건 전쟁과여성인권박물관 기부금이었습니다.

금액은 제가 정확하게 1억 원인지, 2억 원인지 잘 모르겠지만…. 박물관 사무처에 전화해서 확인해보세요."

다짜고짜 "어디에 썼어요?" 하는 기자의 질문에서 어떤 의도가 강하게 느껴졌다. 내가 그 기부금을 횡령했다고 믿고 싶었을지도 모르겠다.

"이종필 씨가 설립한 복지재단에서 이사로 일하셨죠?"
"예, 맞습니다. 그런데요?"
"그 일로 수당을 받았죠?"
"네, 금방 해임되었지만 몇 차례 받았습니다."
"그 돈은 어디에 썼나요?"
"그건 제 개인의 일이라 말할 필요 없다고 생각하는데요? 제가 수당을 받아서 무엇에 쓰건 왜 기자가 거기에 관심을 가지는 건가요?"

그렇게 되물었다. 역시 어떤 의도에서 나온 질문이라고 느껴졌다. 그런데 이런 사실을 알고 있는 사람은 나와 이종필 씨 본인 그리고 주일 한국대사관 '영사'로 나와 있던 국정원 직원이다. 국정원에서 정보를 흘려 받을 수 있겠다는 생각이 들어 이번에는 내가 전화를 걸었다.

"기자님, 죄송하지만 이종필 씨 기부 이야기는 누구한테 들은 건가요? 그때 그 사건은 저와 이종필 씨 그리고 국정원만 아는 일인데⋯. 이종필 씨는 이야기를 안 했을 테고요. 정확하지는 않지만 이종필 씨가 '권숙'이라고 이름을 말한 것 같은데, 그 이름을 가진 국정원 직원이 후원을 중단하라고 해서 후원을 중단했어요. 누가 그 사실을 기자님께 흘렸을까요?"

"취재원에 대해서는 알려드릴 수 없습니다."

그때는 원칙을 지키는 '기자'의 자리로 돌아가 있었다.

"혹시 기자님 성함이 어떻게 된다고 했죠?"

분명히 자신의 이름을 대면서 통화하고 싶다고 미리 문자까지 보내놓고 그 사실을 잊어버렸던 듯 가짜 이름을 댄다. 머리가 따끔따끔 아파왔다. '또 국정원이구나.'

문득 예전에 남편을 간첩으로 몰아간 국정원 프락치 백홍룡이 활동하던 집이 생각났다. 가난한 문화활동가로 알려져 있었는데, 그 당시 그가 살던 곳은 서울 시내의 아주 넓은, 고가의 안가 같은 분위기여서 놀란 적이 있다. 그 기자는 어떨까?

전화 통화를 한 다음 날 실제로 〈세계일보〉에 그 기자 명의의 기사가 실렸다. 그런데 이종필 씨 관련 이야기는 한 줄도 실리지 않았다.

그가 '윤미향' 계좌로 보냈다는 2억 원의 기부금도, 제주도 복지재단 이야기도 한마디도 없었다.

이종필 씨는 믿어도 되는 것이었을까? 재일 동포의 아픈 역사를 간직하고 있는 그가 아닌가. 전쟁과여성인권박물관 건립을 위해 후원하겠다면서 '윤미향(정대협)' 계좌를 개설해 달라고 요청했던 이종필 씨는 일본에서 태어나 일본에서 자라 한국의 은행 계좌 개설 방법 등에 대해 자세히 몰랐을 텐데….

어쩌면 그 기사는 시작부터 어떤 기획을 하고 내가 그 올가미에 걸려들기를 바랐던 것일까? 그런데 내가 걸려들지 않고, 전쟁과여성인권박물관에 기부했으니 그곳에 확인해보라고 답변해서 흥미를 잃었던 것일까? 아니면, 내 머릿속 주파수가 시키는 대로 국정원이 어떻고 저떻고 폭로해버리는 바람에 원래 준비했던 기사를 쓰지 못한 것일까?

기자가 쓴 기사는 나와 통화한 내용과는 전혀 다른 것이었다. '기자가 만난 세상'이라는 칼럼이었는데, 제목은 "윤미향 씨, 내 기부금 돌려주세요"였다. 그 기자는 어느 날 다른 기자의 손에 이끌려 '정대협 후원의 밤' 행사에 갔다가 얼떨결에 매달 1만 원씩 내는 후원회원이 되었다고 한다. 그런데 이용수 할머니 기자회견을 보니 그 돈이 정대협이 아닌 윤미향한테 가는 것만 같아서 돌려받고 싶다는 것이었다. 일단 여기서 실소가 나왔다. 정대협에 낸 기부금을 왜 나한테 돌려달라고 하는 것일까. 행간에 숨은 의도가 몹시 불쾌했다. 그 뒤에 이어지는 내용은 '소녀상 만들어서 판 돈은 다 어디로 갔나요' '아프리카 지역에서 소녀상 코인 판매한 수익은 어디로 갔어요'였다. 말하자면 내가, 정대협이, 소녀상을 팔아서 돈을 벌었고 그걸 착복했다는 식이었다. 그 기자는 아프리카 지역 소녀상 '코인' 제작도 정대협의 행위로 몰아가고 있었다.

참 상식적인 이야기인데, 소녀상을 어느 지역에 몇 개를 세우건 제작비 관련 사항은 소녀상 작가와 소녀상 건립 주체, 양측이 합의하여 결정하는 것이지, '윤미향' 개인이나 정대협이 관여하는 게 아니다. 일본대사관 앞에 평화의 소녀상을 세울 때 정대협도 시민들의 참여를 통해 모은 제작비 3,300만 원을 작가에게 지불했고, 전쟁과 여성인권박물관에 소녀상을 세울 때는 할머니 그림자 없이 소녀와 빈 의자만 있는 것이어서 제작비 2,000만 원을 작가에게 지불했다.

그런데 나에게 세계 각지에 세운 70여 개의 소녀상 제작비를 어떻게 했느냐고 물음으로써 '공공의 이익이 아닌 사적인 이익을 위해 소녀상을 건립하고 있다'라는 식으로 나를 악마화한 것이다. 참으로 악의적인 왜곡이었다. 또, 아프리카 지역에서 소녀상 '코인'을 만들었다는 것은 나도 처음 듣는 일인데, 그러한 정보는 누구로부터 수집한 것일까? 그 기자가 밝힐 수 없다고 했던 같은 취재원에게서 수집한 것일까? (기자의 이름과 자세한 내용을 알고 싶은 분은 〈세계일보〉 홈페이지에서 2020년 5월 15일자 칼럼 '기자가 만난 세상' "윤미향 씨, 내 기부금 돌려주세요"를 검색해보시기 바란다.)

기사가 나간 뒤 이종필 씨한테 전화했다. 7년이나 지난 시점이라 혹시나 하는 마음으로 휴대폰 번호를 눌렀는데 그가 받았다. 하지만 그는 여전히 나와 연결되는 데 대해 긴장을 떨치지 못하고 있었다.

"선생님, 국회의원 되신 것 축하해요. 하지만 지금 저를 도와주시는 분들은 의원님과 반대편에 있는 사람들이어서 도움을 줄 수가 없어요."

그러고는 왜 자기가 정대협 후원을 중단하게 되었는지 마지막에 했던 것과 같은 이야기를 더욱 구체적으로 설명했다. 국정원이 '윤미향'이 대표로 일하는 정대협을 얼마나 미워했는지 다시 한번 확인하게 된 전화 통화였다.

안기부 프락치의 고백,
김삼석은 간첩이 아니다

지난 2020년 5월 7일부터 3년이 지난 지금 시점에서 일반 국민이 '윤미향'이라는 이름을 들으면 가장 먼저 떠올리는 이미지는 무얼까? 여러 가지 생각이 들겠지만, 하나로 뭉뚱그려 표현하자면 아마도 '위안부 할머니들 등쳐먹은 나쁜 ×' 정도가 될 것이다. 3년 이상 국정원과 검찰, 언론이 한몸이 되어 전 국민을 상대로 가스라이팅한 결과라고 본다. 여기서 끝이 아니다.

'나쁜 ×' 뒤에 으레 따라붙는 또 하나의 수식어가 있다. '윤미향은 종북주의자'라는 딱지다. 일부 아스팔트 극우 인사들은 '간첩'이라는 주홍글씨를 서슴없이 붙이기도 한다. 역시 오랜 가스라이팅과 공작의 결과지만, 저들 나름의 근거는 있다. 남편 김삼석이 간첩 혐의로 4년이나 옥살이를 했다는 사실이다. 하지만 남편의 간첩 혐의는 재심을 통해 무죄로 밝혀졌고, 국정원의 전신인 안기부의 프락치 공작에 의해 만들어진 것이라는 사실을 아는 사람은 거의 없다. 케케묵은 이야기지만 다시 해야겠다. 사실 남편이 재심을 통해 간첩 혐의가 벗겨졌다는 건 알아도 그 내막을 자세히 아는 사람은 드문 것 같다.

남편이 안기부 프락치 공작의 희생양이라는 걸 밝힌 사람은, 앞에서 잠깐 언급했지만, 문제의 프락치 백홍룡 감독 자신이었다. 다큐멘터리 감독으로 진보 진영에서도 꽤 이름이 알려졌던 그가 안기부 지시에 따라 '남편과 여동생을 '남매 간첩단'으로 엮어냈고, 그 사실을 뒤늦게나마 양심고백을 통해 밝힌 것이다. 당시 그가 제시한 영상 자료와 양심선언은 안기부의 공작이 어떻게 이뤄지는지 생생하게 밝히는 충격적인 내용들이었다. 1993년 문민정부 시절의 일이다. 이 때문에 백홍룡은 '문민정부의 프락치'라고도 불린다.

그렇다면 문민정부(김영삼 정부) 시절에 왜 안기부는 간첩이 필요했던 것일까? '조직 해체에 대한 두려움' 때문이었다. 야당에서 안기부 수사권 축소를 담은 안기부법 개정안을 발의하자 〈조선일보〉에서 먼저 "국내 간첩 200명"이라는 보도를 냈고, 안기부는 프락치 백홍룡을 통해 남편과 여동생을 묶어 '남매 간첩단' 사건을 터뜨렸다. 한마디로 '우리 안기부는 여전히 필요한 존재'라는 걸 보여주기 위해서였다.

남편이 정체를 알 수 없는 검은 정장 차림의 남자들에게 끌려간 것은 1993년 9월. 그해 3월에 결혼식을 올렸으니, 아직 신혼의 단꿈도 가시지 않은 때였다. 모 국회의원의 비서관으로 추천받아 면접을 보러 가기로 약속된 날이었다. 결혼을 앞두고 내가 선물한 새 양복을 꺼내 입고 면접을 위해 거울 앞에서 매무새를 가다듬었을 남편이 갑자기 대낮에, 그것도 집에서, 갑작스레 들이닥친 정체불명의 사람들에게 포박당하고 끌려갈 때의 심정은 어땠을까… .

그 시간, 여동생(시누이)은 근무하던 백화점 근처에서 체포된 상태였다. 북쪽에서 출간된 '원전'을 소지한 국가보안법 위반 현행범이었다. 하지만 그 책자는 얼굴도 모르는 사람이 체포되기 직전에 전해 준 것이었다. 여동생은 백홍룡의 부탁으로 물건을 전해 주러 간 것뿐인데, 그게 각본이자 함정이었다. 대기하고 있던 체포조가 여동생이 책을 받아드는 순간 바로 출동했다.

남편이 처음 백홍룡을 만나게 된 것은 여동생의 부탁 때문이었다. 일본에서 누군가 비디오테이프를 가지고 오는데, 그걸 백홍룡이라는 감독에게 전해주라는 부탁이었다. 별다른 의심 없이 남편은 백홍룡을 만나 부탁받은 대로 비디오테이프를 전해주었다. 1993년 1월이었다. 그 후, 3월에 있을 결혼식 때문에 영상 촬영을 맡길 사람을 찾고 있던 남편은 백홍룡에게 우리 결혼식 비디오를 부탁했고, 백홍룡은 흔쾌히 수락했다. 물 흐르듯 자연스럽게 이어진 이 과정이 바로 그들이 파놓은 모래 지옥이라는 걸 그때까지 아무도 몰랐다. '뭔가 이상한데?'라고 느낀 것은 그가 촬영한 결혼식 비디오테이프를 보면서부터였다.

백흥룡은 결혼식이 끝나고도 한참 동안 테이프를 주지 않았다. 독촉을 하다 하다 지친 남편이 직접 사무실까지 가서 테이프를 찾아왔다. 그런데 막상 테이프를 틀어보니 일반적인 결혼식 영상과 달리 하객 중 남편 친구와 손님들의 얼굴을 한 사람 한 사람 클로즈업하여 편집해 놓은 거였다. 신랑 신부 행진이나 주례사, 축하 공연 같은 게 전혀 포함되지 않은 건 아니지만 주요 하객들의 얼굴이 커다랗게 하나하나 찍혀 있는 건 아무래도 좀 이상했다. '양심고백' 이후에 생각해보니 그게 바로 일종의 '채증 사진'과 같은 것이었다. 주요 운동권 인사들의 얼굴을 고화질로 확보한 셈이다. 게다가 결혼식에 국정원의 '강 선생'이라는 수사관도 하객으로 왔었다는 것도 알게 되었다. 하지만 백흥룡은 전태일 관련 다큐멘터리를 제작하는 등 진보적인 감독으로 알려져 있던 터라 별다른 의심을 하지는 않았다.

당시 일을 복기해보면, 조직 보전을 위해 충격적인 '공안사건'이 필요했던 안기부에서 평소 '점찍어두었던' 김삼석과 여동생을 간첩으로 만들기 위해, 남의 부탁을 잘 거절하지 못하는 남편 여동생의 심성을 이용하여 '일본에서 오는 지인의 비디오테이프'라는 연결고리를 만들어 백흥룡을 접근시킨 것이다. 때마침 결혼식 비디오테이프라는 멋진 구실도 만들어졌다. 물론 결혼식 비디오가 아니었어도 1차로 남편을 만난 백흥룡이 계속 만남을 이어가면서 남편을 엮어낼 구실은 많았다. 사람을 좋아하는 남편의 성격과 폭넓은 활동 덕분이었다.

남편과 백홍룡, 안기부…. 여기서 다 쓰기에는 너무나 긴 이야기다. 요즘 젊은이들이 하는 표현대로 '할많하않'(할 말은 많지만 하지 않겠다는 뜻의 줄임말)이다. 이쯤에서 백홍룡 이야기는 접어야겠다. 안기부와 백홍룡이 어떻게 남편과 여동생을 간첩으로 만들었는지, 또 다른 사람들에 대한 공작은 어떻게 이뤄졌는지 궁금하다면 MBC '이제는 말할 수 있다'와 SBS '그것이 알고 싶다' 2005년 6월 5일 편을 찾아보시기를 권한다. 그리고 좀 더 생생한 리얼 스토리를 보고 싶다면 역시 2005년에 발표된 다큐 영화 '프락치'(감독 황철민 현 세종대 교수)를 보시기를 권한다.

이처럼 안기부와 백홍룡이 만들어놓은 함정에 빠져 '간첩'으로 만들어진 남편은 어디로 갔는지조차 알려지지 않은 상태에서 구타와 성고문, 잠 안 재우기, 강제 날인 등 각종 고문과 인권유린을 당하며 오랫동안 조사를 받았다. 가족은 물론 기자들도 한동안 그 행방을 알 수 없었으니 그것 자체가 불법 감금이었지만, 남편은 결국 간첩 혐의와 국가보안법 위반 혐의로 기소되었다. 수사 과정에서는 단체에서 함께 활동하던 여자 선배 이름을 거명하며 "몇 번 잤냐?" "너네 부모님이 너를 가질 때 북쪽을 보고 해서 너 같은 놈을 낳았나 보다" 등 성추행, 성희롱은 일상적이었다. 게다가 우리 집 안방까지 도청해서 나와 친정엄마의 대화, 우리 부부의 대화 등이 그대로 남편에게 재생되어 고문의 도구로 사용되었다. 남편과의 면회 과정에서 성고문 사실을 알게 되었고, 검찰청에 남편을 대신하여 성고문 수사관을 처벌하라는 고소·고발장을 제출했지만, 고소인 조사만 이루어졌을 뿐 더 이상 변화는 일어나지 않았다.

그러던 어느 날 안기부에 면회하러 간 변호사에게서 전화가 왔다. 목소리가 떨리고 있었다.

"김삼석 씨가 자해를 기도해서 병원으로 이송되었어요. 윤미향 씨를 안기부로 들어오라고 합니다."

하늘이 노래졌다. 배 속의 아이도 긴장했는지 배가 심하게 한쪽으로 뭉쳐서 통증을 일으켰다. 안기부로 달려갔다. 준비된 승용차를 타고 터널 같은 곳을 지나 안기부 건물 안으로 들어가 사라졌던 남편을 그렇게 만났다. 목에는 깁스하고 꼬리뼈가 망가져 엉덩이를 바닥에 대지도 못한 채 엉거주춤 선 상태로 만난 남편은 안쓰럽기 그지없었다. 자신이 안기부 수사실에서 당하고 있는 인권침해를 바깥세상에 알리는 방법이 죽음밖에 없다고 생각해 혀를 깨물고 벽에 머리를 박으며 자해했다는 것이다. 살아있는 모습으로 남편을 만날 수 있음에 감사했다.

그런 살얼음판과 같은 시간을 겪으며 재판이 진행되었다. 남편은 1심에서 징역 7년(당시 재판장 김황식 판사는 이명박 정부 시절 국무총리를 지냈다)을, 2심에서 징역 4년을 선고받았고, 1994년 대법원에서 징역 4년이 확정되었다. 여동생은 징역 2년에 집행유예 3년이 확정되었다. 참으로 이해할 수 없는 사법부의 판단이었다.

그리고 '문민정부 프락치' 백흥룡은 대법원 확정판결이 내려진 이틀 뒤 독일 베를린에서 "나는 2년 동안 안기부 프락치로 활동하며 남매 간첩단 사건 조작을 도왔다"라는 '양심고백'을 했다. 이미 한발 늦은 고백이었지만, 남편과 여동생의 명예 회복에는 큰 영향을 미쳤으니 그나마 다행이었다. 그로부터 22년이 지난 뒤인 2016년, 재심 판결을 통해 남편은 간첩 혐의에 대해 무죄 판결을 받았다. 하지만 여전히 남편과 나는 '간첩'이라는 빨간 딱지에서 자유롭지 못하다.

다음은 2004년 12월 16일 국회도서관에서 열린 '국가보안법 고문·용공조작 피해자 1차 증언대회'에 증언자로 참석한 남편의 생생한 육성이다.

곤봉으로 맞고 뺨도 맞았다. 교대로 17명의 수사관이 조사를 했는데, 잠 안 재우기 고문이 나에게는 가장 치명적이었다. 들어가자마자 밤낮 구분이 안 됐다. 성적인 욕설이나 '평생 햇빛은 다 봤다. 여기서 죽어서나 나갈 수 있을 것이다'라는 (협박) 발언도 했다. 원산폭격과 서서 무릎 쪼그리기도 당했다.

(중략)

목욕탕에서 샤워를 하려고 옷을 벗는데, 160번 명찰을 단 수사관이 칫솔을 내 성기에 대면서 '칫솔이 큰지 성기가 큰지 대보자, 불알에 다마를 몇 개 넣었는지 보자'는 식의 성고문에 가까운 행태를 보였다. 11년 전

사건이지만 아직도 160번 수사관의 얼굴과 몸집, 말투를 똑똑히 기억하고 있다.

이후 나는 고문이나 가혹행위를 고발하기 위해 죽으려고 했다. 열흘 정도 지나서 변호사가 접견을 왔던 자리에서 혀를 깨물고 콘크리트 벽에 몸을 부딪쳤다. 당시 충격은 혀로 오지 않고 머리통으로 왔다. 또 꼬리뼈도 휘어졌다. 당시 안기부에 파견됐던 의사가 똥구멍으로 손가락을 넣어서 꼬리뼈를 교정했던 기억이 난다.

(2004년 12월 17일 〈우마이뉴스〉 김지은 기자, "11년 전 160번 수사관 똑똑히 기억" 기사 참조)

1993년, 이렇게 정보기관과 프락치에 의해 '만들어진 간첩' 김삼석의 이미지는 30년이 지난 2023년 오늘날 나에게까지 덧씌워져 끝없이 확대 재생산되고 있다.

우리 부부는 언제쯤 이 굴레를 벗어날 수 있을까? 과연 벗어날 수는 있을까? 기약은 없지만 그래도 우리는 많은 민주시민의 응원에 힘입어 다시 힘을 내본다. 아무렴, 평화와 인권을 지키고 되찾는 일인데 지칠 수는 있어도 포기할 수는 없는 것 아닌가.

내 인생에는 '일기장'이 없다

우리 민족의 자랑거리는 수도 없이 많지만 그중 손꼽을 만한 것으로 조선왕조실록이 있다. 500여 년 동안 군림했던 조선의 왕들은 태조부터 순종에 이르기까지 총 27명. 이들의 일거수일투족을 기록한 것이 조선왕조실록이다. 여기서 중요한 것은, 더하거나 빼는 것 없이 있는 그대로 사실을 기록했다는 점이다. 심지어 왕도 실록의 내용을 건드릴 수 없었다. '역사는 승자의 기록'이라고 하지만, 적어도 조선왕조실록은 왕권의 향배와 상관없이 거의 있는 그대로의 사실을 500년에 걸쳐 온전히 남겼다. 세계 어느 나라 역사에서도 찾아보기 힘든 일이다.

나도 한때 기록의 여왕이었다. 초등학교 시절, 비록 숙제로 시작한 일기 쓰기였지만 30대 초반에 이르기까지 나는 거의 매일 하루 일과를 가감 없이 기록했다. 슬픈 일, 기쁜 일, 누구와 싸웠던 일… 부모님에 대한 원망도 있었고, 내가 잘못한 일도 그대로 적었다. 일기는 어린 시절부터 그렇게 써야 한다고 배웠다. 초등학교 2학년 때 '시인이 돼도 좋겠다' 하셨던 교감 선생님의 칭찬 덕분에 일기장은 시로 채워지기도 했다. 초등학교 때부터 30대 초반까지 썼으니 거의 20여 년 동안 충실히 나의 역사를 기록한 셈이다.

하지만 안기부에 불법 구금되었던 남편의 수사가 모두 끝나고 기소가 확정되었던 1994년 그해, 그동안 남아 있던 일기장을 모두 불태우고 20여 년 동안 이어져 온 사관의 의무를 내려놨다. 재판을 앞두고 남편을 면회했던 날, 내가 그동안 썼던 일기가 남편을 고문하는 도구로 쓰였다는 걸 알게 되었기 때문이다. 그날 이후 일기장에 일기를 단 한 줄도 쓰지 않는다. 필요에 따라 혹은 순간적인 감흥에 따라 SNS나 블로그 등에 글을 올리는 때는 있어도 일기장을 마련한 적은 없다.

일기장에 관한 한 나는 좀 남다른 취향이 있다. 대학노트나 일반 공책이 아니라 겉표지도 예쁘고 속지도 예쁜 감성적인 일기장을 사서 쓴다. 중고등학생 시절을 지나 대학생이 되었을 때는 하드 표지에 자물쇠가 달린 예쁜 꽃 모양 일기장에 기록을 남겼다. 마음만 먹으면 가족 누구나 열어볼 수 있었겠지만, 지금까지 내가 알기로는 누구도 내 일기장에 손을 댄 적은 없다.

그런데 1993년 9월 대낮에 남편을 끌고 간 안기부 요원들은 우리 신혼집에 들이닥쳐 눈에 보이는 자료를 몽땅 쓸어갔다. 컴퓨터와 책, 노트, 각종 서류는 물론이고 사진과 아직 인화되지 않은 필름, 비디오테이프…. 남편 것이냐 내 것이냐 물어보지도 않았다. 그렇게 쓸어간 자료 가운데 나의 가계부와 일기장도 포함되어 있었다.

당시 우리는 1,500만 원짜리 전셋집에 살고 있었는데, 방이 두 개였다. 문은 지상으로 나 있지만 실제로는 실내가 모두 계단 밑에 있어서 반지하 같은 모양이었다. 알루미늄으로 된 현관문을 열면 작은 거실 겸 주방 공간이 나오고 그 옆으로 자그마한 서재 방과 안방이 있었다. 안기부 요원들이 쓸어간 컴퓨터와 책, 서류 등은 모두 서재 방에 있던 것이었고, 내 가계부와 일기장, 앨범 등은 안방에 있던 것이었다.

몇 차례 얘기했지만, 그날(9월 8일) 남편은 모 국회의원 보좌관을 만나기로 예정되어 있었다. 그날 오후, 면접을 보러 가기 전 남편에게서 전화가 왔다. "당신이 결혼식 때 사준 스트라이프 양복 있잖아. 그거 입고 갈 거야. 아마 면접도 잘될 거야" 하는 내용이었다. 오랜만에 양복을 입은 남편의 모습이 그려지면서 나도 몰래 웃음이 나왔다. 그런데 얼마 지나지 않아 국회에서 남편을 만나기로 약속한 사람이 "시간이 지났는데 아직 삼석이가 안 오네. 어떻게 된 거야?" 하면서 전화를 걸어왔다. 나는 조금 의아했지만 "조금 전에 통화했는데요? 옷 입고 나간다고 했어요. 조금만 더 기다려보세요" 하고 전화를 끊었다. 그리고 또 얼마나 지났을까. 그분에게서 다시 전화가 왔다. 그제야 뭔가 잘못 돌아가고 있다는 생각이 들기 시작했다. 가슴이 콩닥콩닥 뛰면서 일이 손에 잡히지 않았다.

어떻게 마무리했는지 모를 정도로 정신없이 업무를 마치고 서둘러 집으로 향했다. 문을 딱 여는 순간 불길한 예감이 맞았다는 게 한눈에 들어왔다. 어질러진 거실과 서재 방, 안방. 특히 서재 방은 마치 이사를 막 떠난 것처럼 거의 아무것도 남아 있지 않았다. 내가 돌아온 것을 알았는지 그때 주인집 아주머니가 내려왔다.

"아까 오후에 시커먼 옷을 입은 사람들이 10여 명 와 가지고는 아저씨 데려갔어요. 책이랑 컴퓨터랑 잔뜩 싸 짊어지고 가더라고요. 무슨 일이에요?"

어떤 일이 일어나고 있는지 모르는 상태에서 아무런 답을 할 수 없었다. 그때부터 수소문을 시작했다. 여동생도 잡혀갔다는 걸 알게 되어서 시어머니에게 전화했더니 그 사람들이 시댁에도 들렀다 갔다고 하는 게 아닌가. 하긴, 결혼한 지 몇 달 되지 않아 예전 자료들이 시댁에 있을 가능성이 컸다. 안기부가 그걸 놓칠 리 없었다. 시어머니는 그들이 뭐 하는 사람들인 줄도 모르고 '손님들'에게 포도와 주스를 대접했다니 기가 막힐 노릇이었다. 어쨌든 남편이 어디로 끌려갔는지, 누구에게 끌려갔는지 알려면 한 가지라도 정보가 필요했다.

"어머니, 그 사람들 어디서 왔다고 그래요?"

"뭐, 치안본부에서 왔다고 하더라."

오래전에 없어진 내무부 치안본부에서 나왔을 리는 없고, 아마도 경찰청을 잘못 들었나 하는 생각으로 일단 경찰 쪽을 수소문했다. 알 만한 기자들과 안면 있는 경찰들을 통해 서울 시내 거의 모든 경찰서를 확인해봤지만 남편의 흔적은 없었다. 직접 서대문에 있는 경찰청 앞에서 남편 면회를 요청했지만 그런 사람 없다는 답변만 돌아왔다. 그때 서울 시내에 경찰청 산하 대공분실이 얼마나 많은지 처음으로 알게 되었다. 남영동, 장안동, 양평동, 옥인동⋯. 박종철 열사가 바로 이런 곳에서 고문받다가 죽었구나, 하는 생각과 함께 남편에 대한 걱정이 더욱 커졌다. 대공분실이 아니라면 '남산' 안기부밖에 남은 곳이 없었다. 그런데 그날 밤 9시, 뜻밖에도 남편에게서 전화가 왔다.

"나, 어디 좀 와 있는데 금방 들어갈게. 걱정하지 말고 있어."

어딘지는 몰라도 목소리가 평소 같지 않고 모깃소리처럼 가늘고 떨렸다.

"어디야? 지금 어디 있는데?"

다급한 목소리로 물었지만 "걱정하지 마"라는 말을 끝으로 전화는 뚝 끊겼다. 훗날 알게 된 일이지만 안기부에 잡혀가면 종종 그런 식으로 집에 전화하도록 한다고 한다. 주로 나처럼 여기저기 행방을 찾아다니며 귀찮게 구는 가족이 있을 경우다. 주된 목적은 가족을 안심시키는 게 아니라 불법 감금 시간을 확보하는 것이다. 실제로 나 역시 남편이 금방 돌아올 줄 알고 기다렸다. 바로 그들이 원한 대로였다. 하지만 며칠 뒤 전혀 예상하지 못했던 소식이 들려왔다. 검찰청을 출입하던 한 기자로부터 연락이 왔다.

　"안기부에 있나 봅니다. 안기부가 김삼석 선생에 대한 구속영장을 청구했습니다. 혐의는 간첩행위와 국가보안법 위반. 자세한 내용은 확인되는 대로 다시 알려드릴게요."

　남편의 구속영장 청구 소식을 안기부나 경찰이나 검찰이 알려줘서가 아니라 출입 기자를 통해 간접적으로 알게 된 것이다. 기자의 말대로, 그날 밤 KBS를 포함한 각 방송사 메인 뉴스 시간에 '남매 간첩단' 검거 소식이 대대적으로 발표되었다.

　당시 안기부 요원들이 가져간 나의 일기장에는 말 그대로 '별의별 이야기'가 다 들어 있었다. 결혼하고 나서 남편과 싸운 이야기, 남편이 결혼식을 앞두고 갑자기 일본에 간다는데 좀 이상하다고 느꼈던 이야기 등등. 친정엄마에게 하소연한 이야기 또는 친정엄마에게 하소연할 수 없었던 이야기도 일기장에는 생생하게 기록되어 있었다. 그런데 그것이 모두 남편을 압박하고 고문하는 데 쓰였다는 것이 아닌가. "이거 봐. 네 마누라도 네가 일본에 간 게 이상하다고 썼잖아! 친정엄마한테도 네가 좀 이상하다고 얘기했다는구먼. 그런데 이날은 또 왜 싸운 거야? 마누라 몰래 간첩 접선하러 다닌 거 숨기려다가 싸운 거 아냐?" 이런 식으로 말이다. 치욕스럽고 미안했다. 남편과 있었던 일 말고도 나만 알고 있는, 나만 알아야 하는 은밀한 이야기들이 얼마나 많았겠는가. 그것을 안기부 요원들이 돌려보면서 낄낄대고 있었을 생각을 하니 분노가 치밀어 올라 견딜 수 없었다.

그날 이후 지금까지 내 삶에 '일기'는 없다.

2015년과 2023년, 무엇이 달라졌을까

김삼웅 전 독립기념관장은 2010년 『김대중 평전』 2편을 내면서 제목을 "역사는 진보한다"라고 붙였다. 주된 내용은 미국에 망명 중이던 김대중이 미국 정부의 안전보장을 받고 귀국한 이후의 정치 역정, 대통령 당선, 노벨평화상 수상, 안타까운 서거 등이다. 민주주의와 역사의 발전에 대한 김대중 전 대통령의 확고한 믿음이 제목에서부터 전해져 온다. 하지만 그가 세상을 떠난 지 20여 년이 지난 지금, 세상은 그의 믿음과는 정반대로 움직이는 것 같다. 민주주의는 30년, 40년 전으로 후퇴했고, 역사는 일제강점기로 돌아가고 있다. 역사의 진보를 믿어왔던 사람들은 '멘붕'에 빠질 지경이다.

2023년 대한민국의 모든 분야가 퇴보하고 있지만, 그중에서도 특히 나와 우리 동지들이 아파하는 것은 윤석열 대통령이 전격적으로 발표한 이른바 강제동원 피해자 배상 문제 해법인 '제3자 변제안'이다. 지난 2018년 대한민국 대법원은 일제강점기에 강제로 끌려가 탄광이나 공장 등에서 목숨 걸고 일한 강제동원 피해자들에게 일본 전범 기업이 배상해야 한다고 판결했다. 하지만 일본 정부와 기업은 이를 거부하고 오히려 한국에 반도체 소재 수출 규제로 무역 보복 조치를 단행했다. 이런데도 윤석열 정부는 더욱더 굴욕적인 제3자 변제방식의 해결안을 일본 정부에 제안했다. 제3자 변제안이란 한마디로 말해서 일본 정부와 기업 대신 한국 기업들이 돈을 내서 해결한다는 것이다. 대한민국 대법원의 판결을 무시하고 일본 정부와 전범 기업에 면죄부를 준 것이다.

가해국 일본 정부와 가해자 일본 기업을 대변하고 나선 윤석열 정부의 행태에 전 국민적 분노가 일어나고 있지만 여당은 오히려 한술 더 떠 한일관계 정상화를 위한 '위대한 결단'으로 추켜세웠다.

속칭 제3자 변제안을 보면서 2015년 박근혜 정부가 추진했던 2015 한일 일본군'위안부' 합의를 떠올리지 않을 수 없다. 온 국민적 분노가 담긴 촛불 행동에 힘입어 결국 흐지부지되었지만, 이번 조치는 그보다 몇 배, 몇십 배 더 몰역사적이고 반민족적이다. 하지만 지난 몇 년 동안의 흐름을 살펴보면 제3자 변제안은 하늘에서 뚝 떨어진 게 아니었다.

일반인에게는 잘 알려지지 않았지만 2015 한일 일본군'위안부' 합의는 한국 정부와 일본 정부 간 협상의 결과물이라기보다는 한국 국정원과 일본 정보기관 사이의 협상 결과물이었다. 공식 발표가 있기 전, 당시 이병기 국정원장과 야치 쇼타로 일본 국가안전보장국장이 8차례나 긴밀한 협의를 진행했다는 것이 이미 밝혀져 있다.

당시 정의연과 '위안부' 할머니들을 비롯해 각 시민단체는 2015 한일 일본군'위안부' 합의를 총력을 다해 거부했다. '배상' 대신 화해·치유재단에 출연금을 기부한다는 일본 정부의 방침에 대한 반발도 컸지만 일본 정부가 내는 1억 원이라는 화해 치유금에 대해 '최종적이고 불가역적인 해결' '국제사회에서 위안부 문제로 상호 비난 금지' '소녀상 철거' 등을 약속한 한국 정부에 대한 분노가 전국적으로 일어났다. 또한 양국 정부의 이면 합의까지 있었다는 사실이 놀라웠다. '소녀상 철거' '일본군성노예 용어 사용금지' 등 일본이 껄끄러워하는 것을 우리 정부가 앞장서서 해결해주기로 했다니, 도저히 받아들일 수 없었다.

결국 국민의 분노와 촛불로 들어선 문재인 정부는 2018년 11월 화해·치유재단 해산을 공식 발표했고, 법률적으로도 해산을 완료했다. 이로써 한일 일본군'위안부' 합의는 실질적으로 파기되었다. 하지만 그 상처는 여전히 지속되었다.

2019년 일본 정부와 기업이 한국 대법원의 판결을 이행할 의지도, 태도도 보이지 않고 있는 가운데 문희상 당시 국회의장은 피해국이 입법을 통해 재단을 만들고 한·일 기업과 국민의 자발적 기부금으로 대일 과거사를 일괄 타결하자는 속칭 '문희상 안'을 제안하였다. 그런데 그 재원에 화해·치유재단의 잔금을 사용하는 방안이 포함되면서 다시 일본군'위안부' 피해자들과 국민의 분노가 표출되었고, '문희상 안'은 포기되었다. '문희상 안'은 형식은 다르지만, 자세히 뜯어보면 2015년 합의와 대동소이한 내용들로 채워져 있다. 돈이 아닌 일본 정부의 사죄와 법적 배상을 원하는 피해자들의 요구를 여전히 무시하는 것이다.

그리고 다시 4년이 흐른 뒤인 2023년, 윤석열 대통령의 제3자 변제안이 발표된 것이다. 제3자 변제안을 발표할 당시 윤석열 대통령과 박진 외교부 장관은 "일본 정부의 성의 있는 조치가 뒤따를 것"이라고 공언했지만, 아무것도 없었다.

다음은 지난 2023년 5월 6일 토요일, 서울 세종대로에서 열린 '윤석열 퇴진' 촛불집회에서 내가 발언한 내용이다.

"우리는 폭도가 아닙니다! 우리는 깡패가 아닙니다!"

건설노동자들의 절규가 가슴 아프게 다가오는 오늘입니다. 노동자들이 가장 축하받고 격려받아야 할 노동자의 날 5월 1일에 목숨을 던져 윤석열 정부의 노조 탄압에 저항한 건설노동자 양회동 열사님의 삶을 생각하며 모두 그 책임감의 무게를 느끼고 있습니다.

양회동 열사님을 추모하며 우리 함께 기억합시다. 저들은 안중근과 같은 민족적 영웅을 만드는 방법으로 민주 세력을 탄압하지 않습니다.

일제는 독립운동가들을 폭도로, 빨갱이로 규정하고, 그 사실을 유포하며 탄압하고 체포하여 고문을 자행하고 죽였습니다. 그 가족들은 폭도의 가족이 되어 또 다른 피해자가 되었습니다. 해방 후 이승만 정권은 어땠습니까? 식민지 청산을 요구하며 일제 식민지에 협력했던 사람들과 제도를 청산하고 개혁해야 한다는 인사들을 빨갱이로 간첩으로 내몰고 친일 청산을 방해하여 오늘에 이르렀습니다. 일본군성노예제 피해자들은 30년 동안 세계를 순회하며 사죄·배상을 요구했습니다. 그럴 때마다 한국 정부, 외교 당국은 뒷짐 지고 있었습니다.

그런데 문제를 해결하려 했더니 2015 '위안부' 한일 합의를 저지르고, 법적 배상이 아닌 돈으로 종결지으려 했습니다. 게다가 그 합의의 무효화를 외치는 국민들을 종북주의로 낙인찍고 '위안부 피해자들을 위해 일하는 사람들이 아니다' '그 단체 앞에서 규탄 데모를 하라'며 보수 단체에 금전을 살포했습니다. 그런 권력자들 밑에서 우리는 살아남아 여기 생존자로 함께하고 있습니다.

강제동원 피해자들은 반세기가 넘는 시간 동안 국가 없는, 정부 없는 국민이 되어 사방으로 뛰어다니며 일본 정부에 사죄·배상을 요구했습니다. 드디어 한국 대법원으로부터 일본 가해 기업은 피해자들에게 배상해야 한다는 판결을 받아냈습니다. 그런데 가해국 일본 정부는 국제인권법을 준수해야 할 자신들의 범죄행위는 묻어두고, 부정하고, 대법원의 판결이 국제법을 위반했다며 비난합니다. 한일 간의 신뢰 관계가 현저하게 손상되었다며 반도체 관련 무역 보복 조치를 내렸습니다. 그리고 자기들 가해국의 맘에 맞는 해결책을 갖고 오라고 피해국에 생떼를 부렸습니다.

그런데 이 비상식적이고, 국제규범에도 위반되는 조치를 설마! 설마! 설마! 윤석열 정부는 냅다 갖다 바쳤습니다. 가해국과 가해 기업은 아무것도 하지 않고, 오히려 강제동원을 부정하고, 피해국 기업이 모금하여 피해자에게 배상하는 방식으로 말입니다. 그런데 이렇게 비상식적이고 국제규범에도 어긋나는 일들이 왜 일어나는가? 바로 한미일 3국 군사협력 강화 때문이라 합니다. 참으로 참담합니다.

여러분, 한미일 3국의 동맹 관계에 걸림돌이 되고 있는 것은 진정 누구입니까? 한일 갈등의 원인이 일제 강제동원 피해자들에게 배상 판결을 내린 한국 대법원입니까? 아니지요!

"나는 일본 정부와 가해 기업의 사죄와 배상을 원한다"라는 일제 강제동원 피해자들입니까?

2015 '위안부' 한일 합의는 일본군'위안부' 문제의 진정한 해결책이 아니었습니다.

'피해자 중심주의에 입각해서 피해자들의 존엄성과 인권이 회복되도록 정부는 모든 노력을 다할 것'이라고 선언했던 문재인 정부의 입장이 걸림돌입니까? 아니죠!

한국 대법원의 배상 판결에 대해 오히려 일본 기업의 배상을 가로막고, 무역 보복 조치로 한일관계에 깊은 골을 만든 일본 정부의 부당한 공격이 한일 갈등의 원인이고, 한일관계에 걸림돌이지 않습니까? 안보, 이 모든 것이 한미일 3국의 군사협력 강화를 위한 것이랍니다. 도대체 이 안보는 누구를 위한 것입니까? 대한민국 국민을 위한 안보 맞습니까? 안보란, 평화란 전쟁을 막고, 다시는 우리 국민을 일제 강제동원 피해자와 같은 피해자가 되지 않도록 하는 것, 다시는 일본군'위안부'와 같은 피해자를 만들지 않도록 하는 것, 그것이 진정한 안보 아닙니까?

그런데 윤석열 정부는 피해자들의 인권을 탄압하고, 피해자들의 절규를 무시하고 그 위에 안보를 세우려 합니다. 전쟁범죄국 일본이 전쟁범죄 청산 없이 다시 전쟁을 할 수 있는 나라가 되게 하는 안보를 열어주고 있습니다. 자위대의 한반도 진출을 유도하고, 일본 군사대국화의 길을 열어주는 것, 이것이 우리 대한민국을 위한 안보입니까? 도대체 누구를 위한 한미일 3국 군사협력이며, 도대체 누구를 위한 안보에 강제동원 피해자들의 인권을, 역사를 제물로 바치는 것입니까?

한반도에서 안보란, 전쟁의 불씨를 한반도에서 피어나지 못하도록 하는 것입니다. 그렇지 않습니까? 차단되어 있는 남북대화의 길을 다시 열기 위해 애써야 하지 않겠습니까? 더 이상 이 땅의 분단이 주변국의 군사적 개입의 핑곗거리가 되지 않도록 휴전을 전쟁 종식으로, 평화협정으로 나아가야 하지 않겠습니까?

통일을 위해 일할 임무, 그것이 헌법에서 대한민국 대통령에게 명하고 있는 책무 중 하나입니다. 그래서 우리는 이와는 정반대의 길을 가고 있는 한일 정상회담과 기시다의 방한을 반대하는 것입니다. 그래서 우리는 한반도 평화를 위협하는 한미일 군사협력을 반대하는 것입니다. 다 같이 뒤에 요구만 세 번 외쳐주시기를 부탁드립니다.

우리는 한반도 평화 위협하는 한미일 군사협력 반대한다!

우리는 강제동원 피해자 인권 탄압하는 한일 외교회담 중단을 요구한다!

윤석열 정부는 강제동원 피해자들의 인권회복을 위한 외교적 보호권을 행사하라!

윤석열 정부는 일제 강제동원 문제 제3자 변제방안 철회하라!

윤석열 정부는 전범국 일본의 군사대국화에 대해 명확한 반대 입장을 표명하라!

일본 정부는 일제 강제동원 피해자들에게 한국 대법원의 판결대로 사죄하고 배상하라!

일본 정부는 아시아 평화 위협하는 군사대국화 기도 즉각 중단하라!

"법적 배상이 아닌 돈은 천억을 준다 해도 받을 수 없습니다."

일본군'위안부' 피해자 김복동 할머니의 말씀이다.

지난 10여 년 동안 우리 정부와 일본 정부에서 내놓은 제안들을 보면 (날로 후퇴하고 있다는 문제를 제외하고) 한 가지 커다란 공통점이 있다. 가해자의 인정과 사죄 없이 '돈'을 중심에 놓고 있다는 점이다. 윤석열 정부나 박근혜 정부는 말할 것도 없고 문재인 정부 시절의 이른바 '문희상 안'도 결국은 '돈 줄 테니 이제 그만 좀 하자'는 이야기였다. 피해자들이 무슨 생각을 하는지, 왜 돈을 안 받으려고 하는지 그 이유에 대해서는 단 한 번도 진지하게 고민해보지 않은 제안이었으니, 피해자들은 도저히 받아들일 수 없었던 것이다.

핵심은 일본 정부의 역사적 사실 인정과 공식 사죄, 법적 배상이다. 2차 세계대전 당시 '일본 정부와 군대'가 어린 소녀들과 여성들을 강제 연행하여 일본군'위안부'로 만들었다는 사실에 대해 인정하고, 정식으로 사죄하고, 이에 대해 법적 책임으로 '배상'해야 한다는 것이 할머니들의 일관된 입장이었다. 하지만 2015년 한일 일본군'위안부' 합의, 2019년 문희상 안, 2023년 윤석열 대통령의 제3자 변제안에 이르기까지 그 어떤 안도 피해자들의 이 입장을 반영하지 않았다.

제3장

할머니들과
함께한 30년

아픈 이별

참 험한 세상을 살다 보니 겉보기에는 평온한 정대협의 활동이었지만, 속으로는 피해자들과 유족들, 한국 정부와 일본 정부, 일본 시민과 우익, 한국 시민과 우익, 위태위태한 국제정세 속에서 늘 칼날 위를 걸어가듯 긴장 속에서 활동해야 했다. 특히 피해자들과 관련된 활동에서 감정소비가 극심했고, 이는 활동가들이 정대협을 떠나는 이유가 되기도 했다. 그래서 우리 활동가들에게는 활동을 함께 계속할 수 있도록 서로에 대한 굳은 신뢰를 만들어가는 일이 중요했다.

일과를 끝낸 밤늦은 시간, 활동가들과 소주 한잔을 나누면서 관계를 더 돈독하게 만들어내는 노력을 하기도 했고, 각자 다른 성격과 업무 스타일에 서로 적응하고 보완하며 긴 세월을 함께해 왔다. 한 사무실에서 일하는 활동가로, 동지로, 친구로, 식구로서 일본군'위안부' 피해자들과 함께하는 운동의 어려움들을 극복했다. 그래서 우리 관계는 그 어느 조직보다 끈끈하고 서로에 대한 믿음과 애정이 깊을 수밖에 없었다. 그러지 않고는 견딜 수 없었을 것이다.

특히 쉼터 손영미 소장은 다른 네 명의 활동가들과 달리 공적인 일터와 사적인 삶터의 구분도 없었고, '퇴근'도 없이 24시간을 할머니들과 함께 지냈다. 이 때문에 우리 활동가들은 모두 함께 쉼터에서 자기도 했고, 때로는 우리 중 누군가 쉼터에서 자면서 손 소장에게 하루만이라도 퇴근의 기쁨을 선물하기도 했다. 정대협 활동가들은 그렇게 서로 아픔을 나누려고 애쓰면서 한 사람이라도 그만두면 모두 힘들어진다는 생각으로 끝까지 함께 가자고 다짐하기도 했다.

2003년 쉼터 활동가로 결합한 손영미 소장은 3개월 사이에 세 번 사표를 들고 나를 찾아왔다. 그러나 그때마다 나의 호소에 못 이겨 사표 제출을 포기했다. 네 번째 사표를 들고 왔을 때, 나는 그 앞에서 엉엉 울고 말았다. 그 울음 이후 그녀는 모진 목숨을 스스로 거두기 전까지 그만둔다는 이야기를 다시는 하지 않았다. 결국 죽음을 통해 물리적으로 우리 곁을 떠났지만, 여전히 나는 그녀를 내 곁에서 떠나보내지 못하고 있다.

그런데 지난 3년 동안 나는 가치 있다고 여겼던 많은 것을 잃어버렸다. 그중에 가장 아픈 것은 우리 활동가들 사이에 흐르던 끈끈한 믿음과 신뢰를 잃어버린 것이다. 어떤 것이든 시간이 지나면 되찾을 수 있겠지만, 한번 무너진 신뢰와 믿음은 그리 쉽게 회복되는 게 아닌 것 같다. 그럼에도 나는 여전히 시간의 흐름과 함께 믿음이 회복되기를 기다리는 중인지 모르겠다.

무엇보다 아팠던 것은 내가 존경했고, 사랑했고, 늘 고마워했던 동료들과의 작별이었다. 내 동료들은 손영미 소장을 빼고는 모두 나와 나이 차이가 많이 나는 후배들이다. 젊은 친구들이 일본군'위안부' 피해자들과의 약속을 지키기 위해 거의 모든 시간을 정대협 활동 속에 녹이는 모습을 보면서 선배로서, 사무처장으로서, 대표로서 참 미안하고 고마웠다.

검찰은 나를 기소하면서 8개 혐의 중 6개를 나와 가장 오래 함께 일했던, 내가 참 좋아하는 당시 정대협 사무처장 동희와 공모하여 범죄를 저질렀다고 기소함으로써 동희와 만날 수 없게 만들었고, 손영미 소장과 공모해 치매에 걸린 길원옥 할머니의 돈을 강제로 기부하게 했다고 준사기범으로 기소함으로써 그녀의 죽음조차 목놓아 슬퍼하고 울지 못하게 만들었다. 1심 판결 후 침묵의 1주일이 지나고서야 나는 그녀를 향한 추모의 마음을 공개적으로 밝힐 수 있었다.

또한 나는 단 한 번도 나와 분리해서 생각해본 적 없었던 정대협·정의연과 단절되는 크나큰 상실감을 경험했다. 정대협과 정의연은 어쩌면 대학을 졸업한 후 내 평생의 시간을 녹인 곳이기도 하다. 국회의원도 정의연 활동의 연장선이자 또 다른 나의 현장 활동이라고 생각하고 결단했는데, 국회의원이 된 이후 3년 동안 그쪽을 뒤돌아볼 수도 없었고 가까이 다가갈 수도 없었다.

더 이상 언론 카메라들이 국회 안 나의 행동을 따라다니지 않게 되고 겨우 마음의 평정을 찾아가고 있던 어느 날이었다. 보좌진들과 국회 안을 거닐며 대화하던 중 국회 본청 앞에서 기자회견을 하는 정의연 이사장과 이용수 할머니의 모습이 먼발치로 보였다. 반가움 도 잠시, 나도 모르게 발길을 돌려 그들을 피하고 말았다. 슬프고 아 픈 기억이다.

매주 수요일 12시가 되면 내 마음은 늘 일본대사관 앞 수요시위 현장에 가 있었지만, 혹시나 나의 관심이 우리 운동에 피해를 줄까 봐 가까이 갈 수 없었다. 그렇게 나는 일본군'위안부' 문제 해결을 위 한 운동의 근처에는 접근도 할 수 없었다. 수요시위 30주년이 되던 2022년 1월 5일, 어두운 밤이 되어서야 홀로 그곳을 찾은 나는 소녀 상 옆 빈 의자에 앉아 먼저 떠나가신 할머니들과 내 처지를 생각하 며 목놓아 울었다.

나와 함께 활동했던 내 동료들은 입을 닫아야 했고, 검찰에 불려 다니며 나와 함께 기소되거나 기소유예 등으로 고초를 겪었다. 때로 는 검찰 측 증인으로 재판정에 나와 과거 속으로 끌려 들어가기도 했다. 지난 3년 동안 그런 검찰과 싸우며 나는 계속 속으로 소리치고 있었다.

'문제가 있었다면 그 모든 것은 대표인 나 윤미향의 책임이다. 나 와 함께 기소된 전쟁과여성인권박물관 관장 김동희도, 나와 공모했

나는 손영미 소장도, 회계 업무를 했던 활동가도, 생존자 지원 보조금 사업을 했던 활동가도 아무런 죄가 없다. 단체와 활동가들은 활동을 계속하게 보장하라!'

하지만 그렇게 소리친다고 되는 것이 아니기에, 내 동료들의 고통을 멈추게 하는 길은 재판에서 무죄를 받아내는 것이라고 생각하며 재판 대응에 전력을 다해왔다. 또한 그것이 지난 30년간 쌓아 올린 운동의 성과를 지키는 길이라고 믿었다.

그런데 1심 판결이 끝난 뒤 옛 동료들에게, 이제 다시 김복동 할머니와의 약속을 지키기 위해 활동을 시작해야 하지 않겠냐고 물었을 때, 강하고 담대하게 버티고 있는 줄만 알았던 그들의 상처를 확인하고 말았다. 그들은 흰자위가 금방 붉어지고 눈물이 가득 차오르며 "당분간 단체 일은 힘들 것 같아요" 하며 미안해했다. 그동안 얼마나 힘들고 아팠을까? 그 모든 것이 내 책임 같아서 미안하고, 미안했다. 그들의 모습을 기억하며 글을 쓰고 있는 지금도 너무 미안하고 아파서 눈물이 난다.

나 역시 그들만큼, 아니 그들보다 훨씬 더 큰 고통의 시간을 버텨왔다. 때때로, 그동안 어떻게 견딜 수 있었는가 하고 묻는 사람들이 있다.

"우리 할머니들이 주신 사랑으로 견뎠습니다."

한 치의 주저함도 없이 나는 그렇게 답한다. 할머니들의 지팡이와 그림자 역할을 할 수 있었던 지난 30년이 참 행복했다. 글을 배우지 못해 읽을 수 없거나 노안으로 눈이 잘 보이지 않는 할머니들의 돋보기안경 역할을 하는 것도 참 기뻤다. 귀가 잘 들리지 않는 할머니들을 위한 통역자 역할도 참 좋았다. 그 기쁨의 바탕에는 오랜 세월을 함께한 동지, 식구와 같은 관계에서 쌓인 신뢰와 믿음, 깊은 사랑이 있었다.

"날 같아서 주는 기야"하며 강덕경 할머니가 주셨던 결혼축의금에 담긴 사랑, 수요시위 나오실 때마다 설탕을 듬뿍 넣은 믹스 커피를 타와서 "윤 간사 마셔라"하며 건네주시던 김순덕 할머니의 인자함, "나의 대장!"하며 분에 넘치는 사랑으로 나를 대해 주시던 길원옥 할머니의 동지애, "우리 대표에게도 상금도 있는 그런 상 좀 받게 해주면 안 되나? 대표는 자기는 생각을 안 하고 맨날 나만 생각해주는기라"하며 당신의 속마음을 보여주어 나를 울렸던 김복동 할머니의 나에 대한 신뢰.

지난 3년 동안 고통의 터널 속에서 나를 버티게 해주었던 소중한 기억들이다.

할머니들과 나의 상호 의식화

80년대 언론에 매우 자주 등장하던 단어가 있다. '좌경 의식화 교육'이다. 진보, 보수를 가리지 않고 언론에서 대학생들의 MT는 의식화 교육의 장으로 매도되었고, 운동권 동아리의 학습토론(우리는 이걸 '세미나'라고 불렀다)이나 MT는 철저한 감시의 대상이 되었다. 당시 군사정권이 대학생들의 농촌활동을 극도로 경계하면서 각 지자체에 농촌활동에 대한 대책을 세우라고 압박했던 이유도 대학생들이 농민들에게 '의식화 교육'을 한다는 의심 때문이었다. 이 때문에 한때 봉사 동아리나 취미 동아리까지 감시 대상에 포함될 정도로 권력은 의식화에 아주 민감했다. 그런데 내가 의식화를 진짜 제대로, 몸과 마음으로 느낀 것은 80년대 대학 재학 중이 아니라 90년대, 정대협 활동을 통해서였다.

본래 내가 정대협 운동에 뛰어들게 된 것은 어쩌면 목사가 되겠다는 꿈을 갖고 한신대학교 신학과에 입학하면서부터 예비되었는지도 모르겠다. 여자도 목사가 될 수 있다는 것을 알게 된 중학교 2학년 때부터 줄곧 내 꿈은 여자 목사가 되는 것이었다. 그 꿈 때문에 대학 신입생 때부터 여성문제에 관심을 갖게 되었고, '여성학회'라는 동아리에 가입했다. 여성학회는 나와 동기 한 명에 선배 세 명, 총 다섯 명이 전부인 자그마한 동아리였다. 그곳에서 해방과 분단의 역사, 여성 노동자들을 포함한 분단상황에서의 여성들의 삶을 공부하면서 내가 사는 한국에서 일어나고 있는 국가 폭력들에 대해 비로소 알게 되었다.

그렇게 서서히 한국 사회에 눈뜨기 시작한 나는 1988년 서울올림픽이 있던 해, 일본 남성들의 기생관광 문제를 알게 되었다. 그 기생관광 피해자들이 대부분 빈농의 딸이라는 것과 국가가 외화획득 목적으로 정책적으로 추진한 것임을 알게 되면서 내 삶은 자연스럽게 일본군'위안부' 피해자들에게로 이끌렸다.

나는 일본군'위안부' 피해자들과 만나면서 매 순간 '의식화'를 경험하게 되었다. 책을 통해 역사를 배우고 한국 사회의 문제를 깨치는 것이 아니라, 상처 입은 분들을 만나고 그 상처를 만들어낸 사회를 보면서 눈이 활짝 열렸다고나 할까? 그랬다. 내 눈은 일본군'위안부' 피해자들의 문제를 궁극적으로 해결하기 위해서는 차별이 종식되고 인권신장이 실현되며, 분단체제가 끝나고 평화통일이 이뤄져야 한다는 데로 나아갔다. 또한, 이에 머물지 않고 주한미군 '기지촌'에서 성착취·성폭력 피해를 입은 여성들의 문제도 보게 되었고, 미국을 대리해 베트남전쟁에 참전한 한국군들이 자행한 성폭력 문제도 보게 되었다. 또 우간다와 콩고 등에서 여전히 계속되고 있는 전쟁 중 성폭력 피해 여성들의 문제에도 눈을 두게 되었다. 그렇게 나는 할머니들을 통해 우리 역사를 다시 보게 되었고, 그동안 내가 살아왔던 한국 역사의 틀에 갇혀 있던 나의 의식을 해방할 수 있었다.

그런데 나만 그런 경험, 그런 과정을 거친 것은 아니었다고 생각한다. 피해자들이 처음 정대협에 연락했을 때는 일본군'위안부' 문제에 대한 일본 정부의 사죄와 법적 배상을 받는 것이 목적이었지만, 시간이 흐르면서 '전쟁 없는 평화' '차별 없는 인권'이 전제되어야 할머니들 문제도 궁극적으로 해결될 수 있다는 것을 알게 되고, 적극적으로 인권운동가·평화운동가로 활동하기 시작했다.

콩고와 우간다 내전의 성폭력 피해자를 만나면서 피해자들은 '나'만 그런 상처가 있는 게 아니라는 것도 알게 되었고, '나'도 일본군'위안부' 피해자이지만, 베트남 여성들에게 성폭력 가해자였던 한국 군인들과 같은 '한국 사람'이라는 것도 깨닫게 되었다.

그래서 김복동 할머니는 베트남 피해 여성들에게 "일본군'위안부' 피해자로서 매주 수요일 일본대사관 앞에서 수요시위를 하고 있지만, 한국군에 의해 베트남 여성들도 나와 같은 피해를 입었다 하니 한국 사람으로서 너무나 미안합니다. 여러분들이 살아있는 동안에 나비기금을 지원하겠습니다. 다시는 우리와 같은 피해자가 생기지 않도록 끝까지 노력하겠습니다"라는 메시지를 전하기도 했다. 또 미군 기지촌 여성들에게도 "여러분이 잘못해서 그런 삶을 산 것이 아니다. 국가가 잘못해서 그런 피해를 입었으니 힘내서 싸워라"라며 응원과 연대의 메시지를 전했다. 또한 김복동 할머니는 생애 마지막 순간에 재일조선학교에 지속적으로 기부금을 보내고, 동지인 길원옥 할머니와 함께 직접 재일조선학교를 찾아가 장학금을 전달했다. 그리고 일본 사회에서 차별받고 교육지원정책에서도 배제되는 등 힘겹게 공부하고 있는 재일조선 학생들에게 "차별받는다고 슬퍼하지 말고 주눅 들지 말고, 당당하게 살라"라며 "장학금을 지원할 테니 열심히 공부해서 꼭 남북통일과 평화를 만드는 훌륭한 사람으로 성장해 달라"라고 부탁하기도 했다.

고단한 삶을 살아가는 해고 노동자들과 세월호 유족들에게 관심과 지원, 연대로 함께한 할머니들의 활동은 자신들의 삶이 굴곡진 한국 역사의 일부이며 일본군'위안부' 문제 해결 역시 그 변화 속에서 이루어질 것임을 확인하는 과정이기도 했다. 일본에 끌려가는 바람에 소학교 공부도 제대로 하지 못했던 분들이 책이나 교육이 아니라 억압받고 피해받은 자신들의 삶을 통해, 그 피해를 해결하기 위해 '실천하는 삶'을 통해, 스스로 변화해 나간 것이다. 우리는 그렇게 '정대협'(정의연)이라는 공간에서 상호 간에 의식화를 주고받았다.

내가 아니고 내 친구 얘기인데요…

약칭 정대협으로 더 잘 알려진 한국정신대문제대책협의회는 일본군'위안부' 문제를 해결하기 위해 지난 1990년 전국 37개 여성단체가 모여 결성한 단체다. 한국의 대표적인 여성학자이자 여성운동가인 한국여성단체연합 회장 이효재 이화여대 사회학과 교수, 일본군'위안부' 문제에 대해 조사 활동을 벌이던 윤정옥 이화여대 영문학과 교수, 한국교회여성연합회 박순금 회장, 이렇게 세 분이 초대 공동대표를 맡고 활동을 시작했다. 처음에는 사무실도 독자적으로 낼 수 없어 한국교회여성연합회 회의실에 전화기 한 대를 놓고 시작했다. 실무자도 둘 형편이 안 되어 한국교회여성연합회 간사가 실무자를 겸했고, 공동대표들과 실행위원들이 돌아가며 활동에 참여했다.

정대협이 활동을 시작한 후 1991년 8월 14일, 김학순 할머니가 처음으로 기자회견을 통해 자신이 일본군'위안부' 피해자임을 공개하였고, 이를 계기로 정대협은 9월 18일 피해자 신고 전화를 개설했다. 전화 벨은 쉴 새 없이 울렸고, 업무는 나날이 증폭되었다. 일본 기자를 포함한 외신 기자들의 취재도 늘어났다. 1992년 1월부터 내가 간사로 참여하게 된 것도 그 때문이다.

사무실 일은 정말 바빴다. 사무적인 일뿐 아니라 사람을 상대하는 일도 많았다. 대학 때는 물론 졸업 후에도 교회에서 교사와 전도사 등을 히면서 교인 상담과 청소년 상담을 하고 두루두루 관계를 형성하며 일해본 경험이 있었기에 다행이라는 생각이 들었다. 피해자 신고 전화와 기자 응대, 수요시위 진행 등을 위해 새벽에 출근해서 밤늦게 퇴근했다. 어떤 때는 사무실 철제 책상 위에서 자기도 했다. 참 젊었을 때였다.

행사 진행부터 언론 홍보와 사무·행정 업무 등 수많은 일을 홀로 감당해야 했지만, 그중에서 가장 중요하게 여겼던 일은 역시 피해자들과 관련한 것이었다. 정대협 사무실에는 다양한 전화가 걸려 왔다. "일제시대에 끌려갔다고 들었는데, 그 후에 돌아오지 못했어요. 혹시 신고 명단에 우리 누나 이름이 있는지 확인해 줄 수 있나요?" 하는 할아버지의 전화도 있었고, "우리 동네 면장이 지금 정치하는 ○○○의 아버지였는데, 정신대 가라고 선전하고 그랬어요" 하는 전화도 있었다. 신고 하나하나가 모두 소중하고 놀랍고 가슴 아팠지만, 내게 무엇보다 가장 소중했던 것은 역시 수화기를 타고 들려오는 피해자들의 떨리는 목소리였다.

피해자들의 신고 전화가 걸려 오면 만사를 제쳐두고 전라도, 경상도 등 원거리를 멀다 않고 찾아뵙고, 그분들이 살아가는 형편을 파악하고, 일본군'위안부' 문제와 관련한 근황을 보고하면서 동참 의향을 여쭈었다. 그 일에 특별히 집중했던 것은, 피해 당사자들의 목소리와 참여를 통해 스스로 문제 해결의 주체가 될 수 있도록 돕는 한편 우리 사회에 주는 시사점도 크다고 생각했기 때문이다. 그 과정에서 특히 중요한 것은 전화든 인터뷰든 '신뢰'를 쌓는 일이었다. 흔히 말하는 것처럼 '라포'(rapport)가 형성되지 않으면 어떤 후속 활동도 불가능하기 때문이었다.

그렇게 경기도 남양주에 사시던 강덕경 할머니도 만났고, 부천의 김순덕 할머니도 만났고, 서울 은평구의 이용녀 할머니도 만났다. 울산의 윤두리 할머니도 만났고, 경남 거창 작은 동산 꼭대기에 사시던 최순남 할머니도 만났다. 부산 김복동 할머니도 만났고, 거창에 사시던 '삼천포 할머니' 최순월 할머니도 만났다. 최순월 할머니는 삼천포(1995년 사천군과 통합되어 사천시가 되었다)가 고향이지만 끌려갔다 오신 후 차마 고향으로 돌아가지 못하고 인근 함양 안의면에 머물고 계셨다. 서울 관악구 봉천동 판자촌에 사시던 윤순만 할머니도 만났다.

어쩌면 나는 참 복이 많은 사람이다. 귀로 들으면서도 이게 사실일까 싶을 정도로 참혹했던 이야기들을 당사자인 할머니들이 처음 떠

올린 기억 그대로 들을 수 있었기 때문이다. 할머니들의 처음 표정, 태도, 목소리 등은 참 다양했다. 그때 할머니들이 이야기 중간에 피우시던 담배 연기를 눈으로 보지 않고 귀로 듣고, 마음으로 읽었던 것 같다.

'아… 담배 연기가 이렇게 수많은 이야기와 감정을 담고 있구나.'

징말 그랬다. 간사가 나 혼자라 외부에 일이 있어 사무실을 비울 때는 나 대신 누군가 사무실을 꼭 지키도록 했다. 언제 어떤 방식으로 걸려 올 지 모를 피해자 신고 전화 때문이었다. 전화하기까지 주저하고 망설인 시간, 마침내 수화기를 들었을 때의 두려움과 용기가 어떤 것일지 충분히 짐작할 수 있었기 때문이다.

1992년의 어느 따뜻한 봄날이었다. 그날 아침도 사무실 문을 열자마자 전화기 벨이 울렸다. 젊은 남자의 목소리였다.

"여기는 한국일보 대구지사입니다. 여기, 한 할머니가 자기 친구가 정신대 갔다 왔다고 신고하러 왔는데요. 어찌하면 됩니까?"

전화를 바꿔 달라 요청하고 잠시 기다리고 있었더니 약간 젊게 느껴지는 여성의 떨리는 목소리가 들렸다.

"지는 이용수인데요. 그런데 지(제)가 아니고예, 지 친구 이야긴데예…. 지 친구가 정신대 거 갔다 왔는데, 신고할라면 우짜면 되는교?"

 많은 분들이 이미 알고 있겠지만, 처음에 일본군'위안부' 문제가 한국 사회에 제기될 때 이 문제를 '정신대' 문제로 알고 있었다. 1990년 11월 16일, 한국정신대문제대책협의회가 결성될 때도 '정신대'라는 용어가 포함되는 단체명이 결의되었다. 그러다가 1992년 8월, '제1차 일본군'위안부' 문제 해결을 위한 아시아연대회의'에서 비로소 용어에 대한 토론이 진행되었고, 역사적으로 일본의 군문서 등에서 사용된 용어 '위안부'에 범죄의 주체인 '일본군'을 붙여서 일본군'위안부'로 사용하기로 결의하였다. 영어로는 Military Sexual Slavery by Japan(일본군 성노예)로 사용하기로 하였다.

 그 여성은 통화 시작부터 '친구 얘기'라는 걸 재차 강조하면서 친구가 '정신대'에 끌려갔다 왔다는 이야기를 들려주었다. 전화 통화를 하는 그 자리에 신문사 남자 직원이 있었기 때문일까? 목소리는 떨리고 있었고, 갈수록 목소리가 작아지고 있었다. 할머니만큼이나 나도 떨렸다. 혹시 이 할머니가 용기를 내어 그곳까지 찾아갔는데, 전화 통화 중에 포기하고 가 버리면 어쩌나 하는 불안감도 있었다.

"혹시 제가 대구로 찾아뵈어도 될까요? 그 친구분을 뵈려면 어디로 가면 될까요?"

할머니의 친구를 만나보기 위해 연락처를 물었다. 하지만 할머니는 바로 "아녜요. 여기 오면 안 됩니다!" 하면서 방문을 거절했다.

"그러면 우리 사무실로 그분을 모시고 오시겠어요?"
"그렇게 할게예. 거 전화번호하고 주소 좀 불러주이소."

그 짧은 통화 속에서 이미 피해자는 '할머니의 친구'가 아니라 '본인'임을 추측할 수 있었다.

며칠 뒤 약속한 날짜에 할머니가 우리 사무실을 찾아왔다. 나 혼자 있으면 혹시 할머니가 너무 어리다고 이야기하기 꺼리실까 봐 윤정옥 공동대표와 한국정신대연구소 고혜정 연구원과 함께 만났다. 예상대로 전화 통화를 했던 할머니가 바로 피해자였다.

그런데 막상 할머니의 모습을 본 나는 깜짝 놀랐다. 1928년생이니까 우리가 만난 1992년 당시 나이는 65세. 하지만 처음 만난 이용수 할머니는 50대 아주머니처럼 아주 젊어 보였다. 환갑을 한참 지난 나이라고는 믿어지지 않았다. 다른 피해자 할머니들보다 두어 살 어린 나이이기는 했지만, 겉모습만 보면 최소한 10년 이상 젊어 보였다. 그 이듬해인 1993년에 촬영된 내 결혼식 사진 속의 이용수 할머니를 봐도 다른 할머니들에 비해 상당히 젊은 모습임을 알 수 있다.

할머니는 정대협 사무실 인터뷰에서도 처음에는 '친구 얘기'라는 말로 시작했다. 하지만 몇 가지 질문이 이어지자 결국 자신의 이야기라는 걸 털어놓았다. 1944년, 한국 나이로 열일곱 살 때 대구에서 경주로 이동하여 그곳에서 일곱 명이 함께 대만 신죽으로 끌려가게 된 이야기, 전쟁이 끝나고 돌아왔을 때는 엄마도 자기를 못 알아봤다는 등의 이야기를 들을 수 있었다. 그렇게 첫 만남 때 이야기를 쏟아내신 후 할머니가 했던 말씀이 기억난다.

"가슴속에 숨겨두었던 이야기를 하고 나니까 이제 조금 숨통이 트이는 것 같네예."

그랬다. 단지 이용수 할머니만이 아니라 다른 할머니들도 숨겨두었던 이야기, 아픈 상처를 누군가에게 이야기할 수 있다는 것만으로도 많이 치유받았다는 말씀들을 들려주셨다.

이용수 할머니는 그렇게 피해 신고 후 활동을 시작하셨다. 대구에 사셨기 때문에 수요시위에는 자주 참석하지 못했지만, 서울에서 열리는 행사를 안내하면 기차를 타고 오셨고, 일본 시민들이 주최하는 증언 집회에도 참석하곤 하셨다. "지가 아니고예…" 하며 친구의 사연인 것처럼 시작했던 그 모습은 없어졌다. 참 다행이라고 여겼다.

이용수 할머니가 신고를 마친 며칠 뒤, 5월 1일과 2일에 정대협이 주최하는 작은 행사가 열렸다. '가정의 달'을 맞이해 가족이 없어 다른 때보다 더 외로워할 할머니들을 생각하며 서울에서 어버이날 행사를 연 것이다. 그동안 피해를 신고하신 전국 각지의 할머니들이다 오셨다. 그때도 할머니는 참석하셔서 노래와 춤으로 피해자들의 경계심을 풀게 하셨고, 일본 정부의 사죄와 배상을 받기 위해 피해자들이 적극적으로 나서자고 목소리를 높이기도 하셨다.

할머니는 친화력도 뛰어났다. 1993년 나의 결혼식 때도 참석한 할머니는 우리 친정 식구들과 마치 오랫동안 만난 사이처럼 친해졌다. 남편과도 마찬가지였다. 결혼식이 끝난 뒤에는 남편의 손을 잡고 춤을 추기도 하였다. 그 후 오래도록 "내가 미향이보다 먼저 미향이 남편하고 춤을 췄다"라는 말을 할머니의 단골 레퍼토리로 할 정도로 사람들에게 나와 내 가족과 친한 사이라는 것을 자주 표현하였다. 우리 딸이 태어났을 때도 마치 친손주가 태어난 것처럼 기뻐해 주었고, 문득 생각날 때마다 "하나는 잘 크나? 하나는 잘 있나?" 하는 안부 인사를 하곤 했다. 흥도 많고, 사랑도 많고, 끼도 넘치는 이용수 할머니. 1년에 2~3회, 1박 2일 혹은 그보다 더 길게 할머니들 인권캠프를 가게 되면 가장 먼저 마이크를 잡던 할머니… 노래 한 곡이 끝나면 바로 그다음 노래를 예약하고 또 그다음 노래로 이어가시곤 해서 우리 모두를 웃게 해주던 분이셨다.

식민지 시기에 일본어를 배우셨기에 일본 시민들과도 직접 소통하셨고, 일본 시민들과 활발한 연대활동을 펼치셨다. 언론 인터뷰도 아주 적극적으로 하셔서, 보통은 기자들이 정대협 사무실에 연락해서 피해자 인터뷰를 요청하는데, 이용수 할머니는 우리도 방송을 보고서야 '할머니가 인터뷰를 하셨구나' 하고 알 때도 있었다.

하지만 그토록 넘치는 끼 속에는 여전히 해결되지 못한 응어리가 맺혀 있다는 걸 나는 안다. 아무리 활동을 열심히 해도 어떻게 그 기억들이 사라질 수 있겠는가. "나는 부끄럽지 않다"라고 말하면서도 가해국인 일본 정부의 역사 부정이 반복되고 있는 현실에서 자신이 겪었던 일본군'위안부' 경험을 반복해서 이야기해야 하는 현실을 어떻게 마냥 기쁘게 견뎌낼 수 있었겠는가. 언제가 될지 모르지만, 다시 예전처럼 모여 앉아 막걸리 한잔 따라 드리면서 함께 노래도 하고 얼싸안고 춤도 추고 우리 딸 얘기, 남편 이야기도 나누면서 일상을 살아갈 수 있는 날이 오기를 기대한다.

소주 됫병, 줄담배 그리고 김복동 할머니

김복동 할머니의 존재를 처음 알게 된 것은 1992년 3월 초쯤이었다. 당시 나는 매일 아침 7시 30분경 출근해 신문과 방송 보도를 통해 어제 일어난 국제상황, 일본 문제 등을 모니터링하는 것으로 일과를 시작했다. 그러다 전화벨이 울리면 습관처럼 손에 기록 노트와 펜이 잡혀 있었다. 혼자 일하느라 한꺼번에 서너 가지 일을 함께 진행해야 할 때도 있었기 때문에 기록은 필수였다.

그날도 여느 때처럼 뉴스를 찾아보고 확인하면서 일과를 시작했는데 '부산에 사는 정신대 할머니' 관련 뉴스가 있었다. 전화번호를 확보하고도 바로 연락해야 할지 망설였다. 할머니가 현재 어떤 상태인지 모르는 상황이었기 때문이다. 한참을 망설이다 전화를 걸었다. 신호가 몇 번 울리고 할머니가 전화를 받았다.

"누고!"

전화를 받으면 으레 시작되는 '여보세요'가 아니라 투박한 경상도 사투리로 다짜고짜 누구냐고 묻는 할머니의 목소리에 바로 대답할 말이 떠오르지 않았다. 나를 어떻게 소개해야 할까, 정대협이라고 하면 아실까… 순간적으로 여러 가지 생각이 들었다. 하지만 그럴수록 에둘러 말하는 것보다 정공법으로, 있는 그대로 설명하는 게 낫다고 판단하고 정대협과 나에 대해 설명을 시작했다.

"나를 왜 만나려고?"
"그냥 할머니 뵙고 싶기도 하고, 살아온 이야기도 듣고, 신고 접수도 하려고요."
"누구랑 같이 오나?"
"아닙니다. 저 혼자 갑니다."
"혼자 온다고? 그라몬 온나."

아… 다행이다. 그 짧은 대화 속에서 할머니의 강한 억양은 깐깐한 성격을 그대로 전해주었다. 어렵게 할머니의 허락을 받은 뒤 사무실 일을 도와주는 자원봉사자에게 부탁드리고 부산으로 떠났다.

할머니가 계시는 곳은 다대포. 부산역과는 상당한 거리가 있는 지역이었다. 부산을 잘 모르는 나로서는 찾아가기 쉽지 않았다. 김복동 할머니와의 첫 만남은 여러 가지로 인상적이었지만, 길을 못 찾아 한참을 헤맸던 것도 잊을 수 없는 기억 중 하나다. 특히 시간 약속에 대한 약간의 강박증이 있는 나로서는 약속 시간에 맞추지 못할까 봐 더욱 애가 탔다. 심지어 아파트 단지에 도착해서도 또 몇 바퀴를 돌았는지 모른다. 그렇게 어렵사리 할머니의 아파트에 도착했다.

초인종을 눌러도 답이 없어서 슬쩍 문을 당겨보니 문이 잠겨 있지 않았다. 나중에 생각해 보니 할머니는 문을 아예 잠그지 않고 사는 것 같았다. 그 후에도 몇 번 할머니 댁을 찾아갔는데 문이 잠겨 있었던 적이 없었다.

"할머니, 저 왔어요"하면서 문을 열고 들어가니 좁은 복도를 사이에 두고 주방과 화장실, 자그마한 방 한 칸이 마주 보고 있고 복도 끝으로 거실 겸 작은 방이 보였다. 문을 열자마자 마침 주방 앞에 서 있던 할머니의 눈동자와 딱 마주쳤다. '아, 할머니다!' 이렇게 느끼는 순간 짙은 담배 연기가 훅 느껴졌다. 닫힌 공간에 머물고 있던 담배 연기가 열린 문틈으로 쏟아져 나오면서 나를 덮친 것이다.

"한 대 줄까?"

왔느냐, 잘 왔다, 들어와라…. 의례적인 인사는 모두 생략된 첫 마디였다.

"아니에요. 저 담배 못 피워요."

"왜, 요즘 젊은 여자들은 담배 다 피우더구먼."

"담배를 못 배웠어요."(웃음)

할머니는 내 답을 듣는 둥 마는 둥, 피우던 담배를 들고 안방으로 들어갔다. 안방에는 한가운데 불그스름한 1인용 교자상이 하나 놓여 있었고, 그 위에는 1.8리터짜리 커다란 소주병과 맥주잔, 김치보시기가 하나 놓여 있었다. 할머니는 자리에 앉자마자 맥주잔에 소주를 따라 한 잔 죽 들이켰다. 생전 처음 보는 풍경이었다. '깡소주'라는 말만 들었지, 정말 김치 하나만 앞에 놓고 맥주잔에 소주를 따라 벌컥벌컥 마시는 할머니.

"할머니, 술 드시고 계셨어요?"

"와, 낮에 술 마시믄 안 되나? 작은 병은 성에 안 차서 이래 됫병을 사다 놓고 마신다."

할머니가 담배도 피우고 술도 잘 드시는구나, 생각하며 의례적인 안부 인사부터 건넸다. 몸은 건강하신지, 생활은 어떻게 하시는지, 부산에 산 지는 오래되셨는지…. 라포를 형성하는 첫걸음이었다. 처음부터 '피해 진술'을 요구하면 뒷걸음치는 할머니들이 많았다. 할머니는 대뜸 부산의 한 여성경제인 단체 '김 회장' 이야기로 대화를 시작했다.

"기자는 안 데꼬 혼자 온다고 해놓고는 일본 엔에이치케이 방송 카메라랑 기자를 데리고 왔다 아이가. 그래서 방송이고 신문이고 나가버린 거지. 내 뒷모습을 찍는다고 찍었는데, 그거 모르나? '다대포 할매' 하면 모르는 사람이 없는데, 다 알지. 그 때문에 형제들하고 연이 끊어져 버렸다. 내하고 말도 안 한다."

텔레비전에서 김학순 할머니가 기자회견하는 것을 본 후에 고민을 많이 했다는 김복동 할머니 할머니는 고민 끝에 언니에게 본인이 겪은 과거 이야기를 꺼냈고, 신고하려는데 어떻게 생각하는지 의견을 물었다. 언니는 반대했다. 조카들이 이미 다 성장하여 직장도 잡고 살고 있는데, 이모가 '위안부' 피해자라는 것이 알려지면 안 된다는 것이었다. 그러나 언니의 만류에도 불구하고 김복동 할머니는 신고하기로 마음먹고 '김 회장'에게 전화해서 자신이 피해자임을 알리게 된 것이다. 얼굴과 이름은 공개하지 말아 달라고 부탁했는데, 잘 전달이 되지 않았는지 그대로 알려지게 되었고, 이로 인해 언니와 관계가 끊어졌다고 했다. 할머니는 그 이야기를 들려주며 죄 없는 스테인리스 재떨이를 탕탕 두드렸다.

1992년 당시만 해도 피해자에 대한 보호조치 같은 게 제대로 작동하지 않았다. 할머니께 약속드렸다. 할머니가 원하지 않는데 언론에 보도되게 하지 않겠다고. 할머니 이름을 가명으로 하길 원하면 가명으로 신고서를 접수하겠다는 말씀도 드렸다.

그런데 할머니는 술을 한 잔 더 따르면서 무심한 어투로 "녹음하려면 해도 돼" 그러시는 게 아닌가. 첫 만남부터 녹음하게 될 줄은 몰랐지만 할머니가 먼저 허락을 해주셨으니 서둘러 녹음기를 꺼내 들고 할머니의 얘기를 녹음하기 시작했다. 첫날, 첫 만남에서 자신이 겪은 일을 그렇게 생생하게 말씀하시는 분은 처음이었다. 어떻게 지난 일들을 그토록 세세하게 기억하고 계실까 놀라웠다. 차마 맨정신으로는 듣기 힘든 이야기들이었다. 할머니는 힘들면 중간중간 담배 연기를 쭈욱 빨아들이고 뱉어내면서 끝까지 이야기를 들려주셨다.

보통 지방에 있는 할머니들 집을 찾아가면 함께 밥도 먹고 차도 마시고 하룻밤 자고 오는 게 보통이었다. 먼 길을 찾아가서 잠깐 이야기만 나누고 오는 것이 피해자들에게 또 다른 피해의식을 줄 수도 있어 충분히 시간을 갖기 위한 것이다. 또한 서울에 자주 올라오시지 못하는 할머니들과 오랜만에 둘만의 속 깊은 이야기를 나누는 것도 나는 참 좋았다. 그렇게 할머니들과 차근차근 신뢰를 쌓아가는 게 내 본연의 업무이기도 했다.

하지만 김복동 할머니는 그때까지 접했던 할머니들과는 느낌이 많이 달랐다. 할머니는 첫인상 그대로 '아가씨'인 내가 소화하기에는 너무나 벅찬 이야기들을 가감 없이 쏟아냈다. 그날 밤, 할머니 아파트에서 '첫날밤'을 보냈다. 처음 만났음에도 전혀 첫 만남 같지 않게 여겨지던 그날 밤 그때 일이 지금도 어제 일처럼 생생하게 떠오른다.

"할머니 말씀 잘 들었습니다. 저는 이만 올라가 보겠습니다."

다음 날, 할머니에게 인사를 드리고 문을 나섰다.

"그럼 잘 올라가."

할머니의 인사는 그걸로 끝이었다. 문을 열고 나가면서 슬쩍 바라본 할머니는 다시 라이터로 담배에 불을 붙이고 있었다. 그것이 김복동 할머니와의 강렬했던 첫 만남이다. 그런데 어떻게 알았는지 부산 김 회장이 사무실로 전화를 했다. 왜 김복동 할머니를 자기 허락 없이 만났느냐고 호통을 치는 것이었다. 어른으로부터 꾸중을 듣는 게 그때는 왜 그렇게 무섭고 내가 잘못한 것으로 여겨졌던지 모르겠다. 정말 무서웠다. 그래서 큰 잘못을 했구나 싶어 할머니께 확인하고 사과하려고 전화를 걸었다.

"할머니, 혹시 제가 찾아간 것이 할머니를 불편하게 해 드린 건가요?" 하면서 부산 김 회장에게서 전화가 왔다는 이야기를 전했다. 그러자 김복동 할머니는 김 회장을 향해 욕 한번 시원하게 쏟아내셨다. 처음 듣는 욕이었지만 나쁘게 들리지 않았다. 그것으로 끝이었다. 그 전화 통화 뒤에 나는 먼 길이었음에도 할머니를 뵈러 부산을 참 자주 찾았다. 김 회장이 나를 할머니와 더 가깝게 만들어준 셈이다.

죽음 앞에서 살아 돌아온 김복동 할머니

중학교 때였는지 고등학교 때였는지 정확히는 모르겠다. 헤르만 헤세의 『데미안』을 읽다가 마음에 콕 박히는 한 구절을 만났다.

> 새는 알을 깨고 나온다. 알은 세계다. 태어나려는 자는 세계를 파괴해야 한다.

그때는 정확한 뜻을 이해하기 어려웠지만, 자기가 머물고 있는 어떤 세계를 깨고 나와야만 새로운 세계로 나아갈 수 있다는 뜻이라는 건 대충 짐작할 수 있었다. 1992년 3월 초, 김복동 할머니를 만나고 나서 문득 이 구절이 떠올랐다. 마치 소라게처럼 자기 껍질 속에 숨어 있는 것 같은 할머니가 용감하게 그 세계를 깨고 나왔으면 하는 바람이었다. 이런 바람은 훗날 일본군 '위안부' 피해자 할머니들의 모습을 '나비'로 형상화하는 것으로 구체화되었다. '알'이 '고치'로 바뀌었을 뿐, 본질적인 의미에서는 크게 다르지 않다.

그날 이후 김복동 할머니에게 간간이 안부 전화를 드리고 정대협 소식도 전해드리면서 몇 차례 할머니들의 모임에 참석하시도록 권하기도 했다. 당시 잊히지 않는 기억이 하나 있다. '청와대 데모'에 입고 나온 김복동 할머니의 '몸빼 패션'이다. 그때의 이야기는 20년이 지나고도 우리의 대화에서 빠질 수 없는 추억거리였다. 피해자들과 함께 청와대 앞에서 데모하기로 하고 할머니들과 종로에서 만나 청와대로 향했다. 그런데 전투경찰이 우리 앞을 가로막았고, 우리를 각각 다른 버스에 태웠다. 일부 할머니들은 서울역 앞에, 일부 할머니들은 영등포에, 나는 그대로 광화문 근처에 내려졌다. 모처럼 피해자들이 단단히 무장하고 서울에 모였는데, 그날의 싸움은 그렇게 끝나고 말았다. 할머니들로서는 한국 정부가 우리 운동을 방해하는 것을 직접 경험하게 된 사건이었다.

"내는 어디 놀러 가고 그런 거는 딱 싫다." 정대협에서 인권캠프를 하거나 1박 2일 야유회 등을 할 때도 할머니는 이 한마디로 답을 남기시고는 참석하지 않으셨다.

"놀러 오시라는 게 아니고요. 다른 할머니들 만나서 옛날이야기도 나누고 그러면서 서로 위로도 되고 좋잖아요."

"남사스럽게 여자들끼리 모여서 뭘 해. 시끄럽고 말만 생기지. 나는 싫어."

　그래서 할머니를 만나려면 내가 내려가는 수밖에 없었다. 물론 자주 전화해서 정대협의 활동에 대해 전해드리고, 일본 정부의 움직임이나 우리 정부의 대책 같은 것도 설명해 드렸다. 수요시위나 일본에서 열린 강연회 소식 등도 전해드렸다.

　그러던 어느 날, 8월 10일~11일에 서울에서 열릴 예정이던 '제1차 일본군'위안부' 문제 해결을 위한 아시아연대회의' 개최를 앞두고 할머니에게 연락을 드렸다. 첫 번째 아시아연대회의였기에 일본군'위안부' 문제를 향후 아시아지역으로 확산해가는 중요한 전환점을 만들기 위해 피해자의 증언 순서를 넣기로 했다. 그리고 김복동 할머니와 노청자 할머니 두 분이 하면 좋겠다는 의견이 대표자 회의에서 결의되어 할머니께 의향을 여쭈기 위해 연락을 드렸다.

　프로그램은 기획되었지만, '할머니가 과연 한다고 하실까' 하는 걱정이 들었다. 신문과 방송을 통해 아시아 전역으로 퍼져나갈 것이기 때문이다. 첫 만남에서 허락도 없이 카메라 기자들을 데리고 오는 바람에 자신의 신상이 알려졌다며 김 회장을 욕하던 김복동 할머니의 모습이 떠오르기도 했다. 일단, 할머니께 전화를 드렸다. 그랬더니 뜻밖에도 "내가 하지" 하고 선선히 답을 주시는 게 아닌가. 김복동 할머니가 드디어 '알'을 깨고 나오는 순간이었다.

겨우 열네 살의 나이에 끌려간 김복동 할머니는 '공장'에서 일하게 될 거라는 동네 반장의 이야기에, 거역하면 배급도 끊고 가족 모두 해외로 추방하겠다는 협박에 못 이겨 일본군'위안부'가 되었다. 경남 양산 집에서 부산으로, 부산항에서 배를 타고 일본 시모노세키로, 그곳에서 다시 배를 타고 대만으로 이동했다. 한동안 그곳에서 누군가의 명령을 기다렸고, 명령이 내려와 중국 광둥성으로 갔다. 그곳에서 김복동은 성병 검진을 시작으로 일본군'위안부' 피해자가 되었다. 한 곳에 머문 것도 아니었고, 일본군이 아시아태평양지역으로 침략해 가는 곳마다 끌려다녀야 했다. 홍콩, 인도네시아(수마트라, 자바), 말레이시아, 싱가포르, 태국(방콕) 등으로 일본이 패전할 때까지 끌려다니며 모진 고생을 했다. 트럭 짐칸에 실려 이동하다 엉덩이에 못이 찔리는 등 모든 피해 할머니들이 위안소에서 겪은 사연이 참 많지만, 김복동 할머니는 특히 남다른 경험이 있었다. 그중 하나가 자살 시도였다.

중국 광둥성에 도착했을 때 이미 일본군은 30명의 조선 여자들이 온다는 것을 알고 있었다. 숫자대로 방이 칸칸이 준비되어 있었고, 도착하자마자 군의관이 여성들의 몸을 검사했다. 그리고 첫째 날 밤, 성병을 검사했던 아버지뻘 되는 군의관이 들어왔다. 할머니는 옷을 벗기지 못하게 극렬하게 저항했고, 군의관은 그런 할머니의 뺨을 마구 때렸다.

"얼마나 맞았던지, 내 얼굴이 내 살 같지가 않는기라."

결국 죽도록 매를 맞고 성폭행까지 당한 할머니는 다음 날 아침 죽을 결심을 하고 건물 옥상으로 올라갔다. 그곳에는 다른 두 소녀가 같은 마음으로 올라와 있었다. 김복동 할머니는 한국을 떠나올 때 어머니가 공장에서 일하다 배고프면 뭐든 사 먹으라고 몰래 쥐여주셨던 돈을 꺼내 위안소에 심부름하러 다니는 중국 사람에게 '먹고 죽는 독약'을 사달라고 부탁했다. 서로 언어가 통하지 않으니까 표현 방법은 만국 공통어인 보디랭귀지였다. 그런데 그 중국 사람이 '독약'이라는 표현을 잘못 알아듣고 아주 독한 중국 술 배갈을 됫병으로 사 왔다. 셋은 옥상에 둘러앉아 그 '독약'을 마시기 시작했다.

"아이고, 그놈의 술이 얼마나 독하던지, 목구멍이 타는 것처럼 아파서 한 잔을 먹기가 힘들더라고. 그래서 우리끼리 '죽는 것도 힘들구나' 하면서 또 한탄했지. 그러다가 어차피 죽기로 한 거, 아무리 독하고 써도 마셔야지, 하고 그걸 다 마셨어."

결국 세 사람은 그 자리에서 뻗어버리고 말았다. 한참 뒤 세 사람을 찾으러 왔던 위안소 관리인이 재빨리 병원으로 데려가서 위 세척도 하고 약도 먹이는 등 난리를 쳐서 다시 깨어날 수 있었다.

"죽는 것도 내 맘대로 안 된다는 것을 그때 처음으로 알았지. 어차피 죽는 것도 마음대로 안 되는 거라면 매라도 덜 맞자, 그렇게 생각하고 시키는 대로 하니까 매는 안 맞았더라고."

그 이야기를 들으며 나도 담배를 피울 줄 알면 좋겠다고 생각했다. 할머니가 술을 드시기 시작한 건 그때부터였다. 군인들에게 담배도 배웠다. 그렇게 보면 할머니의 술, 담배 이력은 1992년 그때 기준으로 따져도 족히 50년은 넘는 셈이었다.

그렇게 중국 광둥성에서 홍콩, 인도네시아, 말레이시아에서 다시 인도네시아, 싱가포르 등지로 끌려다니다 마지막 태국 방콕에서 전쟁이 끝났고, 어느 날 일본 군인들이 더 이상 위안소를 찾아오지 않자 전쟁이 끝난 줄을 알았다. 그러던 어느 날 적십자 표시가 되어 있는 트럭 한 대가 와서 위안소에 남아 있던 여성들을 모두 태우고, 일본군 제10육군병원으로 끌고 갔다. 그곳에서 간호병 훈련을 시켜 일본군 부상병을 치료하게 했다. 뿐만 아니라 혈액검사를 하더니, 피를 많이 흘리고 병원에 실려 온 일본 군인들에게 수혈까지 시켰다. 그만큼 잔악한 일본군이었다. 이미 전쟁은 끝났는데 집에 돌아가지도 못하고 그곳에서 일본 군인들을 간호하고 피도 수혈해주면서 지냈다. 그런 딸을 찾아낸 것이 어머니의 간곡한 부탁을 받은 이종사촌 형부였다. 그 먼 곳까지 물어물어 찾아온 형부와 함께 김복동 할머니는 귀국선을 탈 수 있었다.

이 귀국선에서 할머니는 '위안부' 피해자 최순남 할머니를 만나 부산항에 함께 내렸다. 최순남 할머니는 집이 본래 거창이었지만 집으로 돌아갈 수 없다는 생각에 양산 김복동 할머니 집으로 왔다. 한동안 함께 머물다 헤어졌다.

그 후로는 한 번도 만난 적이 없었던 그 할머니를 '제1차 일본군'위안부' 문제 해결을 위한 아시아연대회의'에서 딱 만난 것이다. 아시아연대회의 장소는 서울 강북구(당시 도봉구) 수유동에 있는 크리스천아카데미하우스였다. 회의에 참석할 할머니들은 대부분 지방에서 올라오셨기 때문에 아카데미하우스에서 1박을 하시도록 했다. 먼저 알아본 것은 최순남 할머니였다.

"저 혹시, 옛날에 집에 돌아오는 배에 있지 않았어요?"

이미 수십 년의 세월이 흘러 외모는 많이 바뀌었지만 '느낌'은 그대로 살아 있었던 모양이다.

"누구신지…. 아, 나도 알 것 같네. 우리 돌아오는 귀국선에서 만났어!"
"맞아. 귀국 후에도 같이 잠깐 지내다가 헤어졌잖아."

그때부터 두 분은 구구절절한 삶의 이야기들을 풀어놓기 시작했다. 최순남 할머니 역시 혼자 몸으로 거창에서 개 한 마리를 키우면서 외롭게 살고 있었다.

'제1차 일본군'위안부' 문제 해결을 위한 아시아연대회의'에는 한국을 비롯해 필리핀, 대만, 태국, 홍콩, 일본 등 6개국의 여성들이 참석했다. 참석자들에게 김복동 할머니가 했던 증언은 눈물 없이는 들을 수 없는, 생생하고 절절한 것이었다. 약한 모습을 보여주지 않으려고 억지로 울음을 참으면서 털어놓은 할머니의 이야기는 듣는 이의 마음을 더 아프게 했다.

큰 박수 속에 첫 증언을 마친 김복동 할머니. 그렇게 알을 깨고 나온 할머니는 바로 그날부터 그 어떤 피해자보다 맹렬하게 활동을 전개하기 시작했다. 평화·인권운동가 김복동은 그렇게 다시 태어났다.

부산, 김복동과 김삼석 그리고 윤미향

아시아연대회의가 끝나고 얼마 되지 않았던 1992년 9월 어느 날 부산대학교 총여학생회에서 정대협으로 연락을 해왔다. 일본군'위안부' 피해 관련 강연회를 준비하고 있는데 정대협 간사인 내가 피해자 할머니 한 분을 모시고 와서 강연을 하면 좋겠다는 것이다. 지금은 거의 모든 대학에서 사라지고 없지만 1990년대 초반에는 전국적으로 총여학생회 건설이 붐을 이루고 있었고 전국여대생대표자협의회도 결성되고 있었다. 연락을 받고 가장 먼저 생각난 사람이 김복동 할머니였다. 바로 며칠 전 아시아연대회의에서 했던 생생한 증언을 학생들에게 들려주면 좋겠다는 생각이었다. 게다가 아시아연대회의 이후 상당히 의욕적으로 활동하고 계셨기 때문에 더욱더 안성맞춤이었다. 그런데 예상외로 할머니는 일언지하에 거절했다.

"부산대니까 할머니 댁에서도 안 멀고, 좋잖아요. 여대생들이 일본 군'위안부' 문제 해결에 목소리를 많이 낼 수 있도록 할머니가 부탁하시면 큰 힘이 될 텐데…."

"아 글쎄, 부산이라서 싫어!"

그랬다. 할머니는 아직 완전히 껍질을 벗어던진 것은 아니었다. 자매들이 있고, 조카들이 살고 있는 부산에서는 여전히 껍데기 속에 사는 것이 안전하게 느껴지는 듯 보였다. 그것이 가족에 대한 할머니의 배려라는 것도 알 수 있었다.

김복동 할머니에게 더 권하지 않고, 수요시위 열심히 나오고 계시던, 진주가 고향인 강덕경 할머니를 추천해서 함께 모시고 참석했다. 강덕경 할머니는 지금의 진주초등학교(당시 일본어로 요시노국민학교라 불렸다) 고등과 1학년에 다니던 중 일본 도야마의 한 군수공장에 근로정신대로 보내졌다. 그곳에서 중노동과 배고픔을 견디지 못해 탈출을 시도했다가 실패하고, 두 번째 탈출 때 붙잡혀 위안소로 끌려갔다. 학생들은 강덕경 할머니의 생생한 증언을 들으며 때로는 한숨을 쉬기도 하고, 때로는 울분에 찬 탄성을 지르기도 했다. 슬픔과 연민과 분노의 열기로 가득한 강연회였다.

이날 부산대 강연회는 나에게 또 다른 잊지 못할 기억이다. 바로, 남편 김삼석과의 만남이다. 강연회가 진행되는 중에 학생들 맨 뒤쪽에 낯익은 얼굴 둘이 보였다. 반핵평화운동연합 활동가 박 모 씨와

김철민 씨였다. '김철민'은 당시 남편 김삼석이 사용하던 가명이었다. 90년대 활동가들은 보안 문제 때문에 가명을 쓰는 경우가 많았다. 여성단체가 아닌 일반 시민단체 중에서 가장 먼저 정대협 사무실을 찾아와 연대 방안에 대해 의견을 나눈 단체가 반핵평화운동연합이었다. 평화운동 단체로서 전쟁 피해자인 일본군'위안부' 문제에 대해 연대하는 것이 당연한 일인데 늦어서 미안하다는 인사를 건네줘서 기억에 남아 있었다.

두 사람의 이야기에 따르면 안기부가 갑자기 사무실에 들이닥치는 바람에 활동가들 대부분이 '도바리'(도망)를 치는 중이라고 했다. 어디로 갈까 고민하던 중 문득 내가 부산대 강연회에 간다고 했던 이야기가 생각나 무작정 부산행 기차표를 끊었다는 것이다. 시간도, 장소도, 심지어 날짜도 정확하지 않았지만 두 사람은 여기저기 정보를 모아 강연회 장소까지 찾아왔다.

반갑게 인사를 나누고 강덕경 할머니에게 두 사람을 소개한 다음 김복동 할머니께 전화를 걸어 함께 할머니 집에 놀러 가도 되냐고 물었다. 여수, 광주 등 지방 강연회 일정이 계속 있었기 때문에 바로 서울로 올라갈 수 없고 어차피 부산에서 1박을 해야 하는 상황이었다. 할머니는 오라는 말 대신 "회 한 사발 먹자"라고 하시더니 "당연히 집에 와서 자고 가야지" 했다. 그리고 현관문을 활짝 열며 반갑게 우리를 맞아주었다.

그날, 김복동 할머니 댁에서 정말 오랜만에 긴장을 풀었다. '호랑이' 같았던 김복동 할머니가 마치 시골집 외할머니처럼 푸근하게 우리를 대해주었고, 강덕경 할머니와도 잘 맞았다. 그리고 무슨 이유인지는 모르지만, 멀리 서울에서 나와 강덕경 할머니의 강연회에 참석하기 위해 부산까지 찾아와준 두 명의 남자 청년 활동가도 마치 손자처럼 편하게 대하서서 오히려 살짝 당황스러웠다.

김복동 할머니가 계시는 다대포는 본래 유명한 해수욕장이다. 우리는 약간 선선하면서도 아직 여름 기온이 그대로 남아 있는 9월의 바닷바람을 즐기며 할머니가 사주시는 푸짐한 회에 소주를 한잔 곁들여 하하 호호 웃음꽃을 피웠다. 한창 흥이 오를 때는 모래사장에 나가 노래를 부르기도 하고, 할머니 손을 붙잡고 덩실덩실 춤을 추기도 했다. 두 분 할머니의 소녀 같은 웃음소리가 이렇게 좋은 거구나 생각하며 덩달아 나도 '○○다워야 한다'라는 것을 다 벗어던질 수 있었다. 우리는 '간사 윤미향'과 '피해자 김복동·강덕경'을 내려놓고 하하 호호 잠시 시간과 공간을 이탈하여 놀았다. 그렇게 웃으며 놀다가 문득 내 머릿속에 떠오른 생각….

'나는 참 특별한 복을 받았구나. 할머니들과 이렇게 특별한 관계가 될 수 있으니 얼마나 감사한지요. 하느님 감사합니다.'

저절로 기도가 나왔다. 그렇게 한창 흥이 올라 있을 때 문득 할머니가 내 귀에 대고 물었다.

"두 남자 중에 누가 마음에 드노?"

"네? 아휴, 그런 사이 아니에요. 그냥 정보기관 피해서 도망치다가 여기까지 온 거래요. 저에게는 남자들이 아닌, 그냥 사람이에요."

"괜한 소리 할 것 없다. 가만히 보니까 키 큰 놈은 인물은 번지르르 한데 속을 좀 썩일 것 같고, 작은 놈은 야물딱지게 바지런할 것 같긴 한데 좀 별로다."

"하하하!"

바닷물도 놀랄 것 같은 웃음이 내 온몸에서 터져 나왔다. '키 크고 번지르르한 놈'이 바로 내 남편이 된 김삼석이다.

"내가 바로 미향이하고 삼석이를 맺어준 중매쟁이지!"

그날부터 할머니는 나와 남편의 중매쟁이를 자처했다. 다대포 바다에서 함께했던 그 날이 사랑의 결실로 이어졌다고 믿은 것이다.

"에이, 할머니, 아니에요. 그날은 정말 저 사람에게 아무 관심 없었다니까요!"

하지만 김복동 할머니는 우리 두 사람의 결혼에 본인이 큰 역할을 했다고 생각하고 있었고, 그래서 나는 물론 남편과 우리 딸 하나에 대한 애정이 각별했다. 하나가 대학에 입학했을 때는 손영미 소장에게 은행 심부름을 시켜 찾아온 돈을 등록금에 보태라고 전해 주시기도 했다. 그것을 어떻게 넙죽 받을 수 있겠는가. 하지만 극구 사양하는 나에게 할머니는 "내가 등록금을 다 해주면 좋겠지만, 내 성의다. 아가씨 때부터 우리 일을 하다가 다대포 우리 집에 와서 하나 아빠랑 만나서 결혼까지 했잖아. 그래서 나에게는 하나 아빠도, 하나도, 남이 아닌 식구다. 그러니 이거 받아라. 안 그러면 내가 오히려 서운하지" 하고 말씀하셨다.

그 뒤로도 할머니에게 하나가 남다른 존재라는 것을 여러 번 확인할 수 있었다. 할머니는 누가 안아주는 걸 별로 좋아하지 않으셨다. 옷이 구겨지는 것을 싫어하기도 했고, 사람의 손때가 묻는 것도 싫어하셨다. 그만큼 할머니는 깔끔하고 자기 관리에 철저했다. 황반변성으로 눈이 거의 안 보이시는데도 불구하고 모시옷을 빳빳하게 직접 다려서 입었다. 머리가 조금만 길어도 잘라야 한다고 미용실을 찾았고, 속옷이며 손수건을 절대로 남의 손에 맡기지 않았다. 심지어 세탁기도 쓰지 않았다. 아는 사람은 알겠지만, 사람들과 악수하는 것도 좋아하지 않았다. 그런 분이 하나가 쉼터에 가면 당신 방으로 불러들여 당신의 냉장고를 개방하고, 냉동실에 칸칸이 쌓아두고 입이 심심할 때 드시던 비비빅을 내어 주시기도 했다. 손영미 소장이 할머니 드시라고 냉장고에 넣어둔 간식들을 꺼내주시고 하나가 맛있게 먹는 것을 보며 즐거워하기도 하셨다. 아… 지난 날을 생각

하니 우리 김복동 할머니가 너무나 보고싶다. 그리움이 눈물이 되어 흐른다

하나는 엄마인 나에게는 선물을 잘 사 오지 않는다. 그런데 쉼터에 갈 때면 김복동 할머니가 좋아하는 초콜릿을 사 가기도 하고, 향수를 사 가기도 했다. 어느 날인가 하나가 남대문시장에서 구슬 등 팔찌 재료를 사 와서 팔찌를 열심히 만들었다. '나에게 선물을 하려나 보다' 하고 은근히 기다렸는데, 며칠 후에 보니 김복동 할머니 손목에 옥색 구슬들이 빛나고 있었다. 보기에도 참 좋은 그런 사이⋯. 그렇게 우리 딸 하나에게 할머니의 마음을 풀어주셨으니 얼마나 큰 은혜인지⋯. 그 은혜를 다 갚지 못한 채 할머니를 보내드려 마음이 아프고 슬프다.

이제는 말할 수 있다 1
윤 간사는 내 딸이다

나의 결혼 이야기를 하자면 김복동 할머니와 더불어 강덕경 할머니 이야기를 빼놓을 수 없다. 김복동 할머니가 늘 "내가 미향이 삼석이 중매쟁이"라고 말씀하셨지만, 앞서 얘기한 대로 다대포 그 사건에는 강덕경 할머니도 함께였다.

강덕경 할머니를 처음 만난 것은 1992년, 정대협 사무실이 서울 마포구 아현동에 있을 때다. 얼마 전까지 1심 재판을 위해 수시로 갔던 서울서부지방법원 근처였다. 지금처럼 마포가 개발되기 전이다. 아현역에서 한강 쪽으로 내려가다 마포경찰서 앞에서 횡단보도를 건너면 서울서부지방법원(당시 서울지방법원 서부지원)이 있고, 거기서 동네 안쪽 골목으로 쭉 올라가면 동그란 지붕의 그리스정교회 건물이 있었다. 그 뒤쪽으로 담벼락 같은 데를 타고 돌아가면 철문이

딱 나온다. 그 문을 열고 들어가면 바로 우리 사무실, 정대협이 있었다. 당시 정대협은 이효재 공동대표가 원장으로 있던 한국여성사회교육원 사무실 한쪽에 책상 하나를 놓고 사무실로 쓰고 있었다.

1992년 봄, 그 문을 열고 한 남자가 불안한 얼굴의 노인 한 분을 모시고 들어왔다. 강덕경 할머니와 남동생이었다. 6·25 참전 상이군인인 남동생이 정대협 소식을 듣고 누나를 모시고 온 것이다. 그날 할머니로부터 '위안부' 피해에 대해 들으면서, 옆에 있는 남동생 때문에 더 상세하게 진술할 수 없는 부분이 있다는 것을 알게 되었다. 그래서 할머니와 약속을 잡고 할머니가 사시는 곳을 찾아갔다.

할머니가 살던 곳은 경기도 남양주에 있는 비닐하우스 단지였다. 할머니는 그 비닐하우스에서 농사일을 도우며 살고 있었다. 할머니 집이라고 해서 따라간 곳은 충격적인 모습이었다. 동네 청년들이 비닐하우스에 물을 공급하는 양수기를 설치한 사각형 콘크리트 구조물 안에 작은 방을 만들어줘 거기서 지내고 계셨다. 할머니의 자그마한 몸 하나 누울 수 있을 만한 공간이었다. 그 위에는 고압 전선들이 엉켜 있어 보기에도 위험한 곳이었다. 그마저도 주인이 철거한다고 나가달라고 했다며 걱정하고 계셨다. 강덕경 할머니의 이 사연이 나눔의집을 추진하게 된 배경이 되었다.

그렇게 힘겨운 삶을 살고 계시던 할머니가 1993년 봄, 나의 결혼 소식을 듣고 수요시위가 끝난 뒤 따로 나를 불렀다.

"윤 간사, 오늘 내가 윤 간사 집에 가봐도 될까?"

그때 우리 집은 서울 독산동. 집에 가려면 전철을 타고 시흥역에 내려서 상당히 걸어야 했다. 할머니가 우리 집까지 갔다가 다시 돌아올 일이 걱정되었지만 뭔가 비밀스럽게 상담할 것이 있나 보다 싶어 내색하지 않고 기쁘게 "네, 저는 좋아요!" 시원하게 답했다.

수요시위가 끝나면 강덕경 할머니는 바로 집으로 돌아가지 않고 사무실로 와서 나와 이러저러 수다도 떨고, 편지 봉투 작업이나 청소를 하는 등 내 일손을 도와주려고 하셨다. 그날도 다른 수요일과 마찬가지로 수요시위가 끝난 뒤 시위용품들을 차곡차곡 큰 짐가방 속에 집어넣고 어깨 한쪽에는 메가폰을, 다른 한쪽에는 큰 가방을 메고 할머니들과 함께 식당으로 이동했다.

수요일은 할머니들이 조계사 옆 식당에서 추어탕을 드시는 날이었다. 김순덕 할머니는 늘 산초가루를 한 숟갈 넣어서 드셔야 맛있다고 하시며, 강덕경 할머니가 산초가루를 안 넣고 있으면 당신이 직접 한 숟갈 떠서는 "옛다, 산초다" 하며 넣어주시고, 강덕경 할머니는 "아니, 형님이나 넣어 드시지, 왜 내꺼정!" 하며 소리를 높이셨다. 그렇게 두 분 할머니의 모습을 보면서 재밌다고 웃다 보면 점심시간이 후딱 지나갔다.

참 이상했다. 할머니들이 시위에 나오실 때는 표정과 색깔이 회색빛인데, 일본 정부를 향해 "사죄하라! 배상하라!" 소리를 지르고, 간사인 나로부터 최근 돌아가는 정세에 대해 보고받는 모습을 보면 눈동자가 반짝반짝 빛이 났다. 그리고 식당에 모여 앉아 수다를 풀어놓으면 이미 해방이 된 것 같은 그런 목소리, 표정, 얼굴빛이었다.

그날도 강덕경 할머니는 나와 함께 사무실까지 동행했다. 그런데 할머니가 불쑥 봉투를 하나 내민다.

"윤 간사 바쁜데 집까지 갈 필요가 없고, 이거 받아주면 내가 기쁘겠는데…."

봉투 안에는 20만 원이 들어 있었다. 할머니에게도 나에게도 큰돈이었다.

"할머니, 이게 뭐예요?"
"윤 간사 결혼축의금이다."

가까운 사이에 내는 축의금도 2만~3만 원 하던 시절이었다. 액수를 떠나서 할머니들께 축의금을 받다니, 있을 수 없는 일이었다. 나는 완곡하게 할머니의 축의금을 거절했다.

"아이고 할머니, 고맙습니다. 하지만 마음만 받을게요. 할머니한테 돈을 드려도 모자랄 판에 제가 어떻게 그 돈을 받겠어요. 두셨다가 할머니 필요하신 데 쓰세요."

할머니가 비닐하우스에서 농사를 도와주고 받는 돈이 월 30만 원 정도였으니, 엄청난 큰돈이었다. 그런데 내 결혼식 축의금으로 20만 원이라는 거금을 내놓으시겠다는 거다.

"내가 윤 간사 봉급이 얼만지 빤히 안다. 그것 가지고 결혼을 어떻게 하겠니. 그러지 말고 받아라."
"아니에요, 할머니. 필요한 만큼 준비해놨어요. 걱정 마세요."

할머니는 다시 봉투를 내 앞으로 내밀며 "사실은 내가 옛날에 딸이 하나 있었다" 하고 옛날이야기를 시작하셨다. 처음 신고하실 때 해주셨던 이야기라 내용을 이미 알고 있었지만 처음 듣는 마음으로 할머니 말씀에 귀를 기울였다.

1929년 경남 진주에서 출생한 강덕경 할머니는 1944년, 진주 요시노(吉野)국민학교 고등과 1학년 때 일본인 담임교사에 의해 반장과 함께 근로정신대 1기생이 되어 일본 도야마현의 후지코시 비행기 부속품 제조공장으로 연행되었다. 그때 할머니는 만 열네 살이었다. 할머니는 집이 너무 그리워서 노래 가사를 지어서 불렀다며 노래도 불러주셨다.

아아, 산 넘고 바다 건너 멀리 천릿길을 정신대로, 아득히 떠오르는 반도, 어머님의 얼굴이 떠오른다.

노래를 부르는 할머니의 눈에 눈물이 보였다. 얼마나 힘들었을까. 나는 숨을 죽인 채 할머니 말씀을 들었다.

공장에서 일하기 시작한 지 두 달 후쯤 할머니는 배도 고프고 너무 힘들어 친구와 도망쳤다. 그런데 어떻게 알았는지 잠시 피해 있던 집까지 쫓아온 사람들에게 붙잡혀 다시 공장으로 끌려가 무지막지하게 맞았다. 아마 다시는 도망갈 생각을 하지 말라는 본보기였을 것이다. 그런데도 할머니는 포기하지 않고 두 번째 탈출을 시도했다. 그런데 그 두 번째 탈출은 할머니를 또 다른 고통 속으로 끌고 들어갔다. 헌병에게 붙잡혀 강간당하고 바로 위안소로 넘겨진 것이다. 전쟁이 끝나고 한국으로 돌아올 때 할머니는 아빠가 누구인지 특정할 수 없는 일본 군인의 아이를 임신한 상태였다. 그 몸으로 차마 진주 집으로 바로 돌아가지 못한 할머니는 남원에 머물면서 아이를 낳았다. 그 후 고향 진주까지 찾아갔으나 아이가 딸린 몸으로 도저히 집으로 갈 수 없어 다시 부산으로 간 할머니는 아이를 보육원에 맡기고 식당일 등을 하며 생계를 이어 나갔다. 주말마다 아이를 보러 가는 게 할머니의 유일한 즐거움이었다. 그런데 그 아이는 네 살 때 보육원에서 폐렴으로 죽고 말았다. 할머니는 그 소식을 아이가 죽은 후에야 들었다.

그렇게 아이를 떠나보낸 할머니는 평생 홀로 살면서 남의 집 일, 식당일, 하우스 농사 등 안 해본 일이 없을 정도로 열심히 살았다. 하지만 번 돈은 모두 '위안부' 후유증으로 인한 산부인과 병원비로 다 써버렸다고 한다.

"평생 기쁨이라고는 모르고 살 줄 알았는데, 윤 간사를 만나 내가 이렇게 웃기도 하고, 실컷 일본 정부 욕도 하면서 살게 됐다. 내가 그때 애를 제대로 키웠다면 나도 자식 키우는 맛도 있었을 것이고, 윤 간사처럼 결혼도 시키고 했을 텐데, 내가 그런 기쁨을 누려보지 못했다. 앞으로도 못할 거고. 그러니까 거절하지 말고 받아" 하시며 내 손가락을 꾸욱 눌러 봉투를 잡게 하셨다.

"할머니, 그 마음만으로도 나는 행복해요. 할머니 건강에 필요한 것 사세요."

다시 사양해보았지만 "윤 간사가 내 딸이다. 딸한테 내가 하는 건데, 사양하면 내 마음을 거절하는 기다" 하는 말씀을 듣고는 봉투를 받을 수밖에 없었다.

"아, 할머니…."

할머니의 아픈 세월만큼이나 봉투에 담긴 외로움의 무게감이 나에게 그대로 전해져 왔다. 봉투를 손에 쥐는 나를 보고 할머니는 그제야 활짝 웃었다. 그리고 내 귀에 대고 한마디를 덧붙였다.

"이거, 나하고 윤 간사만 아는 걸로 해. 다른 할머니들은 절대 모르게 말야."

그렇게 강덕경 할머니와 나만의 비밀이 하나 생겼다. 30년이 지났으니, 이제는 편하게 말해도 될 것 같다.

이제는 말할 수 있다 2
신혼집을 찾아온 강덕경 할머니

강덕경 할머니 이야기를 꺼낸 김에 오래 묵혀두었던 신혼 시절의 이야기를 하나 더 해야겠다. 강덕경 할머니가 김순덕 할머니와 함께 연락도 없이 우리 신혼집을 찾아오셨던 이야기다.

사람이 사는 곳은 어디든 갈등이 있다. 칡 갈(葛), 등나무 등(藤). 칡과 등나무처럼 일이나 사정이 서로 복잡하게 뒤얽혀 화합하지 못하는 것을 뜻하는 한자어다. 평소 한자를 썩 좋아하지는 않는다. 때로는 이렇게 한자로 의미를 설명하는 것이 젊은 사람들 보기에 너무 나이 든 사람 흉내를 내는 것은 아닌지 모르겠다는 생각도 든다. 어쩌면 내 이름 미향(美香)의 의미를 설명할 때 한자를 활용하는 게 참 편리하다고 생각하면서 이런 습관이 생긴 것 같다. 하여튼 이렇게 한자를 통해서 읽어 보면 '갈등'의 의미도 더 잘 읽힌다.

갈등의 대표적인 현장은 사실 국회라고 생각한다. 24시간 내내 갈등의 장이 펼쳐진다. 여와 야, 의원들끼리 그런 것만도 아니다. 같은 당 안에서도 갈등이 불거지고, 심지어 자신을 뽑아준 유권자하고도 갈등이 생긴다. 종교인이라고 해서 갈등이 없는 것도 아니고, 사랑하는 부부 사이에도, 막 사랑을 시작하는 연인 사이에도 갈등이 생긴다. 나눔의집 할머니들도 마찬가지였다. 나눔의집도, 정대협도, 사람 사는 곳이니까…. 같은 아픔을 겪었고, 같은 목적으로 시위에 나가 일본을 향해 "사죄하라!" 외치지만, 할머니들 간의 갈등이 싸움으로 전개되면 무섭다. 그때는 누군가 한쪽이 피하는 것이 가장 좋은 해결 방법이다.

1993년, 신혼 때의 일이다. 어느 날 저녁, 식사를 마치고 뉴스를 보고 있는데 아무 연락도 없이 강덕경 할머니와 김순덕 할머니가 찾아왔다. 한 번도 와보신 적이 없는 우리 집을 주소만 들고 전철 타고 걸어서 찾아오신 것이다. 그때만 해도 할머니들이 참 건강하셨다. 당시 우리 집은 경기도 시흥역에 내려서 시골길을 제법 걸어야 올 수 있는 외진 곳이었다. 길눈이 밝지 않은 할머니들이 쉽게 찾아올 수 있는 곳이 아니었다.

알루미늄 현관문을 두드리는 소리에 문을 열자 그 앞에 보이는 두 분. 약간 묘한 기분이었다. 반가움과 친밀감도 들었고, 내가 할머니들에게 친정이 된 듯한 느낌도 들었다. 우리 집을 찾은 첫 할머니 손님들이었다. 가쁜 숨을 고르고 분위기가 좀 진정되자 할머니들의 이야기가 시작됐다.

당시 나눔의집은 서울 종로구 혜화동에 있었는데, 할머니들은 살림을 도와주는 사람 없이 스스로 밥과 반찬을 준비하고 청소도 하면서 공동체 생활을 하고 있었다. 그러다 보니 어떤 할머니는 늘 일하는 데 반해 어떤 할머니는 일하지 않는 경우가 있었다. 또 어떤 할머니는 밤잠이 없어서 밤에 움직여서 다른 사람들의 잠을 설치게 했다. 특히 한 할머니는 술을 좋아해서 낮에도 막걸리를 드실 때가 있었다. 이처럼 서로 다른 생활방식으로 인해 할머니들 사이에 갈등이 생겼나 보다. 그날도 할머니 한 분이 낮부터 막걸리를 드시는 걸 보고 한소리 하셨다가 싸움이 시작된 모양이었다. "화가 나서 나눔의집을 나서긴 했는데, 마땅히 갈 곳이 없어 윤 간사 집으로 왔어. 이렇게 불쑥 찾아와서 미안해" 하신다.

안방에 상을 펴고 앉았다. 저녁 식사도 미리 하고 오신데다 워낙 적게 드시는 분들이라 과일 조금, 차 한잔을 나누며 그날의 '무용담'을 들었다. 한동안 수다를 떨다가 남편과 함께 공동 서재로 쓰던 작은 방에 이부자리를 깔아드렸다. 신경 쓰지 말고 빨리 들어가 쉬라는 할머니들의 성화에 못 이겨 결국 나는 평소보다 일찍 잠자리에 들게 되었다.

'내일 아침은 좀 일찍 챙겨 먹고 할머니들하고 같이 출근해야겠다' 생각하며 잠이 들었는데, 두 분은 밤새 잠을 안 주무시는 듯했다. 당연한 일이었다. 잠자리가 조금만 달라져도 쉬 잠들지 못하는 분들이 신데, 싸움을 하고 나왔으니 걱정하고 있을 다른 할머니들 생각도 났을 것이고, 여러 가지로 마음이 복잡했을 것이다. 강덕경 할머니의 목소리는 약간 저음이어서 작은 소리로 말해도 웅웅거리고, 김순덕 할머니의 목소리는 가늘어서 소곤소곤거렸다. 두 할머니가 소곤거리는 약간의 소음을 들으며 자고 있는 내가 참 이쁘게 느껴진 날이었다.

그런데 새벽녘 부스럭거리는 소리에 눈이 뜨여 시계를 보니 새벽 4시. 할머니들이 화장실을 가시나 보다 생각하며 조금 더 눈을 붙였는데 이번에는 현관문 여는 소리가 들리는 게 아닌가. 벌떡 일어나 나갔더니 이미 이부자리까지 깨끗이 정돈해놓고 나가신 뒤였다. 집 밖으로 나가 할머니들을 찾으니 어스름한 새벽빛 속에 시흥역 방향으로 걸어가고 있는 두 분의 모습이 보였다.

"할매! 할매! 이 새벽에 어딜 가! 들어와서 아침 드시고 같이 가야지!"

큰 소리로 불렀지만 두 분은 뒤돌아서, 어서 들어가라는 듯 손짓만 두어 번 하시고는 가던 길을 계속 걸어가셨다. 뿌연 새벽, 서둘러 걸어가시던 자그마한 체구의 두 할머니, 그 모습은 오래도록 내 기억 속에 남았다.

강덕경 할머니의 유언

지난 2022년 12월 26일 나눔의집에 사시던 속리산 이옥선 할머니가 별세하신 데 이어 2023년 5월 또 한 분의 피해자가 세상을 떠나면서 이제 정부에 등록된 '위안부' 피해자 240명 가운데 생존자는 단 아홉 분만 남은 상태다. 대부분 고령이고 노환과 지병을 앓고 있는 분들이 많아 오래지 않아 생존자 '제로'가 될 가능성이 크다. 하지만 일본 정부는 말할 것도 없고 우리 정부도 문제 해결의 의지가 전혀 보이지 않는다. 2014년에도, 2015년에도, 2023년에도 일본군'위안부' 문제나 강제동원 문제에 대해 '돈'을 줄 테니 이제 그만 끝내자는 이야기만 되풀이되고 있다. 게다가 2023년에는 윤석열 정부의 입에서 '가해자'(일본)의 심기를 거스르지 않도록 '사죄를 구걸하지 말자'라는 이야기까지 나왔으니 기가 찰 노릇이다. 피해자의 당연한 권리이고 가해자의 당연한 의무인데, '구걸'이라는 용어까지 쓰면서 피해자들의 존엄성을 해치고 있다. 일본군'위안부'는 친일·반일의 문제가 아니라 인권의 문제다. 인권과 돈을 등치시키는 이 정부에 과연 일본군'위안부' 문제의 해결을 기대할 수 있을까?

돌아보면 정말 많은 할머니들의 임종을 지켰다. 아흔 넘을 때까지 정정한 모습으로 끝까지 싸운 할머니도 있고, 일흔도 되지 않은 연세에 일찌감치 세상을 떠난 분도 있다. 강덕경 할머니는 예순여덟의 나이에 폐암으로 세상을 떠났다. 너무 일찍 떠나셔서 내게 아쉬움도 많고, 회한도 많다. 조금만 더 오래 사셨더라면 훨씬 더 잘해드릴 수 있었을 텐데… 안타깝게도 그 기회를 얻지 못했다.

할머니는 처음 만났을 때 이미 담배를 피우고 계셨다.

"할머니, 우리, 일본 정부 사죄도 받아야 되고, 다른 사람 청춘을 즐길 때 그러지 못하셨으니까 장수라도 해요. 그러려면 담배 끊어야 해."

그런 '잔소리'는 늘 내 몫이었다. 하지만 두 번 이상 말하지 못했다. "내가 남편이 있나, 자식이 있나. 이 담배는 내 남편이기도 하고 자식이기도 하다"라는 말씀 때문이었다.

담배는 많은 할머니가 아끼던 기호품이었다. 위안소 생활은 물론 귀국 후에도 세상 사는 재미가 그다지 없었던 분들에게 담배는 좋은 벗이 되어주었다. "내 심심풀이다" 평소 그렇게 말씀하시던 김복동 할머니와 강덕경 할머니가 애연가의 대표주자였다. 그러다 보니 담배로 인한 각종 질병을 달고 사는 분이 많았다.

강덕경 할머니가 폐암에 걸렸다는 걸 처음 알게 된 건 1995년이었다. 아는 사람만 아는 사실이지만, 우리나라 대기업 중에 유일하게 일본군'위안부' 피해자들을 적극 지원하며 문제 해결을 위해 연대한 기업이 현대였다. 1995년 정주영 현대그룹 회장은 8·15를 앞두고 "위안부 할머니들이 돌아가실 때까지 평생 아산병원에서 무료로 치료받을 수 있도록 해주겠다"라고 선언했다. 그리고 첫 번째 순서로 할머니들의 종합건강검진을 아산병원에서 대대적으로 실시했다. 할머니들로서는 생전 처음 받아보는 건강검진이었다. 강덕경 할머니는 바로 그날, '폐암 말기'라는 날벼락 같은 통보를 받았다.

그러잖아도 할머니는 건강에 문제가 많아 수시로 병원에 다녔다. 특히 일본군'위안부' 경험으로 인해 신장과 방광, 자궁에 문제가 생겨 큰 고통을 받고 있었다. 때로는 한밤중에 응급실로 모시고 갈 때도 있었다. 그렇게 병원에 다녔지만, 폐 검사를 해볼 생각을 아무도 못 했던 것이다. "할매, 담배 좀 끊어요!" 하고 말리기는 했지만 직접 손을 잡아끌고 검사를 받아볼 생각조차 하지 못했던 나 자신에게 화가 나고, 할머니에게 미안해서 어찌할 바를 모를 정도였다. 하지만 이미 엎질러진 물. 무엇을 어떻게 해드려야 하나, 날마다 그 생각밖에 들지 않았다.

폐암은 참 고통스러운 병이다. 얼마나 고통스러운지, 일반 병실에 계시지도 못하고 간호사실 바로 옆에 침대를 놓고 계셨다. 통증이 올 때마다 진통제를 놓기 위해서였다. 수시로 할머니가 계신 병원을 찾았지만, 내가 해드릴 수 있는 일이 없었다. 할머니는 그렇게 2년여를 버티다가 결국 1997년 세상을 떠나셨다.

그런데 그 고통 속에서 할머니는 그림을 그리셨다. 병상에 눕기 전, 할머니는 이미 '빼앗긴 순정' '악몽' '고향, 진주 남강' '길 밝히는 호안' 등의 그림을 그리며 훌륭한 화가로 칭송받았고, 전시회도 열었다. 할머니는 병원 생활 중에도 붓을 잡고 그림 그리기를 멈추지 않으셨다. "내가 죽기 전에 꼭 그리고 싶은 게 있어요" 하는 각오를 보이며 마지막 그린 그림이 바로 '책임자를 처벌하라'였다.

썩어가는 고목에 마치 한 몸이 된 듯 묶여 있는 일본군. 그리고 세 개의 총구가 일본군을 향하고 있다. 풀어 헤친 머리카락처럼 뿌리가 어지러이 흩어져 있는 고목은 일본을 상징하는 벚나무다. 총을 들고 있는 흰옷의 주인공은 강덕경 할머니를 비롯한 일본군 '위안부' 피해자들이다. 그런데 무시무시해 보이는 고목을 둘러싸고 비둘기들이 날개를 펼치고 있고, 나무 위에 있는 둥지 속에는 몇 개의 비둘기알이 보인다.

그 그림을 통해 할머니는 남아 있는 우리에게 아주 강렬한 메시지

'책임자를 처벌하라'(강덕경)

를 던지셨다. 일본군'위안부' 문제가 해결되고 평화가 실현되기 위해서는 책임자 처벌이 중요하다는 메시지를 할머니는 그렇게 전력을 다해 표현해내신 것이다.

할머니가 돌아가신 1997년은 법적 배상은 불가하다는 일본 정부를 대신하여 국민기금 이사 등 관계자들이 민간 차원의 위로금을 받으라고 피해자들을 만나러 다니며 피해자와 피해자 사이에 갈등을 일으키고, 피해자와 지원단체 사이에 갈등을 일으키고 있을 때였다. 앞에서 소개한 대로 일본 무라야마 총리 등이 제안한 국민기금은 일본의 대표적 진보 지식인으로 손꼽히던 와다 하루키 등 일본 내 일부 '리버럴'로 분류되는 사람들의 지지를 받고 있었다.

하지만 한국과 대만, 필리핀의 피해자들 상당수는 그 기금 지급을 반대하며 싸우고 있었다. 피해자들은 민간 모금을 통해 지급하는 위로금이 아니라 범죄 인정, 공식 사죄, 법적 배상을 원한다는 목소리를 그 어느 때보다도 열심히 냈다.

정대협은 피해자의 목소리를 반영하고, 일본군'위안부' 문제의 해결은 '돈'이 아니라 '법적 책임 이행'의 문제라는 것을 강조하기 위해 1993년에 책임자 처벌을 촉구하며 고소·고발장을 일본 검찰에 제출하였다. 강덕경 할머니는 당시 원고로 참여하셨다. 그러나 일본 정부는 고소·고발장 접수조차 거부했고, 1995년, 종전 50주년을 기해 일본군'위안부' 문제를 민간 위로금으로 해결하려고 시도한 것이다. 이에 강덕경 할머니는 생명이 꺼져가는 그 순간에도 그림 '책임자를 처벌하라'로 우리에게 강렬한 힘을 실어 준 것이다.

그림만이 아니었다. 할머니는 병상에서도 늘 "일본 사람들에게 빨리 이 문제를 더 많이 알려야 되는데…" 하면서 걱정하셨다. 심지어 여권 유효기간이 다 되어가고 있는 걸 염려하면서, 여권을 연장해야 하니 여권을 가지고 오라는 당부까지 했다. 병원에서 맞이한 어느 수요일에는 수요시위에 가야 하니까 119를 불러달라고 하셔서 병상을 지키던 사람들을 깜짝 놀라게 했다. 정신이 혼미한 중에도 수요일이 되면 어김없이 수요시위에 가야 한다고 의지를 드러내시고,

"우리 문제인데 우리가 안 가면 누가 하겠느냐"라고 할 정도로 당사자 운동의 중요성을 잘 아는 할머니였다. 실제로 어느 날엔 구급차를 불러 수요시위 현장으로 할머니를 모셨다. 그날, 서 있을 힘도 없어서 뒤쪽에 쪼그리고 앉은 채 수요시위를 지켜보던 할머니의 모습이 잊히지 않는다.

마지막 가시는 날도 할머니는 혼수상태에 들었다 깨어나기를 반복하면서 눈을 감지 못하셨다. 나는 할머니의 손을 꼭 붙들고 약속했다.

"할머니, 할머니가 꼭 해야겠다고 생각하신 것, 더 많은 일본 사람들에게 알리고, 일본 정부가 할머니들 요구대로 사죄하고, 배상하고, 책임자를 처벌하게 하는 것도 제가 포기하지 않고 끝까지 할게요. 할머니한테 약속해요. 이제 걱정하지 말고 그 무거운 책임은 저에게 다 내려놓으시고 마음 편히 천주님 만날 준비하세요."

죽음을 앞둔 사람에게 남는 마지막 감각 기관이 귀라고 했던가. 그날 내 말이 끝난 뒤 할머니의 눈에서 또르르 흘러내리던 눈물을 잊을 수 없다.

강덕경 할머니가 가신 지도 벌써 26년. 안타깝게도 할머니가 병상에서 마지막 힘을 모아 그림으로 표현해냈던 마지막 소원 그리고 내가 할머니께 약속했던 일본 정부의 사죄와 배상, 책임자 처벌은 아직 이뤄지지 않았다. 하지만 그날 할머니께 약속한 대로 '포기하지 않고 끝까지' 싸워나가겠다는 약속은 지켜나가고 있다. 이 정도면 "윤 간사, 참 잘했다. 고맙다" 그렇게 말씀하시지 않을까?

요즈음 이런 생각을 가끔 한다. 이제 몇 년만 있으면 강덕경 할머니가 정대협 사무실로 나를 만나러 오셨던 그 나이가 된다. 이제 내려놓고 싶다는 생각을 그렇게 정당화해 보지만 여전히 할머니와의 약속은 진행형이다. 나에게는 아직 해야 할 일이 많이 남아 있다. 포기하기에는 아직 너무 죄송하고 아픈 삶들이 많기 때문이다.

가수 길원옥

별 하나에 추억과/ 별 하나에 사랑과/ 별 하나에 쓸쓸함과/
별 하나에 동경과/ 별 하나에 시와/ 별 하나에 어머니, 어머니.

어머님, 나는 별 하나에 아름다운 말 한마디씩 불러봅니다. 소학
교 때 책상을 같이 했던 아이들의 이름과 패, 경, 옥, 이런 이국
소녀들의 이름과 벌써 아기 어머니 된 계집애들의 이름과 가난
한 이웃 사람들의 이름과 비둘기, 강아지, 토끼, 노새, 노루, '프
랑시스 잠', '라이너 마리아 릴케' 이런 시인들의 이름을 불러봅
니다.

윤동주의 시 '별 헤는 밤'의 일부다.

마음이 아주 힘들거나 내 사명을 내려놓고 그냥 평범한 사람으로 살고 싶은 마음이 간절할 때 나도 모르게 떠올리는 사람이 몇 있다. 끔찍한 고통을 이겨내고 생존해 가부장적이던 한국 사회를 꾸짖기라도 하듯 침묵을 깨고 "내가 피해자다" 당당하게 외쳤던 일본군'위안부' 피해자들도 그중 하나다. 그리고 여자 목사가 되어야겠다는 다짐을 하게 했던, 나의 신앙으로는 흉내도 낼 수 없겠지만 짧은 생을 민중 구원과 민족 해방을 위해 싸우다 십자가 처형까지 당하고 다시 민중의 삶으로 부활하신 예수다.

어린 시절, 시인이 되고 싶다는 꿈을 키웠다. 시인의 꿈을 여자 목사의 꿈으로 바꾼 후에는 서점에 가면 늘 시집을 사서 읽는 것으로 대체했다. 특히 민중의 삶, 민족의 현실을 바탕으로 저항하고 승화시킨 시들이 참 좋았다. 그런 시인 중 으뜸으로 가슴에 담고 있는 사람이 바로 윤동주다. 영화 '동주'를 보면서 터져 나오는 울음을 멈출 수 없어 소리 내어 엉엉 운 때도 있었다. 너무 억울해서…. 왜 우리는 이렇게 억울함을 겪고 살아야 하는지…. 그 칠흑 같은 어두운 시대에 저처럼 가슴 저린 시를 썼던 윤동주.

국회 진출을 위해 정의연을 떠난 지 3년의 세월이 지났다. 참으로 많은 사연과 사건, 사고들이 있었지만, 내 마음은 여전히 할머니들 곁에 있어서 더 외롭고 아프다. 국회는 내게 여전히 서먹하고, 물 위에 뜬 기름처럼 내 삶에 스며들지 않는다. 나는 때때로 국회의원회관 530호 내 방 유리창 앞에 서서 국회 밖 거리의 사람들과 하늘, 여의도 거리를 보며 윤동주의 '별 헤는 밤'을 홀로 읊조려보곤 한다.

별 하나에 추억과… 나와 늘 함께했던 할머니들의 이름을 불러본다.

강덕경 할머니…

박두리 할머니…

이용녀 할머니…

이영숙 할머니…

윤두리 할머니…

최갑순 할머니…

문필기 할머니…

김은례 할머니…

이순덕 할머니…

김학순 할머니…

강순애 할머니…

김복동 할머니…

길원옥 할머니…

안점순 할머니…

황순희 할머니…

김상희 할머니…

…

그렇게 할머니들의 이름이 하나씩 하나씩 유리창에 새겨지고, 각기 다른 할머니들과의 첫 만남의 순간, 수많은 감정이 담긴 할머니들의 목소리와 각각 특별했던 표정들, 잠꼬대, 좋아했던 노래 그리고 잘 거둬지지 않던 마지막 숨까지 줄줄 따라 나와 내 눈 앞에 펼쳐진다. 안타깝게도 별처럼 아스라이 먼 곳으로 떠나고 만 그 많은 할머니 한 분 한 분이 다 소중하고 귀했지만, 국회의원이 된 나에게 가장 아픈 자리는 길원옥 할머니다.

스스로 평화가 되시고 해방의 길을 열었던 길원옥 할머니는 북녘 땅, 평양 출신이다. 유난히 노래를 좋아해서 가수를 꿈꿨던 열세 살 소녀는 일본군'위안부'로 끌려가면서 송두리째 인생을 빼앗기고 말았다. 할머니는 어느 자리에선가 그때의 일을 이렇게 회상했다.

"열세 살 그때 일본군에게 끌려가지 않았더라면 아마도 나는 노래와 관련된 일을 하고 싶어 했을 것 같아. 나는 노래가 참 좋았거든. 내가 노래를 하면 사람들이 내 노래 음성이 참 곱다고 했어."

노래의 꿈을 빼앗긴 길원옥 할머니는 열세 살에 끌려가 전쟁이 끝날 때까지 5년이라는 모진 고통의 시간을 일본군의 전쟁터에서 보내야 했다. 열여덟 살에 맞이한 해방도 할머니에게는 해방이 아니었다. 이산과 차별, 또 다른 고통의 시작일 뿐이었다. 어렵게 귀국선을 탄 할머니가 도착한 곳은 인천항. 마음만 먹으면 얼마든지 고향 평양으로 갈 수 있었지만 '여비라도 좀 벌어서 가야지. 아버지 어머니 선물이라도 사 가야지' 하는 마음으로 할머니는 그토록 가고 싶었던 고향 가는 길을 당분간 접었다. 그런데 분단이 이처럼 길어지면서 할머니는 다시는 고향에 갈 수 없게 되었다.

"내가 어릴 때 우리 엄마가 맛있는 배추김치를 담가서 내 입에 먹여주던 생각이 나. 참 맛있었던 느낌이 지금도 이 혀끝에 있어. 우리 임마기 참 곱고 에뻤지."

엄마에 대해 하나도 기억이 안 난다고 하면서도 그렇게 엄마를 기억하는 이야기 속에는 눈물을 머금은 그리움이 들어 있었다. 그래서 할머니는 공식적인 자리에서 인사를 나누는 시간이 되면 으레 "나는 열세 살에 집을 떠나 구십이 되도록 집으로 돌아가지 못하고 나그네처럼 살고 있는 길원옥입니다"라고 본인을 소개하곤 했다.

할머니는 일본군 위안소 후유증으로 귀국 후에 자궁도 절제해야 했고, 쓸개도 제거했다. 첫째 날 밤 술에 취해 들어와 강제로 옷을 벗기려던 일본군 장교의 손길을 거부하다가 칼집으로 맞은 머리는 평생 할머니를 괴롭히는 두통이 되었다. 그런 몸으로 결혼을 할 수도, 자식을 낳을 수도 없었기에 할머니는 새로운 가정을 꾸릴 꿈조차 꿀 수 없었다. 차라리 죽는 게 낫겠다는 생각을 수십 번 했지만, 할머니는 끝내 삶을 포기하지 않고 오히려 다른 사람의 아픔까지 돌보는 삶을 살았다.

"고아원에 버려지려고 하는 남자아이를 입양해서 신학대학교와 대학원까지 공부시켰어요. 시방 그 아이는 목회자가 되어 목회를 하고 있어요."

열세 살에 일본군'위안부'로 끌려가 남은 것 하나 없이 모두 다 빼앗기고 짓이겨졌지만, 할머니는 그렇게 아름다운 가정을 만들어냈다. 그러나 늘 가슴 한 모퉁이에서 지워버릴 수 없었던 것은 바로 자신이 일본군'위안부'였다는 사실이었다. 누구에게도 입을 열지 못했고, 누구와도 편안하게 자신의 삶에 대해 이야기 나누지 못했다.

"그늘만, 그늘만 찾아다녔지. 혹시나 내가 누구인지 알까 봐. 내가 그런 모진 일을 겪었다는 것을 눈치챌까 봐."

동네 노인정에서 야유회를 간다고 해도 함께 따라갈 수 없었다. 하지만 그런 모진 세월을 이야기하다가도 노래 이야기만 나오면 금방 얼굴에 미소가 번지는 길원옥 할머니. 마치 노래공장이 할머니 목바로 밑에서 작동하고 있는 듯, 노래 이야기만 나오면 "무슨 노래할까?" 묻는다. 미처 대답할 겨를도 없이 곧바로 "남~ 원에 봄사건 났네" 할머니의 십팔번 노래가 흘러나온다. 일본군'위안부' 문제를 알리려 해외 활동을 다닐 때도 옛 노래를 틀어드리면 종일이라도 그 앞에 앉아 노래를 들으며 가사를 기억해 내려고 애를 쓰시곤 했다. 그렇게 길원옥 할머니에게 '노래'는 정말 특별한 그 무엇이었다.

길원옥 할머니가 정대협의 문을 두드린 것은 1998년, 일흔 살 때였다. 1992년~1993년경에 많은 할머니가 신고하셨으니, 좀 늦은 편이다. 어느 날 텔레비전 뉴스 화면에 나온 피해자 할머니들의 수요시위 모습을 본 것이 계기였다. "정작 신고해야 할 나는 이렇게 숨이 있는데…" 하며 당신두 모르게 중얼거리는 소리를 곁에서 며느리가 듣게 되었고, 그것을 계기로 자신이 일본군'위안부'였다는 사실을 수양 자식들 앞에서 고백하게 되었다. 그리고 마침내 우리를 찾아왔다.

뒤늦은 합류였지만, 할머니는 마치 그동안 못했던 일을 한꺼번에 해치우기라도 할 것처럼 열심히 뛰어다니셨다. 매주 수요일이면 빼놓지 않고 수요시위에 나왔고, 유럽의회와 호주, 미국, 캐나다, 독일, 일본 등 세계 각지로 다녔다.

"진실은 반드시 밝혀지기 마련이다. 사람이 미운 것이 아니라, 죄를 밝혀내고 다시는 죄를 짓지 않게 하기 위해서 늙고 병들었지만 이렇게 세계 곳곳을 다닌다."

할머니는 일본군'위안부' 피해자 외에도 기막힌 사연을 가지고 사는 여성들이 많다는 것도 알게 되었다. 미군 '기지촌 위안부'였다가 늙고 병든 할머니가 된 여성들의 이야기도 들었다. 그분들을 위해 매달 조금씩 후원금을 보냈다. 통일되면 고향에 좋은 일을 하고 싶다며 모았던 돈을 북녘 고향의 한 유치원에 '콩우유 기계 제작비'로 선뜻 내놓기도 했다. 그렇게 고향의 손주들을 당신 마음에 품었다. 또, 일본에서 나고 자란 재일조선학교 아이들의 손을 잡고 후원하며 포기하지 말고 굳세게 이겨내라고 격려하기도 했다.

김복동 할머니와 함께 전시 성폭력 피해자를 지원하는 나비기금 활동을 하면서 아프리카 콩고 내전에서 성폭력 피해를 입은 여성들과 아이들을 후원하기 시작했고, 베트남전쟁에서 한국군에게 성폭력 피해를 당한 여성들을 향해서는 "베트남 여성들은 낮아질 대로 낮아졌으니 이제 높아질 일만 남았다"라며 그 여성들의 아픔을 할머니의 삶에 녹여냈다.

그런 할머니의 삶을 높이 평가한 서울시는 지난 2008년 할머니에게 서울특별시 여성상 대상을 수여했고, 이화여대 신학대학원도 2017년 이화기독여성평화상을 신설하고 할머니를 초대 수상자로 결정했다. 할머니는 이화기독여성평화상의 상금 100만 원을 길원옥 여성평화상 씨앗기금으로 다시 기부함으로써 후배 여성 평화활동가를 키워내기 시작했다.

그랬던 할머니가, 드디어, 열세 살 어린 시절에 꾸었던 '노래의 꿈'을 이루게 되었다. 자신의 생명도 꿈도 제대로 지킬 수 없었던 그 시절을 온몸으로 살아낸 할머니가 아흔 살이 되어 가수의 꿈을 이루게 된 것이다. 그는 '위안부 길원옥'이 아닌 '가수 길원옥'이 되었다. 2017년 8월이었다. 코러스 등 여러 사람의 도움으로 만들어진 길원옥 할머니의 첫 앨범에는 '한 많은 대동강' '아리랑' 등 할머니가 평소 즐겨 부르던 노래, 수요일마다 부른 '바위처럼'과 실향민의 아픔을 담은 노래 등 20여 곡이 수록되었다.

'길원옥의 평화'라는 이름으로 제작, 발표된 음반은 세계일본군'위안부'기림일인 8월 14일에 정식 발매되었다. 8월 14일은 고 김학순 할머니가 처음으로 일본군'위안부' 피해 사실을 증언한 날이다. 그날을 시작으로 세계 각지의 피해자들이 "나도 피해자다" 하는 미투 사건을 일으켜 사회변화를 끌어냈다. 그 의미를 세계 여성들이 함께 기억하고 기리기 위해 세계일본군'위안부'기림일로 선정, 지키기로 한 것이다.

마침 그날은 비가 왔다. 할머니의 공연을 함께 즐기기 위해 청계천에 모인 사람이 많았음에도 할머니는 하나도 주눅 들지 않고 우리를 웃겼다가 감동시켰다 하면서 한 시간 공연을 이끌었다. 그날 나 자신이 좀 대견하게 느껴졌던 것은 결코 교만이 아니었다고 말하고 싶다. 열세 살에 빼앗겼던 가수의 꿈을 아흔의 나이에 이루게 해드렸다는 게 뿌듯하게 여겨졌다.

"여러분도 포기하지 마세요. 가수가 되는 꿈을 계속 꾸었더니 이렇게 나이 아흔에 가수가 되었잖아요."

아… 할머니도 참 기쁘시구나.

"노래라는 것이 참 신기해. 슬픔은 더 슬프게 만들어주고, 기쁨은 더 기쁘게 만드는 재주가 있어."

가수 길원옥의 '노래 철학'이다.

길원옥 할머니의 악몽

2020년 6월 11일. 길원옥 할머니는 8년여를 머물렀던 마포 쉼터 '평화의 우리집'을 떠나 양아들인 황 모 목사의 집으로 거처를 옮겼다. 이로써 '평화의 우리집'은 할머니들이 모두 떠난 빈집이 되었다. 손영미 소장도 세상을 떠났고, 함께 계시던 할머니도 아무도 없는 곳에서 홀로 지내는 건 아무래도 힘들었을 것이다. 그럼에도 "나는 쉼터에 계속 머물고 싶어" 하셨던 할머니가 인천 아들의 집으로 거처를 옮긴 것은 당연한 일이다. 아마 그즈음부터였던 것 같다. 내가, 정의연이, 치매에 걸린 할머니를 부추기거나 속여서 여기저기 기부하게 했다는 이야기가 돌기 시작했고, '노래를 억지로 시켰다' '해외에 끌고 다니며 학대했다' 등 상상할 수 없는 말들이 들려왔다. 내가 참 사랑한 할머니인데 그 할머니와 나의 관계를 이렇게 험한 말들로 규정당한다는 것이 너무 슬프고, 그 말들 속에 계신 길원옥 할머니를 생각하면 눈물이 났다.

결국 황 목사 부부는 나를 고소했다. 검찰의 기소장에도 들어 있는 '준사기' 혐의는 1심 판결에서 무죄로 결론이 내려졌지만, 길원옥 할머니의 이름은 '윤미향' 재판 소식과 함께 근 3년 동안 세간에 오르내려야 했다. '치매에 걸린 할머니'라는 딱지를 달고.

그동안 어떤 일이 있었건 길원옥 할머니는 영원히 내 마음에서 떠나보낼 수 없는 할머니다. 그만큼 함께 쌓아온 역사가 길고 깊다. "대장이 최고다!" 엄지손가락 척 들어 보이며 나와 당신의 특별한 관계에 기분 좋아하던 모습도 눈에 선하다.

"이 나이가 되어도 누군가에게 도움이 된다는 게 얼마나 감사한 일인지 몰라. 그런데 혹시 내가 이렇게 다니면서 활동하는 게 윤 대표나 일하는 사람들한테 폐를 끼치는 게 아닐까 걱정이 돼. 안 해야 될 말을 하게 될 수도 있고, 해야 할 말은 생각이 나지 않아서 못 하게 될 수도 있고…."

"할머니, 염려 마세요. 할머니는 그 누구보다도 멋진 인권운동가예요. 할머니가 표현하는 언어는 너무나 아름답고요. 아무도 따라 하지 못하는 능력을 할머니는 가진 것 같아요. 아름다운 말 제조기!"

길원옥 할머니는 어린아이처럼 해맑게 웃으셨다.

"할머니, 저도 요즘은 어제 일조차 생각 안 날 때가 있어요. 그리고 노래 가사는 절대로 외워지지 않아요. 그런데 할머니는 옛날 노래 가사를 하나도 안 빼먹고 다 기억하잖아요. 할머니가 저보다 훨씬 젊은 거예요."

그날 나는 할머니와 꽤 긴 대화를 나누었다.

"노래라는 게 참 신기해. 슬픔을 더 슬프게 만들고, 기쁨을 더 기쁘게 만드는 재주가 있거든."

"와! 할머니, 그 표현 너무나 좋아요. 감동적이에요. 그런데 할머니, 어릴 때 부르던 그 많은 노래들의 가사는 다 기억하고 노래하는데, 전쟁터에서 겪었던 일들은 어쩜 그렇게 벌써 사라지고 있어요?"

"아이고, 그걸 다 기억하고 산다면 맨정신으로 내가 어찌 살아? 살 수가 없지."

"그러면 일부러 기억을 안 하려고 하시는 거예요? 힘들어서? 그래서 더 빨리 기억을 지우려 하는 거예요?"

"어떻게 그걸 잊어요. 여기 이 살갗에도 다 들어가 있는 걸. 이거 약간만 꼬집으면 그냥 다 터져 나와요. 그때 일들이 생시처럼. 그냥 기억 안 하려고 애를 쓰는 거지."

3년에 걸친 재판이 끝난 뒤, 예전보다 제법 바빠졌다. 나를 찾는 곳이 늘었고, 혹시 나 때문에 피해가 갈까 봐 조심했던 모임에도 나가고 있다. 윤석열 대통령이 던진 갖가지 폭탄 덕분에 해야 할 일이 갑자기 늘었다. 이렇듯 바쁘게 뛰다가 문득 일정이 잠시 비거나 특별한 약속이 없는 주말이 되면 마치 묵은 앨범을 꺼내 뒤지듯이 할머니들과 함께했던 영상이나 사진을 보며 추억에 잠길 때가 있다. 주마등처럼 스쳐 지나가는 수많은 기억 속에 길원옥 할머니의 모습도 빠지지 않는다.

다른 할머니들보다 조금 늦게 시작했지만 워낙 열정적인 활동가였던 길원옥 할머니. 우리는 정말 많은 곳을 함께 갔고, 많은 일들을 함께 했다. 그날의 영상들을 다시 돌려보면서 길원옥 할머니의 놀라운 기억력과 언변에 감동하고, 가슴이 뜨거워지곤 한다. 하지만 나는 안다. 그 뜨겁고 가슴 벅찬 강연과 사자후 속에 숨은 할머니의 눈물을.

해외 강연을 떠나 함께 숙소를 잡고 나면, 길원옥 할머니의 상태를 늘 체크했다. 인터뷰나 강연을 한 날 저녁이면 으레 심한 악몽을 꾸곤 했기 때문이다. 낮에 말씀하셨던 전쟁터에서의 고통이 그날 밤 꿈속에서 고스란히 재현되는 것 같았다. 밤마다 할머니가 꾸는 악몽의 정체를 눈치채게 된 것은 2002년 호주로 강연회를 갔을 때였다. 그날 밤 할머니는 잠꼬대를 심하게 하셨다. 평소에도 잠꼬대를 하긴 했지만 그날따라 좀 심한 것 같아 누운 채 할머니를 지켜보았다. 자세히 들어보니 낮에 했던 이야기였다. '나이가 드셔서 그러나, 했던 이야기를 뭐 하러 꿈속에서까지 반복하실까' 하고 생각하는 순간 갑자기 할머니의 목소리가 커졌다.

"내가 잘못했어요! 살려주세요!"

할머니에게 강연회는 단순히 옛날이야기를 들려주시는 자리가 아니었다. 일본이 그토록 숨기고 싶어 하는 반인륜적 만행을 생생하게 증언하는 자리였다. 아울러 피해자에게는 고통을 다시 그대로 재현해내는 자리였다. 그리고 그날 밤이 되면 그 시간으로 돌아가 일본 군인들의 만행을 밤새 겪어냈던 것이다. 그토록 고통스러운 시간을 보내면서도 할머니는 강연회를 피하지 않았다.

물론 길원옥 할머니만이 아니었다. 피해자 대부분이 자기 경험을 들려주는 일이 곧 그 시간의 재현이 되기 때문에 피하고 싶어 했다. 길원옥 할머니는 그중에서도 유독 심한 편이었다. 특히 길원옥 할머니는 일본군'위안부' 관련 이야기를 할 때마다 "저는 수치스러운 여자예요"라는 말을 입에 달고 살았다. 어쩌면 할머니의 기독교 신앙이 할머니를 억압했던 건 아닐까, 하는 생각이 들기도 했다.

정대협 사무실을 찾아오기 전, 누구에게도 자신이 일본군'위안부' 피해자라는 사실을 얘기하지 못하고 있을 때 '간음한 여자는 죄인'이라는 설교를 들으면서 어떤 마음이 들었을까. 길원옥 할머니를 보면서 마음속에 품었던 숙제는 '어떻게 하면 할머니의 죄책감에서 해방시켜 드릴 수 있을까' 하는 것이었다.

그런 점에서 김복동 할머니와 길원옥 할머니는 참 다른 분이었다. 김복동 할머니는 내 뇌를 늘 날카롭게 세우도록 해주는 분이었던 반면 길원옥 할머니는 내 심장을 팔딱팔딱 뛰게 만드는 분이었다. 이렇듯 서로 다른 분이었지만, 나는 두 분과 함께 참 행복했다. 그래서 나는 참 복이 많은 여자다.

엄마에게 토요일이 생겼어요

'저녁이 있는 삶.' 지난 2012년 손학규 민주통합당 대선 경선 후보가 내세운 표어다. 노동시간을 줄여 노동자들이 가족과 함께 저녁을 보낼 수 있도록 하겠다는 약속이었다. 손 후보는 비록 경선에서 졌지만, 그의 표어는 오래도록 살아남았다. 2017년 문재인 대선 후보의 '쉼표 있는 삶'도 따지고 보면 '저녁이 있는 삶'의 변주라 할 수 있을 것이다.

그런데 이렇게 좋은 사회를 만들기 위해 애쓰는 시민단체 활동가들은 '저녁'이나 '쉼'과 먼 생활을 하고 있다. 정대협 활동가들의 삶도 그랬다. 월화수목금금금…. 거의 휴일도 없이 야근을 밥 먹듯 하는 장시간 노동과 저임금의 생활이었다. 초창기에는 간사 혼자 북 치고 장구 치고 하느라 늘 바빴다. 시간이 흐르면서 함께 일하는 사

남은 두세 명 더 늘었지만 일도 그만큼 늘어나면서 업무시간과 강도는 오히려 더 강해졌다. 나는 가끔 "'악덕 기업'이 따로 없어요" 하며 활동가들을 향해 미안한 웃음을 짓기도 했다. 그 말은 곧 나 자신에게 하는 것이기도 했다. 하지만 어쩌랴. 스스로 선택한 길이고, 알아서 야근과 휴일 특근을 자처한 것이니 누구를 원망할 수 있겠는가.

1997년 말, 정대협에 몸담은 지 5년 만에 사표를 썼다. 오랜 고심 끝에 내린 결정이었다. 앞에서도 이야기했듯이, 여덟 명의 할머니가 '정대협 대표 윤정옥이 조카 윤미향을 간사로 데려다가 할머니들 이름(위안부) 팔아 번 돈으로 용산역 앞에 4층짜리 빌딩을 샀다'라는 혐의로 고소한 것이 결정적인 계기였다. 오히려 검찰 수사관이 나를 격려했을 정도로 터무니없는 고소였지만, 마음의 상처는 컸다. 할머니들의 그런 행동도 우리 사회가 만들어낸 피해의 한 부분이라며 머리로는 이해했고 말로 설명도 할 수 있었지만, 결국은 가슴에 얹혀서 더 이상 받아들여지지 않았나 보다. 계속 눈물이 났다.

'딸 하나를 낳자마자 친정에 맡긴 채 전력을 다해 일했는데, 내가 왜 이렇게 당해야 하지?'

그런 질문을 스스로 하게 되고, 억울하다는 생각이 컸던 것 같다. 그때만 해도 아직 어려서 그랬을지도 모르겠다. 언젠가 김수환 추기경이 "사랑이 머리에서 심장까지 내려오는 데 70년이 걸렸다"라고 하셨는데, 나는 반대로 5년 만에 사랑이 심장에서 떠나버린 것 같았다.

나의 사직을 반갑게 받아들인 사람은 없었다. 할머니들도, 3인의 공동대표도 모두 당황하며 만류했지만, 더 이상 할머니들을 예전처럼 대할 수 없었다. 할머니들 앞에서는 웃음을 보여주었지만, 마음 한쪽에서는 슬프고, 우울하고… 그런 일이 반복됐다. 딸 하나를 안고도 연신 울어댔다. 그러다가 무슨 일이라도 저지를 것만 같아서 불안했다. 지난 5년간 함께했던 할머니들과 정대협을 떠나는 내 마음도 가볍지는 않았다. 하지만 단 한 사람, 내 딸 하나는 나의 사직을 몹시 기뻐했다.

당시 하나는 겨우 다섯 살. 출근하는 엄마를 대신해 거의 종일 힐머니 할아버지와 함께 시간을 보냈다. 그마저 상황이 어려울 때는 내 손을 잡고 수요시위 등의 현장에 있었다. 해외 행사가 잡히면 짧아도 3~4일, 길면 일주일가량 나와 떨어질 수밖에 없었다. 토요일도 일요일도 행사가 있는 날이 많았고, 빡센 일정을 소화하고 난 뒤라 저녁에 집에 가도 하나와 놀아줄 만한 체력이나 마음의 여유가 별로 없었다. 그래서 나의 사직은 하나에게 큰 기쁨이었던 것이다.

"우리 엄마에게 토요일이 생겼어요! 나한테도!"

1997년 말 사표를 낸 나는 하루도 쉬지 않고 1998년부터 평소 관심이 있었던 통일운동 관련 단체에서 1년여 동안 일했다. 그리고

1999년에는 다시 '딸들에게 희망을'이라는 표어를 내걸고 막 출범을 준비하고 있던 한국여성재단으로 자리를 옮겼다. 대학 시절부터 관심이 있었던 '여성문제'에 다시 뛰어든 셈이다.

하지만 통일운동 단체나 여성재단 일을 하면서도 정대협과 할머니들과의 관계가 완전히 끊어진 것은 아니었다. 개인적으로 할머니들과 연락하기도 하고, 도와달라는 연락이 오면 할 수 있는 한도 내에서 힘껏 도움을 주기도 했다.

여성재단에서 일한 지 3년여가 지난 2002년 1월의 어느 날, 정대협 공동대표 중 한 분이 전화를 주셨다. 정대협은 전쟁과여성인권박물관을 건립하여 교육활동을 계속하고 발전적으로 해산하려고 한다는 것이었다. 내게 전화를 한 이유는 박물관 건립과 정대협을 잘 정리할 수 있도록 도맡아 일해줄 사무처장을 맡아달라는 것이었다.

갑자기 머릿속이 복잡해졌다. 비로소 토요일과 일요일이 있는 날을 보내고 있고 저녁이 있는 삶을 누리고 있는데 이것을 포기하고 다시 예전으로 돌아갈 수 있을까, 하는 고민이었다. 일을 만들어가면서 하는 성격이라 여성재단에서도 끊임없이 캠페인을 만들며 일했지만, 정대협만큼 일이 많지는 않았다. 또, 넉넉하지는 않아도 걱정하지 않을 만큼 활동비도 받았다. 무엇보다 여성재단에는 내가 맡은 업무 외에는 신경 써야 할 피해자들이 없었다. "엄마에게 토요일이 생겼어요" 하고 좋아했던 하나와 남편, 친정 부모님도 생각해야 했다. 그러나 그런 나의 사적 관계보다 더 중요한 것은 강덕경 할머니의 마지막 숨 앞에 드렸던 약속이었다.

결국 정대협 복귀를 선택하고 여성재단에 사표를 냈다. 단 일주일 만이었다. 정대협 복귀를 선택한 이유는 아주 단순한 것이었다. 여성재단 사무처장 자리는 올 사람이 많을 것이지만 사정을 알 만한 사람이라면 정대협 사무처장 자리를 선뜻 받아들이기 쉽지 않을 것이라는 생각 때문이었다.

그리고 무엇보다 정대협으로 돌아갈 수밖에 없었던 것은 바로 할머니들과의 '약속' 때문이었다. 활동가가 되자고 열심히 설득하며 할머니들을 쫓아다녀 놓고, 할머니들 무덤 앞에서 포기하지 않겠다고, 떠나지 않겠다고 약속해놓고, 힘들다고 정대협을 떠났던 나였다. 할머니들 고소 사건으로 인해 입은 상처도 마음속에서 무뎌지기도 했던 터였다.

또 하나, 나 자신을 스스로 극복해내고 싶었다. 내가 정대협을 그만둔 데는 외부적인 계기가 있긴 했지만 궁극적으로는 내가 할머니들에 대한 '피해의식'을 극복하지 못했기 때문이 아닌가 하는 생각이 늘 있었다. 누구도 알 수 없었겠지만, 나 혼자 마음 깊숙이 간직하고 있던 그 죄책감을 이겨내는 것은 다시 할머니들 곁으로 돌아가 함께 싸우는 길밖에 없었다.

그런데 여성재단에서 사표를 수리해 주지 않았다. 어쩔 수 없어 다음 주부터 정대협으로 출근하겠다며 금요일 퇴근 전에 인사를 드렸는데, 그때 박영숙 한국여성재단 이사장이 나에게 했던 말이 생각난다.

"당신은 그 일이 그렇게 좋아?"

그 말에 담긴 의미를 알기에 긴 설명은 드리지 않았다.

"네. 제가 가야 할 것 같아요. 이사장님, 죄송해요."

그렇게 나는 2002년 1월, 정대협을 떠난 지 4년 만에 간사가 아닌 사무처장으로 다시 복귀했다. 그날 우리 딸 하나는 일기장에 뭐라고 썼을까, 문득 궁금해진다. "우리 엄마에게 토요일이 다시 없어졌어요!" 혹시 이렇게 쓰지 않았을까?

죽음의 그림자를 벗어 던진 김복동 할머니

4년 만의 정대협 복귀.

가족, 특히 부모님께는 참 죄송한 마음이었다. 부모님께 사실대로 말씀드리고, 정대협에서 일하자면 하나의 학부모 역할을 제대로 할 수 없기에 친정에서 지내면서 학교에 다니게 해달라고 부탁을 드렸다. 아침밥 챙겨 먹여 학교 보내고 집에 오면 저녁 챙겨주고 할 겨를이 없을 것임을 알고 있었기 때문이다. 부모님도, 형제들도, 딸과 남편도 내 마음이 어떤지 알고 있었기에 모두 함께 협력하자며 격려해 주었다. 그렇게 나는 다시 정대협 95%의 삶을 살기 시작했다.

그런데 막상 돌아온 정대협은 예전의 정대협이 아니었다. 춘래불사춘(春來不似春). 봄이 와도 봄처럼 느껴지지 않는다는 중국 고사처럼, 정대협인데 정대협 같지 않았다. 나에게 부탁했던 것처럼 박물관을 건립하고 정대협을 발전적으로 해산할 수 있는 상황이 아니었다. 정대협과 함께했던 연구자들도 '2000년 일본군성노예전범여성국제법정'(2000년 법정)에 올인한 상태에서 모두 에너지가 소진된 상태였고, 상근 활동가들과 실행위원들도 모두 상처들을 내보이고 갈등 관계를 공개하기도 했다.

할머니들은 할머니들대로 서로 불신을 드러냈다. 많은 할머니가 세상을 떠났고, 김복동 할머니도 활동을 중단하고 부산으로 내려가 있는 상태였다. "그렇게까지 했는데 우리한테 남은 게 뭐야?" 그렇게 묻는 할머니들도 있었다. '2000년 법정'에서 히로히토 등 책임자에 대한 유죄 판결을 받아냈지만, 할머니들에게 돌아온 것은 일본 정부의 사죄도, 배상도 아니라는 말이었다. 오히려 일본 우익단체들의 공격이 고조되기 시작했다. '2000년 법정'에서 그들이 신으로 받드는 천황이 유죄로 판결 났으니, 비록 민간법정이어서 구속력이 없다고 할지라도 그들을 결집시키는 역할을 한 것일지도 모르겠다.

게다가 잠잠했던 국민기금 측의 활동도 다시 시작되었다. 피해자들 한 명 한 명에게 민간 위로금을 받으라고 설득하기 시작했다. 심지어 브로커들이 개입하여, 국민기금 4,300만 원을 받아 줄 테니 200만 원, 500만 원 혹은 1,000만 원까지 수수료를 달라고 한다는 제보들이 할머니들로부터 접수되었다. 참 이상한 일이었다. 마치 내가 오기를 기다렸다는 듯 정대협이 복잡해지기 시작했고, 시끄러워지기 시작했다. 국민기금을 찬성하고 수령한 피해자 할머니 중 한 분이 정대협을 상대로 '위안부' 용어 사용금지, 모금금지 가처분 신청을 내는 등 송사도 시작되었다.

할머니들과 관계를 회복하고, 활동가들에게 자신감과 전문적 활동가성을 갖게 하고, 조직에 역동성과 생기를 불어넣기 위해 열심히 움직였다. 그리고 다시 '피해자'로부터 시작하자는 마음으로 할머니들을 만나기 위해 전국을 돌았다. 할머니들을 만날 때마다 박물관을 건립할 계획이라고 이야기했다. 할머니들의 역사를 미래세대가 기억하게 하고, 미래세대를 교육하고, 할머니들의 이류을 명예롭게 남길 수 있는 방법을 고민하려 한다는 설명도 드렸다. 남북연대도 다시 시작하고, 아시아연대회의도 서울에서 다시 열었다. '연대'로부터 희망을 만들 수밖에 없었다. 전쟁과 여성인권 문제를 중심으로 월례세미나를 열면서 젊은 연구자들이 다시 찾아오기 기다렸고, 각 지역에 계시는 할머니들의 외로움을 덜어드리기 위해 1:1로 짝꿍을 연결하여 사무실 실무자들이 전담하던 생존자 복지 활동을 지역사회·시민들과 공유하는 방법을 시도했다.

할머니 중 가장 먼저 찾아뵌 분은 부산의 김복동 할머니였다. 4년 만에 가 본 김복동 할머니의 집에는 죽음의 그림자가 드리워져 있었다. 누구보다 활발하게 정대협에서 활동하던 할머니의 모습은 찾아볼 수 없었다. 식사는 거의 하지 않는 상태에서 독한 소주로 끼니를 대신했다. 황반변성이 오면서 눈마저 잘 보이지 않는 상태. 밖에 나가기 어려워지면서 집 안에만 틀어박혀 얼마나 담배를 피워댔는지

벽지가 누렇게 떠 있었다. 할머니는 이미 삶을 체념한 듯, 술과 담배 외에는 어떤 것에도 관심이 없었다. 당시 할머니의 관심은 오직 '어떻게 하면 죽어서 부처님 곁으로 잘 돌아갈 수 있을까' 하는 것이었다. 정대협 활동을 하면서 받았던 성금이나 기부금, 정부·지자체에서 나오는 지원금 등을 모아서 절에 시주하기도 하고, 불탑을 세우는 데 불사금으로 내기도 했다.

"할매, 저 다시 정대협에 왔어요."
"뭐 할라꼬 다시 왔노."
"할머니 보고 싶어서 다시 왔죠."

김복동 할머니의 목소리에 분노도 있고 불신도 있다는 것을 바로 알아챌 수 있었다.

"와, 밖에서 벌어먹을 게 없어졌나? 정대협에 돈이 좀 있나 보지?"
"아이고, 할매. 마음에도 없는 말을 그렇게 하면 편해요? 내가 돈 벌어먹으려면 정대협에 안 오지요. 밖에 돈 벌어먹을 데가 더 많아요. 정대협에는 돈 없어요."

할머니는 독설을 쏟아냈다. 내가 다시 온 것을 후회하게 만들기로 작정이라도 한 것 같았다. 하지만 이제 그 정도는 나에게 상처가 되지 않았다.

"할머니, 그러지 마요. 할머니 때문에 신경 쓰여서 다시 왔구만."

4년 만의 재회였는데 분위기는 그렇게 적대적이었다. 인사도 제대로 하지 않고 훌쩍 떠나버린 나에 대한 배신감이 그만큼 컸던 것이리라. 신고받을 때만 해도 절대로 떠나지 않을 것같이 하더니 다 떠니더리며 다시는 그 누구에게두 정 주지 않을 것이라 마음먹었다는 할머니…. 그저 죄송하다는 말 외엔 드릴 말씀이 없었다.

할머니 주변을 가득 채우고 있는 죽음의 그림자를 빨리 걷어내야만 했다. 하지만 할머니의 닫힌 마음은 좀처럼 다시 열리지 않았다. 맨 처음 할머니를 만나 뵈었을 때와는 비교할 수 없을 정도로 단단하게 뭉친 할머니의 응어리를 어떻게든 풀어드려야 했다.

자주 찾아뵙고 신뢰를 만들어가는 일이 가장 중요하다고 생각했다. 매주 주말이면 직접 운전대를 잡고 부산으로 향했다. 워낙 먼 길이라 평일에는 엄두를 낼 수 없었다. 실무자들한테도 김복동 할머니는 내가 직접 챙기겠다고 선언하고 한겨울에도 눈길을 뚫고 할머니를 찾았다. 할머니가 안주로도 드실 수 있도록 고구마를 쪄놓고 오기도 했다. 어떻게든, 뭐라도 드실 수 있도록 할머니 댁에 머무는 동안은 최대한 신경 썼다. 무엇보다 건강 회복이 먼저였다. 시간이 조금 흐른 뒤의 이야기지만, 할머니는 그 좋아하던 술을 끊었다. 그 이유가 참 재미있다. '담배를 계속 피우기 위해서'였다.

그 무렵 할머니의 눈은 거의 보이지 않는 상태였다. 한쪽 눈은 백내장 수술을 한 것이 잘못돼 허연 이물질 같은 것으로 뒤덮여 시력을 잃었고, 다른 한쪽 눈은 황반변성 때문에 사물이 찌그러져 보이는 상태였다. 황반변성은 수술로도 회복이 안 되는 무서운 병이다. 서울 큰 병원으로 모시고 가려고 아무리 설득해도 할머니는 요지부동이었다. 결국 할머니의 눈동자를 사진 찍어서 서울 병원에 보내고, 의사가 그걸 보고 진단을 내리고 약을 처방해주면 할머니에게 약을 가져다드리는 방법으로 치료했다. 그렇게 몇 달 동안 실랑이 끝에 마침내 할머니를 서울 쉼터로 다시 모시게 되었다.

아, 김복동은 정말 활동가였다. 서울 쉼터에 오자마자 수요시위에 참석하고 다시 그 거리에 선 할머니는 4년의 공백이 믿기지 않을 만큼 멋진 연설로 사람들을 빠져들게 하였다. 비록 눈은 어두워졌지만, 열정은 더 뜨거워졌다. 그제야 나는 할머니에 대한 염려를 내려놓을 수 있었다. 눈 치료도 계속되었다. 이렇게 다시 정대협으로 돌아온 할머니는 2019년 나비가 되어 떠나실 때까지 우리와 함께하며 평화·인권운동가의 뜨거운 삶을 살았다.

2017년 무렵이었던 것 같다. 병상에 계신 할머니를 뵈러 갔다. 나혼자 해외 캠페인을 진행하기 위해 출발하기 전날이었다. 해외 캠페인은 늘 김복동 할머니와 함께 다녔는데, 그해에는 할머니가 기운이안 난다고 해서 할머니 없이 홀로 떠난 일이 몇 번 있었다.

"할머니, 저 갔다 올게요. 저 없어도 식사 잘 챙겨 드시고, 약 잘 드시고, 의사 선생님 시키는 대로 치료 잘 받고 계세요."

"우리 대포가 나도 없이 혼자 해외로 간다니 우짜노. 니 혼자 가도 되겠나? 마음이 안 놓이네. 우예, 이번에는 그냥 안 가믄 안 되겠나?"

그날 할머니 말씀을 듣고 혼자 얼마나 웃었는지 모른다. 지난 30여 년간 내가 할머니를 지켜드리는 보호자였다고 생각했는데, 알고 보니 할머니가 나의 보호자였던 것이다.

2018년, 할머니는 입원과 퇴원을 반복했다. 나는 특별한 활동이 없을 때는 할머니 병실에 찾아가 시간을 보내곤 했다. 할머니는 이따금 강한 진통제로 혼수상태를 겪으면서도 진통이 가라앉으면 다시 화해·치유재단 해산을 확인하고, 사무실 걱정을 하셨다.

할머니는 아무래도 예전처럼 건강하게 활동하기 힘들다는 것을 아셨는지 손영미 소장을 불렀다.

"몽구도 오라고 해라."

몽구는 1인 미디어 '몽구'를 의미한다. 할머니는 손영미 소장에게 은행에 가서 돈을 찾아오라고 시켰다.

"우리 소장님 같은 사람이 없다."

할머니 말씀이 떨어지기 무섭게 은행으로 달려가는 소장을 보며 할머니는 그렇게 혼잣말처럼 말씀하셨다.

할머니는 병상에 누운 채 손영미 소장이 찾아온 수표를 들고 몽구에게 영상을 촬영하라고 했다. 그리고 당신의 마지막 재산을 재일조선학교 아이들을 위해 장학금으로 기부하겠다고 하시면서 그걸 나보고 잘 처리해달라고 부탁하셨다. 결국 할머니는 병상에 누운 채 재일조선학교 아이들을 위한 장학금 전달식을 하게 된 셈이다. 이날의 전달식은 미디어몽구의 영상에 고스란히 남았다. 그리고 계속 이어지는 할머니의 말씀.

"우리 대포도 상을 받아야 할 긴데. 그 상 받는 데 우리 대포는 추천을 좀 못 하나. 저 대포는 지는 하나도 생각을 안 하고 맨날 나만 생각하는 기라. 이게 다 대포의 은공이다."

할머니는 경상도 사람답게 '대표'라는 발음이 잘 안돼서 늘 나를 '대포'라고 불렀다. 그날 할머니의 말씀을 들으면서 나는 수도 없이 하나님을 찾았다.

'하나님, 감사합니다. 이 영광을 제가 맛보게 해주셔서 너무나 고맙습니다.'

진심으로 기뻤다. 피해자에게 이런 칭찬을 받는다는 것은 내가 일을 참 잘해왔다는 평가로 여겨졌다.

2019년 1월 28일, 할머니께서 마지막 숨을 거두시던 날, 평소 할머니를 따르던 사람들이 병실에 모여들었다. 같은 날 오전에 서울 도봉구에 살던 또 한 분의 피해자, 이귀녀 할머니가 돌아가셔서 빈소에 다녀온 후였다.

마약성 진통제의 약효가 떨어지면 할머니는 "엄마! 엄마!" 아프다며 신음 소리를 내셨다. 할머니의 고통을 거둬달라는 기도가 저절로 나왔다. 그런데 그렇게 신음하던 할머니가 잠시 눈을 뜨고 말씀을 시작하셨다. 죽음의 문을 넘어가기 직전에 남긴 유언이었다.

"미안하다. 대포한테 너무 무거운 짐들을 맡기고 떠나서. 끝까지… 싸워줘. 아베, 이 나쁜 ××하고….

정말 대단한 의지였다. 어쩌면 그 순간에도 그런 말씀을 남기실 수가 있는지…. 그리고 할머니는 눈을 감으셨다. 2019년 1월 28일. 향년 92세였다.

나비의 꿈, 할머니들의 부활

체 게바라의 얼굴이 박힌 티셔츠가 의류매장에 걸려 있는 모습을 본 적 있다. 그 티셔츠를 입고 거리를 다니는 사람들도 많다. 한 어린 아이가 길을 가다가 엄마에게 묻는다.

"엄마, 저 아저씨 옷에 있는 저 사람이 누구야?"
"아 저 사람? 체 게바라라는, 좋은 일을 많이 한 사람이야."

아마도 그 엄마는 집에 가서 인터넷을 검색해 볼 것이다. 그 사람이 누구인지, 어떤 삶을 살았는지 좀 더 자세하게 알아볼 것이다. 그리고 아이에게 이야기를 들려주겠지.

그런데 두 사람의 대화를 듣다가 문득 '티셔츠에 김복동 할머니 모습이 새겨진다면 어떨까? 김복동 책방이 생기고, 김복동 카페가 생기고, 목걸이 펜던트에 제국주의의 상징인 왕관 쓴 엘리자베스 여왕의 얼굴이 아닌 김복동의 얼굴이 달린다면 어떨까?' 그런 생각을 하기 시작했다.

할머니들이 돌아가시고 나면 할머니들의 목소리를 어떤 방식으로 대중에게 전할 것인가? 죽었지만 죽지 않고 계속 살아있을 수 있는 방법이 무엇일까? 그 고민을 밤낮으로 하게 된 것은 2005년 이후 피해자들이 고령화되고, 돌아가시는 분의 숫자가 매년 늘어나기 시작하면서부터였다.

살아 있어도 죽은 사람이 있고, 죽었지만 살아 있는 사람이 있다는 것을 이미 우리는 역사를 통해서 알고 있다. 죽어도 죽지 않는 할머니들을 만들어보고 싶었다. 그것은 내가 늘 생각하던 부활신앙, 부활 정신이기도 했다.

문익환 목사는 떠났지만 그의 정신은, 그의 삶은 그대로 남았다. 나는 후배들에게, 문익환 목사는 지금도 갈라진 민족이 하나가 되자며 끊임없이 통일을 이야기하면서 통일 방해 세력과 싸우는 사람들 사이에서 부활했다고 이야기하곤 했다. 그리고 나는 다시 할머니들의 부활을 꿈꾸기 시작했다. 김복동 할머니 살아생전에 이런 뜻을 전했을 때 그 얼굴에 퍼지던 해탈의 미소를 잊을 수 없다. 어쩌면 그런 미소를 보기 위해 그렇게 긴 세월을 떠나지 못하고 할머니 곁에 머물렀는지도 모르겠다.

나는 자주 말하곤 했다.

"우리 정대협의 싸움은 죽은 사람들과 함께하는 싸움입니다. 이미 한번 죽었던 할머니들이 다시 깨어나서 싸웠고, 우리는 돌아가신 할머니들의 몫까지 어깨에 지고 싸우고 있습니다. 김학순·강덕경·김순덕·김복동 할머니 등 먼저 가신 분들이 여전히 우리와 함께 싸우고 있습니다. 죽음을 넘어서서, 죽은 사람의 희망까지 붙잡고 살아가는 운동, 그것이 바로 정대협 운동입니다. 그래서 주저할 것도, 무서울 것도 없습니다."

그런 정신으로 만들어낸 상징물이 나비였고, 보라색과 노란색이었다. '부활'의 시도는 나비만이 아니었다. 2006년 700차 수요시위를 준비할 때였다. 수요시위는 1992년 1월 8일 미야자와 전 일본 총리의 방한을 계기로 시작되어 일본 고베 대지진 때를 제외하고 지금까지 매주 수요일마다 이어지고 있다.

그 전에, 500차 수요시위가 2002년 3월 13일에 있었다. 약 10년 동안 이어진 500차 시위를 더욱 뜻깊게 보내기 위해 딸 하나를 데리고 갔다. 그런데 500차라는 상징성 때문인지 전에 없이 많은 경찰이 사방을 둘러막고 일반 참가자들을 수요시위 현장으로 들여보내지 않았다. 결국 할머니들과 몇몇 활동가 그리고 나와 딸 하나는 경찰들이 만든 좁은 벽 안에 완전히 고립되고 말았다. 당시 하나의 나이는 겨우 아홉 살. 엄청난 경찰에다 수많은 사람이 내는 소음, 여기저기 벌어지는 실랑이에 어린 하나는 완전히 겁에 질려 일본대사관 앞에서 토하는 등 이상증세를 보였다. 그런 하나를 할머니들이 돌봐주었다. 그렇게 우여곡절을 경험하며 500차 수요시위는 결국 우리만의 시위가 되었다.

다시 2년이 지난 2004년 3월, 600차 수요시위가 다가왔다. 나는 500차 때의 뼈아픈 경험을 반복하지 않기 위해 여러 가지로 고민했다. 그때만 해도 할머니들과 우리에게 분노가 크게 자리 잡고 있었다. 그러니 경찰도, 우리도, 수요시위 현장에서 격하게 대립할 때가 많았다. 하지만 정대협 입장에서 많은 사람이 참여하는 수요시위가 되도록 하고자 많은 준비를 하면 오히려 경찰과 더 큰 다툼이 일어나게 되었다. 물론 그 길이 우리가 가야 할 길이라고 믿었기에 개의치는 않았다.

더욱 많은 시민이 함께 참여할 수 있는 600차 수요시위가 되었으면 하는 마음으로 한 가지 이벤트를 기획했다. 그때 우리는 이미 전 세계적으로 한 가지 주제로 10년 넘게, 600회에 이르도록 집회를 이어온 것은 전례 없는 일이라는 걸 알고 있었다. 그처럼 포기하지 않고 계속 해방을 향해 나아가는 활동을 이벤트에 담고 싶었다.

우선 수요시위는 단지 피해자들과 정대협, 한국 시민들만의 외침이 아니라는 것을 알리고 싶었다. 이런 취지를 담아 그동안 함께 연대해 온 세계 각지의 단체와 국내 단체들에게 해방을 꿈꾸는 메시지를 보내 달라고 요청했다. 그렇게 온 메시지들을 오색의 한지에 일일이 옮겨 쓰고, 일본대사관 앞 거리의 공중에 만국기를 연결하듯 줄을 엮어서 걸었다. 한국을 넘어 전 세계적인 시민들의 염원이 하나로 모아져 600차까지 이어졌다는 의미였다. 다행히 600차 시위는 우리가 '독기'를 좀 내려놓은 덕분인지 별다른 충돌 없이 진행되었다.

그것으로 끝이 아니었다. 정대협은 준비했던 또 하나의 이벤트를 펼쳤다. 참가자들에게 꽃씨를 한 봉지씩 나눠준 것이다.

"여러분, 이 꽃씨는 해방을 꽃피우는 씨앗입니다. 겉보기에는 생명의 기운이 느껴지지 않는, 죽은 것처럼 보이지만, 이 씨를 흙에 심고 정성을 기울이면 싹을 틔우고 줄기를 뻗어 꽃을 피울 것입니다. 그것을 700차 수요시위 때 가지고 와서 이곳 일본대사관 앞에 심어 할머니들의 '명예와 인권' 꽃밭을 만듭시다."

그렇게 참가자들에게 설명하고 꽃씨를 나눠주었다. 그때 나눠준 꽃씨 역시 부활의 의미를 담고 있었다. 죽어도 죽은 것이 아니라는 것, 눈에 보이지 않아도 땅에 묻힌 꽃씨가 더 많은 생명으로 피어난다는 것을 할머니들을 비롯한 여러 사람에게 알리고 싶었다.

그리고 다시 2년여의 시간이 지난 2006년 3월 15일, 700차 수요시위의 날이 다가왔다. 종로구청의 허가를 받아 일본대사관 앞에 '명예와 인권' 꽃밭을 미리 준비했다. 하지만 600차 때 나눠준 꽃씨는 돌아오지 않았다. 의미는 컸지만, 실제 그 꽃씨를 화분에 심어 꽃으로 피워낸 사람이 많지 않았던 것이다. 할머니들의 꽃밭은 화원에서 준비해온 꽃으로 채워졌다. 그래서 다시 만들어낸 것이 '나비'였다. 나의 구상을 놓고 사무처 활동가들과 토론을 시작했고, 이사회에서도 논의를 이어갔다.

나비에는 꽃씨와는 조금 다른 부활의 의미가 있다고 나는 생각했다. 꽃씨의 부활은 누군가의 힘을 빌려 다시 태어난다는 점에서 '수동적'인 의미가 강하지만, 나비는 자신의 몸부림으로 다시 태어난다는 점에서 '적극적'이고 '능동적'인 의미가 강하다. '알에서 유충이 되고 고치를 만들어 숨었다가 자신을 둘러싸고 있는 틀을 깨뜨리고 나와서 날개를 갖고 해방된 세상을 산다.' 정대협 운동을 통해, 피해자들의 신고 전화를 받고 피해자들과 함께 운동을 시작하면서부터 내가 꿈꾸던 것이었다. 피해자들이 주체적인 활동으로 스스로 해방 세상을 열어가는 것, 그것을 표현해내고 싶었다.

나비의 삶을 할머니들의 삶에 견줘 설명하기 시작했다.

누구나 똑같은 귀중한 생명으로 태어났지만 일제의 식민지, 억압받는 민중의 딸로 태어났다는 이유만으로 어린 시절 갑자기 끌려가 위안소에서 세월을 보냈다. 곧 애벌레의 세월이다. 해방과 함께 귀국한 후에는 한국 사회의 편견과 손가락질로 인해 스스로 '부끄러운 여자'라는 잘못된 인식을 갖게 되었고 그 때문에 스스로 벽(고치)을 만들어 그 속에 갇힌 채 홀로 고통을 감내하며 살아왔다. 곧 고치의 세월이다.

고치(벽)는 두 가지 의미로 해석될 수 있다. 하나는 외부적으로 우리 사회가 만들어낸 벽이고, 다른 하나는 살아남기 위해 할머니들이 스스로 만들어낸 벽이다. 우리 사회는 할머니들에게 '위안부 출신'이라는 딱지를 붙여 터부시하고 부정했고, 할머니들 역시 '나는 이미 더럽혀진 몸'이라는 자책과 죄책감에 자신을 스스로 사회로부터 격리시켰다.

하지만 할머니들은 일본군'위안부' 문제 해결을 위한 활동에 함께하면서 사회적 고치와 스스로 만든 고치 모두를 부수고 나와 '나비'로 부활하여 해방의 날갯짓을 하며 살게 되었다. 고치 속에 갇혀 있던 날개를 세상 밖으로 펼쳐낸 나비들은 자신의 해방을 이루었을 뿐만 아니라, 미군 기지촌에서 성착취·성폭력 피해를 입고 힘겹게 살던 여성들에게도, 베트남전쟁에서 한국군에게 성폭력 피해를 입은 여성들에게도, 콩고·우간다·코소보 등 무력 분쟁 상황에서 성폭력 피해를 입은 여성들에게도 해방의 날갯짓으로 날아갔다. 그것이 내가 나비라는 상징을 통해 할머니들에게, 우리 사회에게 전달하고 싶었던 '부활'의 이미지였다.

물론 고치를 깨는 건 혼자만의 힘으로는 어려운 일이었다. 피해자들을 부끄러운 존재로 여기고, 차별하고, 사회적 편견으로 대했던 가부장적 제도와 문화는 우리 운동이, 한국 정부와 국회 등 한국 사회가 함께 깨뜨려야 하는 것이었다. 그것이 바로 할머니들과 시민사회의 연대이자 줄탁동시(啐啄同時)다. 만일 이 연대가 미약하여 사회가 만든 벽을 깨뜨리지 못하면 고치 안에서 몸부림치는 할머니들은 상처 입은 날개를 갖고 고치 밖으로 나오게 되고, 상처 입은 날개로는 날갯짓을 못 하니 결국 죽게 된다. 즉 700차 수요시위의 '나비 퍼포먼스'는 피해자들의 주체적인 싸움과 목소리 그리고 한국 사회의 변화까지 모두 어우러지면서 부활과 해방을 이루자는 것이었다.

그 의미는 색깔로도 담아냈다. 보라색은 피해자들의 명예와 인권 회복 그리고 그들의 고귀함의 의미를, 노란색은 희망과 연대의 의미를 담았다. 즉 폭력과 차별로 고통받는 모든 여성과 약자들의 해방의 꿈을 보라와 노란 나비에 담아내고 싶었다. 스스로 상처를 딛고 일어나 진정한 해방을 열어가는 피해자들의 보라색과 차별·폭력·전쟁을 멈추고 인권과 평화의 가치가 실현되는 한국 사회를 만들어가는 우리들의 노란색이 연대하여 벽을 깨뜨리고 나비로 부활한다는 상징을 색상으로도 나타낸 것이다.

그 의미는 단지 상징에만 머물러서는 안 되는 것이었다. 독일, 호주, 캐나다, 미국 각 지역 등에 700차 수요시위의 연대를 요청하였고, 나비효과를 더 넓게 만들어내기 위해 시도하였다. 어떻게 하나의 주제로 그처럼 오래도록 시위를 계속할 수 있었는가 하는 질문에 대한 답은 연대로 이어졌다. 이로써 700차 수요시위는 캐나다의 토론토와 밴쿠버, 오타와 그리고 미국의 샌프란시스코와 시카고, 워싱턴, 미네소타, 일본의 도쿄와 오사카, 호주의 시드니, 영국의 런던 등 세계 각지에서 동시에 열렸다. 보라 나비들의 포기하지 않는 날갯짓에 노란 나비들이 세계 각지에서 연대의 날갯짓을 펼쳐준 것이다. 그때의 벅찬 감동은 이후 어려운 일이 닥칠 때마다 '포기하지 않으면 이루어진다'라는 내 나름의 신앙이 될 정도였다.

나만 그런 감동을 경험한 것은 아니었다. 피해자들에게서 "우리가 이겼다!" 하는 함성이 터져 나오기 시작했다. 여전히 일본 정부는 꼬떡도 하지 않고 있었고, 우리 정부도 별다른 해결책을 내놓지 않고 있었지만 가장 먼저 피해자들이 더 당당해지고, 더 고귀해지는 순간이었다. 그런 모습을 보면서 '우리는 이미 이긴 싸움을 하고 있는 것이다. 이제는 700차 시위를 축하하는 촛불을 켜도 되겠다' 하는 판단이 들었다. 그리고 700차 수요시위를 기념하고 축하하는 촛불을 밝혔다.

2015년, 미국 시카고에서 김복동 할머니가 한인 방송 기자와 인터뷰하던 중에 하신 말씀을 듣고 깜짝 놀란 적이 있다.

"나비가 땅 밑에서 일 년 동안 고생고생해서 벌레가 됐다가 하늘로 날아오르잖아. 우리가 고생했지만 지금은 나비처럼 날아올랐어요."

할머니는 이미 당신의 활동을 부활로 인식하고 있었다. 그것은 해방이었다. 누가 시켜준 것이 아니라, 인내하고 몸부림치고 싸워서 스스로 만들어낸 해방이자 부활이었다.

272

안타깝게도 할머니들이 그토록 염원하던 평화의 날은 아직 오지 않았다. 많은 할머니가 돌아가셨고, 열 분도 안 되는 생존자들도 언제 돌아가실지 알 수 없는 상황이다. 하지만 우리 마음속 '나비'는 오늘도 알을 낳고, 그 알이 애벌레가 되고, 고치를 만들고, 이윽고 나비가 되어 부활의 날갯짓을 하며 다시 날아오를 것이다. 그렇게 할머니들은 평화를 만들어가는 우리의 활동 속에 오늘도 살아 있다.

제4장

나를 키운 것은
8할이 사랑

젖과 꿀이 흐르는 가나안 땅, 내 고향 당항리

내가 너희를 애굽의 고난 중에서 인도하여 내어 젖과 꿀이 흐르는 땅 곧 가나안 …… 땅으로 올라가게 하리라.

— 출애굽기 3장 17절

경상남도 남해군 남면 당항리 우형마을. 100여 가구가 살아가는 크지도 작지도 않은 마을에서 '젖과 꿀'을 얻기 위해 부모님은 무진 애를 쓰셔야 했다. 물려받은 재산이 거의 없었기 때문이다. 하지만 우리 4남매는 의식주의 빈곤을 느낀 적이 없다. 부족한 유산을 상쇄하고도 남을 만큼 부지런한 부모님 덕분이었다. 오히려 우리 4남매가 제법 철이 들 무렵에는 논과 밭도 제법 늘었고, 직접 우리 집을 지을 만큼 여유도 생겼다. 유복하다고 하기는 어려웠지만 가난하다는 생각을 한 적은 한 번도 없었다. 내게 필요한 모든 것이 갖춰져 있는 곳, 당항리 우리 집. 내게는 그곳이 바로 가나안이었다.

우리 아버지는 첫째 큰아버지와 스무 살 이상 차이가 나는 집안 막내였다. 첫째 큰아버지, 고모, 고모, 둘째 큰아버지 그리고 아버지였다. 첫째 큰아버지의 아들과 우리 아버지 나이가 몇 살 차이가 나지 않을 정도였다. 이 정도 막내라면 집안의 귀여움을 독차지했을 것 같은데, 자식이 다섯이나 되는 농촌 살림이어서 그런지 유별난 사랑을 받은 건 아닌 것 같다.

아직 세상 물정을 잘 모르는 어린아이였지만 열심히 일한 아버지가 송아지를 사서 우리 집 뒷마당의 외양간에 들여놓으며 "미향아, 이제 요놈이 우리 논을 사줄 거야" 하고 활짝 웃으시던 모습이 생각난다. 정말 그랬다. 송아지는 나와 같이 크는 듯하더니 어느새 어미 소가 되었고, 그 어미 소가 다시 송아지를 낳아 소 식구들이 늘어갔다.

어느 날인가, 소들이 자기네 집을 뛰쳐나와 들판으로 뛰어다니는 바람에 아버지와 엄마, 나까지 그놈들을 몰고 오기 위해 이리저리 뛰어다녔다. 그 뒤에도 여러 번 도망간 소들을 잡아 오느라 들판을 뛰어다니곤 했다. 신기하게도 소들은 결국 자기 집으로 돌아왔다. 울타리 안에서만 지내는 게 싫었던 것인지, 아니면 사람처럼 들판을 뛰어다니며 놀고 싶었던 것인지 그 속마음은 잘 모르겠다. 가끔 소목에 줄을 매고 들판으로 끌고 나가 풀을 뜯어 먹도록 하기도 했다. 그럴 때마다 나는 소가 도망가지 않게 계속 지키고 서 있어야 했다.

소가 주인인지, 사람이 주인인지 뒤바뀐 것만 같았다.

조금 더 커서 초등학교에 다니기 시작했을 때는 낫과 망태기를 메고 동네 친구들과 소꼴을 베러 들판으로 가기도 했다. 망태기 가득 꼴을 베어 와야 소들이 한 끼라도 배를 불릴 수 있었다. 그런 일도 내가 하고 싶어서 할 때는 재밌었는데, 부모님이 시켜서 할 때면 왜 그렇게 하기 싫었는지…. 그만큼 어렸기 때문이었을 것이다.

송아지가 자라 엄마 소가 되면 아버지는 그 소를 어디론가 데리고 갔고, 집으로 돌아온 아버지의 손에는 돈이 든 봉투와 새 송아지의 끈이 들려 있었다. 하지만 그렇게 소를 키워도 정작 소고기가 어떤 맛인지 먹어본 기억은 없다.

그렇게 돈을 만든 아버지는 어느 날 "미향아, 이게 우리 논이다" 하며 논과 밭들을 보여주셨다. 그렇게 논밭을 사는 과정들을 지켜보면서 신기하기도 하고 '와, 이제 우리 집도 부자구나!' 하는 생각으로 기뻐서 들떴던 때가 기억난다.

부모님은 새벽부터 밤늦게까지 쉴 새 없이 몸을 움직이는 한편 부족한 논밭의 소출을 극대화할 수 있는 새로운 방법을 여러 가지로 시도했다. 아버지는 농한기에 부산 건설 현장에 가서 일하기도 했다. 그러다 현장에서 떨어져 허리를 다쳤는데, 아무 조치도 없이 집으로 보내졌다. 아버지의 허리 병을 낫게 하느라 아버지도 엄마도 고생을 많이 했다. 또 아버지는 가마니 짜는 기계를 들여와 우리 집 농사에 사용하는 가마니를 직접 짰고, 일부는 팔기도 했다. 시멘트 블록(당시에는 '부로크'라고 불렀다)을 찍어서 건설 현장에 팔았는데, 이 때문에 우리 집 마당은 모래와 시멘트, 새로 찍은 블록이 가득했다. 블록이 말라서 딱딱하게 굳으면 트럭이 와서 싣고 갔다.

새로 찍어 말랑말랑한 블록 위를 고양이가 밟고 지나가지 못하도록 지키는 게 내 임무였다. 언젠가 엄마 아버지가 일을 나가시고 동생들을 돌보고 있었는데, 잠깐 한눈을 파는 사이에 고양이가 휘리릭 ~ 밟고 지나가는 바람에 블록에 온통 고양이 발자국이 새겨지고 말았다. 이 때문에 많은 블록을 새로 찍어야 했다. 그때 아버지한테 얼마나 심하게 꾸중을 들었던지, 태어나서 처음으로 아버지에게 반항심이 생겼을 정도였다. 나에게 너무 가혹하다는 생각, 나에게 집안일을 너무 많이 시킨다는 생각이 갑자기 훅 올라왔다. 하지만, 그때뿐이었다. 새벽부터 밤늦게까지 일하는 부모님을 보면서 늘 내가 너무 어려서 큰 도움이 못 된다는 것이 미안했기 때문이다.

그렇게 종일 흙과 씨름하시던 부모님은 '주일'이 되면 노동을 내려놓고 '교인'으로 변신했다. 가장 깨끗한 옷으로 갈아입고 아침 일찍부터 교회로 '출근'하여 주일학교 교사로 아이들을 가르쳤다. 그리고 성가대 연습을 하고, 성가대원으로 예배에 참석했다. 평일에는 서로를 의지처로 삼아 집을 지켰던 우리 4남매도 주일이 되면 종일 부모님과 함께할 수 있었다. 유치원이 따로 없는 그 시절의 시골 동네에서 교회는 거의 유일한 '유아교육'의 장이었다. 『내가 정말 알아야 할 모든 것은 유치원에서 배웠다』라는 베스트셀러의 제목을 조금 빌리자면 '우리가 정말 알아야 할 모든 것은 교회에서 배웠다'라고 해도 될 정도였다.

우리 4남매는 주일 아침 일찍부터 몸단장을 하고 가장 깨끗한 옷을 차려입고 교회에 가서 목도리나 모자 등을 벗어 옆에 가지런히 둔 다음 무릎 꿇고 경건한 자세로 기도했다. 그리고 '네 이웃을 내 몸과 같이 사랑하라. 친구들과 싸우지 말라. 부모를 공경하라' 등을 반복해서 듣고 외우며 익혔다.

우형마을의 중심부에 자리한 당항교회의 교인 숫자는 100명 남짓. 그리 큰 규모는 아니었지만, 교회를 중심으로 우형마을, 당항마을, 흥덕정 등이 연결되어 있어 마을의 정신적 중심이 되었다. 교인만이 아니라 비교인 마을 주민들도 목사님과 교회의 영향을 받았다. 그리고 우리 부모님은 교회의 중심이었다. 신학을 공부하신 적도 없고 중등교육조차 받지 못했지만 주일학교 교사로, 성가대원으로, 성실한 농민으로 교인들과 주민들의 신망을 받았다.

아버지가 당항교회에서 맡은 또 다른 임무는 종치기였다. 예배당 본관 옆 종탑에 달린 종은 우형마을의 '사이렌' 역할을 톡톡히 해냈다. 새마을운동이나 농번기 공동작업 등을 위해 사람들을 불러 모을 때도 '댕댕댕' 종을 쳤고 마을잔치를 할 때도 종을 쳐서 알렸다. 마을 사람 누군가 돌아가셨을 때도 종을 쳤다. 그런데 평소에 치는 종과 마을에 누군가 돌아가셨을 때 치는 '조종'(弔鐘)은 치는 방법이 달랐다. 평소에는 종탑에서 늘어뜨린 줄을 잡고 '댕그랑 댕그랑' 노래하

듯 쳤지만, 조종은 종탑 위에 올라가 '방울'을 직접 잡고 돌아가신 분의 나이만큼 '댕~ 댕~' 하고 종을 쳤다. 종소리만 들어도 모임을 알리는 종인지 조종인지 금세 알 수 있었다.

종치기인 아버지가 논밭에서 일하느라 몸을 빼기 어려울 때는 큰 소리로 "미향아~" 하고 불렀다. 그러고는 우형마을 어느 '아제'('아저씨'의 방언)가 돌아가셨는지, 연세가 몇인지를 알려주시며 아버지 대신 종탑에 올라가 종을 치라고 하셨다. 나는 아버지의 목소리를 듣자마자 "예!" 하고 큰 소리로 답한 다음 바로 교회로 뛰어가 높은 종탑에 올라갔다. 그리고 아버지가 일러준 대로 그 어른의 나이만큼 종을 울렸다. 다리를 쫙 벌리고도 위 칸에 다리가 닿지 않을 때는 철탑을 두 손과 두 다리로 꼬고 올라가 종을 잡을 때도 있었다. 어린 나에게 그 일을 시키신 아버지는 내가 다치지 않을 것이라는 믿음을 어떻게 가지게 되었을까? 그때는 아무 생각 없이 아버지가 시키는 대로 했는데, 지금 생각해보면 참 용감했던 것 같다.

아버지 대신 조종을 울리곤 했던 그 시절의 내 마음을 되돌아보면 슬프면서도 참 경건했던 것 같다. 잘 아는 분이건 아니건 간에 종탑 위에 거의 매달린 채 종을 치던 어린 내 마음은 슬프고, 아프고, 참 안됐다는 감정이 가득 찼다. 눈물도 많아서 장례식이 끝나고 그분의 상여가 동네를 한 바퀴 돌 때면 그 뒤를 따르면서 그 가족들과 함께 눈물을 흘리곤 했다.

어린 시절의 나는 어른들이 흔히 말하는 '간이 큰' 아이였다. 웬만큼 높은 나무는 사다리도 없이 쑥쑥 잘 올라갔다. 그때까지 한 번도 직접 본 적 없는 원숭이를 닮았다는 이야기도 많이 들었다. 마을 뒤쪽 당산에는 비자나무들과 함께 오래된 상수리나무가 한 그루 있었는데, 나이가 많아 밑동도 넓고 줄기와 가지들이 넓게 펼쳐져 있었다. 나는 그 나무의 줄기를 잡고 거의 가지 끝까지 타고 올라가 나뭇가지를 흔들며 놀곤 했다. 자칫 나무에서 떨어지면 크게 다칠 정도로 높고 큰 나무였는데, 어쩌자고 그 나무를 놀이터 삼아 오르내렸는지 지금 생각하면 참 당돌하고 맹랑한 소녀였던 모양이다.

여름이면 저수지에 가서 멱을 감고 놀았다. 당연히 수영복은 따로 없었다. 남자아이들은 윗도리와 바지를 벗어 던졌고, 여자아이들은 입은 옷 그대로 물에 뛰어들었다. 수영을 누가 가르쳐주지 않아도 할 줄 알았고, 뱀헤엄, 잠자리헤엄, 개구리헤엄, 개헤엄 등 못 치는 헤엄이 없었다. 눈을 뜨고 물속 저수지 바닥을 기어 다니기도 했다. 가을이면 개울에 떨어져 흘러가는 비자나무 열매를 콘크리트 바닥에 비벼 껍질을 까서 먹기도 했다. 껍데기를 벗기면 아몬드처럼 생긴 알맹이가 나오는데, 떫으면서도 고소한 맛이 있어 간식거리로 제법 먹을 만했다. 그만큼 공기도 좋고 물도 좋았기에 가능한 일이었을 것이다.

마을 사람들은 무슨 일이 생기면 으레 교회를 찾았다. 교회는 너도 나도 들러서 시간을 보낼 수 있는 마을의 사랑방이기도 했고, 때로는 이런저런 논쟁이 벌어지는 '살롱'이기도 했다.

마을의 중심이었던 당항교회 그리고 당항교회의 중심이었던 부모님의 그늘 아래 우리 4남매는 부족함 없이 살았다. 당항리 우형마을은 우리 4남매가 필요로 하는 모든 것을 채워준 가나안 땅이었고, 부모님은 우리를 인도해주는 목자였다.

여호와는 나의 목자시니 내게 부족함이 없으리로다. 그가 나를 푸른 풀밭에 누이시며 쉴 만한 물가로 인도하시는도다.

– 시편 23편 1~2절

스스로 철이 드는 당항리 아이들

1998년의 어느 봄날, 남편과 오랜만에 동네 산책을 즐기고 있을 때였다. 안기부의 프락치를 이용한 함정 수사와 불법 구금, 고문, 강제 날인 등으로 4년이나 옥살이를 했던 남편이 출소한 뒤 처음 맞는 봄이었다. 온갖 봄꽃이 피어나는 화려한 봄날. 남편은 산과 들, 하늘, 풀, 돌, 꽃, 나무… 모두를 눈으로 어루만졌다. 배 속에 있던 딸아이가 다섯 살이 되도록 손 한번 잡아주지 못한 남편의 봄맞이. 나 역시 천천히 발길을 옮기며 모처럼 남편과 함께하는 봄 산책을 즐겼다.

"정말 예쁘다!"

왜 안 그렇겠는가. 남편의 눈에 뭔들 예쁘지 않겠는가. 하물며 절정에 오른 봄날의 풍경이 아닌가. 하지만 나는 그 예쁘고 화려한 봄 풍경 속에서 잠시 당황하고 말았다. 이어지는 남편의 한마디 때문이었다.

"저게 진달래지?"

남편의 눈길을 따라가 보니, 그것은 진달래가 아니라 이제 막 만개하기 시작한 벚꽃이었다. '도시 촌놈'이라는 말이 실감 나는 순간이 있나. '농활 안 가봤으면 벼 이삭을 보고 쌀나무라고 했을지 모르겠네' 하는 생각이 문득 들었다. 그때부터 진달래와 벚꽃을 시작으로 눈에 띄는 꽃과 나무의 이름들을 하나씩 알려주었다. 진달래와 철쭉의 차이, 벚꽃과 살구꽃의 구분법 등등. 물론 이제는 남편도 웬만한 꽃나무 이름은 헷갈리지 않는다. 어린 시절, 들과 숲, 논밭과 하늘 등 자연과 함께 살았던 훌륭한 교사인 나로부터 배우고 익힌 학습(學習) 덕분이다.

어린 시절, 그렇게 하늘이 주신 선물을 맘껏 누리고 살았으니 얼마나 감사한지 모를 일이다. 덕분에 따로 공부하지 않아도 저절로 식물 박사가 될 수 있었다. 열매가 익어서 모습을 드러내지 않아도 뽕나무와 감나무, 배나무, 무화과나무, 살구나무, 앵두나무 등을 구분할 수 있었고, 먹어도 되는 버섯과 먹으면 안 되는 버섯을 어린 시절부터 눈으로 익히며 자랐다. 보리는 언제 어떻게 심고 거두는지, 벼는 언제 익는지 알고 있었다. 우리에게 이런 지식을 알려주는 것은 학교도 선생님도 아니었다. 부모님과 동네 어른들, 또래 아이들, 몇 살 더 많은 언니 오빠 누나 형들이 모두 선생님이었다.

'아이 하나를 키우는 데는 마을 전체가 필요하다'라는 아프리카 속담이 있다. 교육이나 육아 쪽 일을 하는 사람이 아니라도 으레 한 번쯤 들어봤을 이야기다. 아이 하나를 바르게 키우기 위해서는 부모뿐 아니라 지역사회가, 나아가 국가가 나서야 한다는 이야기다. 옆집에 누가 사는지도 모르고 '내 아이'만 잘 살면 그만인 지금 시대에는 꿈같은 이야기지만, 내가 태어나서 자란 당항리 마을 아이들에게는 우리와 함께 살아가는 동물과 숲의 생물, 논밭의 곤충 그리고 마을 모든 구성원이 선생님이었다.

당항리는 오늘날 '다랭이논'과 '독일마을'로 유명한 '보물섬' 경상남도 남해의 작은 시골 마을이다. 높직한 송등산을 뒷산으로 삼아 앵강바다를 바라보고 있어서 물때가 되면 우리 부모님과 마을 어른들은 소쿠리와 호미 등을 들고 바다로 나가 고동과 성게, 게를 잡아오셨다. 그것을 바로 삶아주면 우리는 손에 옷핀이나 바늘을 하나씩 잡고 쏙쏙 빼먹었다. 가시에 찔려가며 성게를 두 쪽으로 쪼갠 다음 주황색 성게알이 뿜어내는 특이한 향을 맡으며 후루룩 순식간에 먹어 치우기도 했다.

그러나 시골 마을이라고 해서 늘 평화로운 것은 아니었다. 때때로 사고가 일어났다. 어린아이가 동네에 있는 둠벙('웅덩이'의 방언)

에 빠지는 일도 있었고, 바다에 놀러 갔다가 물에 휩쓸리는 일도 있었다. 벌에 쏘이거나 뱀에 물리기도 했고, 낫질하다가 손가락을 베기도 했다. 지게를 지다가 넘어져 무릎이 까지기도 하고, 새알을 꺼내러 갔다가 어미 새한테 호되게 당하는 일도 있었다. 이렇게 누군가 한 번 경험하면 그 이야기는 대를 두고 이어져 내려오면서 온 마을의 경험이 된다. 어느 집 어른이 그 집 아이에게 단단히 일러준 이야기는 곧 또래들에게 전파되고, 또래들은 동생과 후배에게 그 이야기를 들려준다. 그렇게 온 마을은 책이 없어도 지식과 지혜를 닦고 공유한다. 온 마을 사람이 함께 아이들을 키우는 셈이다.

또한 우리 마을에서는 누군가 자신을 돌봤던 걸 그대로 따라 한다. 내가 세 살 때 남동생이 태어났고, 그다음 세 살 터울로 여동생, 남동생이 태어났다. 4남매의 맏이였던 나는 걸음마를 하면서부터 동생들을 돌봤다. 내가 처음으로 밥을 해본 것은 일곱 살 때였다. 새벽에 일을 나가셨다가 깜깜할 때가 되어서야 집으로 돌아온 엄마가 피곤한 몸으로 부엌에 들어가 밥하는 모습을 보면서 내 딴에는 가만히 있다가 밥만 먹는 게 미안했고, 그런 엄마가 참 안됐다는 생각이 들었다.

그날, 날은 어두워지고 있는데 아직 들에 나간 엄마 아버지가 돌아오시지 않아 걱정하는 마음으로 밥을 하기 시작했다. 평소 엄마가 밥할 때, 국을 끓이고 나물을 무칠 때 눈여겨보았던 대로 주저함 없이 따라 했다. 먼저 쌀을 씻어 쌀뜨물은 양재기에 따로 모아두고, 살랑살랑 조리질해서 혹시나 있을 돌과 모래를 걸러낸 다음 솥에 안쳤다. 그리고 미리 긁어와 모아둔 낙엽과 나무 등걸이로 불을 지폈다.

뜸이 다 들 즈음 집으로 돌아오신 엄마가 "우리 미향이가 밥을 다 했네!" 하며 좋아하시던 모습이 눈에 선하다. 그리고 밥솥 뚜껑을 열어보신 엄마의 놀란 표정 역시 생생하다. 엄마는 "아이고, 밥이 한솥이네. 며칠 동안은 밥 안 해도 되겠다" 하며 웃으셨다. 그제야 알았다. '쌀'이었을 때와 '밥'이 됐을 때의 양이 커다란 차이가 있다는 것을. 가마솥 하나를 가득 채운 밥을 보고 엄마는 얼마나 황당하고 당황스러웠을까. 하지만 엄마는 나를 야단치거나 싫은 소리를 하지 않았다. 그저 대견하고 안쓰러운 눈으로 나를 바라보다 "에이구 미향아" 하면서 머리를 쓰다듬어주었을 뿐이다.

겨울이 되면 망태기와 갈퀴를 들고 산에 올라가 땔감으로 쓸 '갈비'를 긁었다. 갈비는 말라서 땅에 떨어져 쌓인 솔잎을 뜻하는 '가리'의 방언이다. 갈비에는 솔잎 외에 활엽수 잎사귀도 포함되었다. 갈비와 함께 비바람에 부러진 나무나 썩은 나무의 가지, 밑동도 함께 긁어모았다. 이렇게 모인 갈비는 아궁이에 불을 땔 때 밑불로 요긴했다. 때로는 갈비만 가지고 고구마나 옥수수를 삶기도 했다. 그럴 때면 타닥타닥 솔잎을 태우며 올라가는 불꽃이 얼마나 예쁜지, 아궁이에서 눈을 떼기 어려웠다.

어린 여자아이가 직접 산에서 긁어온 갈비를 아궁이에 넣어 불을 붙이고, 장작을 얹어 불을 키우고, 그 불에 고구마를 삶는 장면을 상상해보라. 장갑이 있을 턱이 없으니 한겨울 산에서 긁어모은 갈비를 망태기에 한가득 이고 내려오면 어떨 때는 손등이 터서 피가 나기도 했다. 그럴 때도 우리는 유난을 떨지 않고 집에 늘 있는 안티푸라민을 바르며 상처를 달랬다. 지금 부모들이라면 기겁할 일이지만 60년대 혹은 70년대까지 시골에서는 그다지 낯선 풍경이 아니었다. 우리는 그렇게 스스로 함께 살아나가는 법을 터득하면서 자랐다.

때때로 여동생을 아궁이 옆에 앉혀 놓고 연기가 모락모락 피어오르는 쇠 부지깽이로 '파마'를 해준답시고 머리카락을 꼬불꼬불 지지기도 했다. 그 시골 동네에서 '파마머리'는 어디서 봤던 건지 잘 모르겠다. 머리카락이 꼬불꼬불 타면서 냄새가 나기도 했지만 동생은 언니를 믿고 머리를 내밀어 나에게 맡겼고, 우리는 꼬불꼬불해진 머리를 보며 파마가 되었다고, 깔깔깔, 그저 해맑게 웃음보를 터뜨리기 바빴다.

그 시절 동생들이 좋아하던 또 하나의 놀이는 '동화책 읽어주기'였다. 어린 시절, 학교 교과서와 성경책 외에는 책을 접하기 어려웠다. 겉표지가 낡아서 너덜너덜해진 성경 동화책은 내 손을 거치면서 표지에서 속지가 떨어져 나올 정도로 더욱 너덜너덜해졌다. 그만큼 읽고 또 읽다 보니 구약과 신약의 맨 앞부분에 나오는 '누가 누구를 낳고, 누가 누구를 낳고…' 하는 길고 지루한 족보까지 달달 외워질 정도였다. 그러면서 노아의 방주나 솔로몬왕 이야기, 다윗과 골리앗, 삼손과 데릴라, 선지자 이사야, 고래 배 속에 들어간 요나 등의 이야기는 내 머릿속에서 성경책이 아니라 마치 동화처럼 재구성되었다.

나는 이렇게 정리된 이야기를 동생들에게 들려주곤 했다. 하루 일과가 끝난 후 전깃불이 꺼진 깜깜한 방, 나란히 이불을 덮고 누운 채 동생들은 내가 들려주는 성경 이야기며, 안데르센 등 동화책 주인공들의 이야기를 들으면서 꿈나라로 빠져들었다. 지금도 가끔 동생은 그때 이야기를 하면서 "언니 덕분에" 행복했다고 말한다. 그 순간, 동생들도 나도 잠시 40년 전, 50년 전 그때로 시간여행을 떠나곤 한다.

우리는 그렇게 컸다. 누가 시켜서도 아니었고, 의무감에 억지로 한 일도 아니다. 옆집 언니도 오빠도 그렇게 '놀면서' 동생들을 보면서 컸고, 나도 그게 당연한 줄 알고 컸다. 그렇게 자란 동생은 또 그 아래 동생들을 보면서 컸다. 당항리 마을의 교육은 그렇게 태어나면서부터 자연스럽게 이어졌고, 아이들은 자신도 모르게 철이 들어갔다.

수원, 도시빈민의 삶을 알려준 제2의 고향

내게는 가나안과 같았던 고향 당항리를 떠나 온 가족이 수원으로 이사를 온 것은 중학교 3학년 때였다. 나의 꿈이었던 '여자 목사'가 되기 위해서는 고등학교도 가고 대학교도 가야 했다. 또 동생들도 공부해야 하니 부모님이 큰 결단을 내린 것이다.

당시 우리 마을에서는, 어쩌면 대부분의 시골에서, 당시 내 또래 여자아이들은 대개 중고등학교가 마지막 학력이었다. 중학교를 졸업하고 집안을 돕기 위해 도시로 취직하러 가는 친구도 있었고, 초등학교를 졸업하고 바로 도시로 나가는 친구도 있었다. 살림이 넉넉하지 못한 집의 경우 남동생이나 오빠의 학비는 그렇게 도시로 돈 벌러 나간 딸들의 몫이 되곤 했다. '큰딸은 살림 밑천'이라는 말이 나온 데는 이런 배경이 있었던 것이 아닐까 하는 생각이 든다.

그런 시절에 든든한 살림 밑천이 될 수 있는 4남매의 맏딸의 공부를 위해 공들여 쌓은 삶의 터전을 버리고 도시로 간다는 건 보통 결심으로 할 수 있는 일이 아니었다. 그래서 나는 우리 부모님과 동생들에게 평생 갚지 못할 마음의 빚을 안고 있다. 수원으로의 이주가 마음의 빚으로 남게 된 것은 부모님은 물론 동생들에게도 별로 좋은 환경을 만들어주지 못했기 때문이다. 최소한 '수평 이동' 정도라도 됐으면 괜찮았을 텐데, 당시 내 심정으로는, 넉넉하지는 않지만 부족함 없었던 농촌의 한 가정이 급전직하 '도시빈민'으로 전락한 것처럼 느껴졌다.

어차피 도시로 나온다면 '서울'이 가장 먼저 떠오를 테지만, 부모님이 수원을 선택한 데는 이유가 있다. 마침 당항리 출신의 목사님이 수원에서 목회를 하고 계셨는데, 아버지에게 교회 사찰을 맡아달라고 요청했다. 사찰이란 교회 청소와 경비 등 온갖 잡다한 일을 맡아서 하는 일종의 관리자였다. 수원의 목사님 내외분이 고향에 다니러 올 때마다 부모님은 우리 공부 문제로 고민을 나누곤 했는데, 부모님의 성품과 성실함이 마음에 들었던 두 분이 교회 사찰 일을 제안한 것이다.

여자 목사를 꿈꾸는 딸을 위해 서울로 올라갈 준비를 하고 있던 부모님에게는 최소한의 수입이 보장되는 일자리가 생긴 셈이고, 목사님 입장에서는 믿고 맡길 수 있는 든든한 친척을 일꾼으로 쓸 수 있게 된 셈이다. 그렇게 우리 집은 전격적으로 수원 이주가 결정되었다. 내가 여자 목사가 되고 싶다는 꿈을 꾸기 시작한 지 채 1년도 지나지 않은 때였다. 하지만 더 높은 공부를 할 수 있을 거라는 기대를 안고 올라온 수원의 우리 집에 대한 첫인상은 충격적이었다.

식구들이 수원으로 모두 이사한 뒤에도 나는 한 달 동안 고향에 남아야 했다. 전학 절차가 마무리되지 않았기 때문이다. 모든 절차를 마무리하고 혼자 기차를 타고 수원역에 내린 건 1979년 5월 29일이었다. 그날의 풍경이 얼마나 충격적이었는지 날짜까지 선명하게 기억이 날 정도다. 당항리에서 버스를 타고 남해읍으로 간 다음 그곳에서 나시 순천까지 버스를 타고 갔다. 순천역에서 수원행 기차표를 끊고 기차에 올랐다. 아직은 어린 나이. 하지만 위험한 줄도 모르고 혼자 당차게 수원까지 왔다. 그런데 수원역은 내 눈에 도시가 아닌 것처럼 빈약하고 초라해 보였다. 하지만 엄마에게는 그런 티를 낼 수 없었다. 나는 감정을 숨긴 채, 수원역까지 마중 나온 엄마를 보자마자 뛰어갔다.

엄마 손을 잡고 집까지 도보로 약 30분. 그때도 나의 충격은 계속 이어졌다. 고향을 버리고 '도시'로 나왔는데 '여기, 도시 맞아?' 하는 물음이 저절로 나왔다. 그리고 교회 마당을 지나 "여기가 우리 집이다" 하는 엄마의 이야기를 듣고 문을 여는 순간 충격을 넘어 슬픔이 밀려왔다.

내 눈을 의심할 수밖에 없었다. 문을 열자마자 마루도 없이 바로 방이 나타났다. 그 방에서 아버지와 동생들이 나를 기다리고 있다가 반갑게 맞이해줬다. 신발을 놓을 자리도 없어서 교회 마당이 끝나는 그곳에 신발을 벗어놓고 바로 방으로 들어가야 했다. 작은 흑백 TV가 놓인 그 방이 안방 겸 거실이었다. 그 방에 이어진 여닫이문을 하나 열고 들어가면 작은 방이 하나 더 있었다. 안방에서 부모님과 막내가 자고, 3남매가 작은 방에서 함께 자야 했다. 화장실도 따로 없어서 교회 화장실을 교인들과 함께 썼다. 눈물이 날 정도로 놀랍고 슬프고 화가 났다. 내가 상상했던 어떤 모습과도 일치하는 게 없었다.

당항리에서 '미향이 엄마' '미향이 아빠'는 어딜 가나 모르는 사람이 없었고, 아버지가 손수 지은 우리 집은 앞뒤로 있는 마당에서 동네 친구들과 놀 수 있을 정도로 넉넉했다. 앞마당에 놓인 평상에서는 누운 채, 넝쿨을 타고 열린 청포도를 손만 슬쩍 올려도 따먹을 수 있었다. 공부 잘하고 똑똑한 큰딸을 비롯해 착한 아이들. 부지런히 일해서 논도 사고 밭도 사고 집도 직접 짓는 진짜 일꾼. 교회에서는 성가대와 주일학교 교사로, 때로는 잡역부 일도 마다하지 않으면서 없어서는 안 되는 사람으로 인정받았다. 그랬던 우리 가족이 이렇게 사생활조차 제대로 보호받을 수 없는 집에서 살다니… 충격이었다. 다시 고향 남해로 도망가고 싶었다. 하지만 표현조차 할 수 없었다. 내가 없는 지난 한 달 동안 부모님과 동생들의 마음은 어땠을까 생각하니 너무 슬펐다.

아버지는 농한기 때 부산의 건설 현장에 나가 일했던 경험도 있고, 워낙 손재주가 많아 남의 손을 빌리지 않고 우리 집을 직접 짓기도 하셨기에 어지간한 교회 일들을 외부에 맡기지 않고 다 하셨다. 전기 설비 문제, 교회 지붕에 물이 새는 문제 등 사찰의 역할은 마치 슈퍼맨과 같았다.

그나마 다행인 것은 그 집에서 1년여 동안 살다가 교회에서 새로 사택을 건축해주어서 안정적인 사생활 공간을 다소 확보하게 되었다는 점이다. 문제는 건축 기간에 우리 가족이 기거할 곳이 없었다는 것. 우리는 교회 교육관에 붙은 작은 회의실을 임시로 사용했다. 예배용 긴 의자를 두 개씩 붙여서 잠을 잤고, 모든 짐은 한쪽에 쌓아놓았다. 시방 생각하면 난민 수준이었다. 목욕은 아버지가 건축 자재들을 이용하여 사각형 콘크리트로 만든 작은 공간에 가마솥을 걸고 불을 때서 해결했다.

그러던 어느 날 밤, 문제가 생겼다. 더운 날이었다. 그런 날은 목욕물을 따로 데울 필요가 없다. 옷을 챙겨 목욕실로 간 나는 개운하게 목욕한 다음 옷을 챙겨 입고 젖은 머리를 수건으로 털며 밖으로 나오려고 목욕실 문을 열었다. 그런데 한 발자국 밖으로 내밀자마자 바로 나를 밀며 안으로 들어오는 사람이 있었다. 나보다 키가 작았고, 스포츠형의 짧은 머리가 내 손에 잡힌 걸로 보아 남학생 같았다. 다행히 문은 열린 채였다. 그 순간 어디서 그런 힘이 났을까. 나는 교회 담을 넘어 근처 거리에까지 다 들릴 정도로 비명을 질러댔다. 그리고 내 손에 잡히는 그 남학생의 엄지손가락을 사정없이, 거의 손가락이 잘릴 정도로 깨물었다. 그 남학생은 "아야!" 소리를 지르며 도망치기 시작했다. 곧장 그 학생 뒤를 따라 죽을힘을 다해 달렸다. 하지만 쏜살같이 도망가는 그 학생을 내 실력으로는 따라잡을 수가 없었다.

나는 달리기를 참 못한다. 초등학교 운동회 때도, 중학교 체육 시간 때도 달리기를 하면 늘 꼴찌였다. 달리기로 공책 하나 타본 기억이 없다. 그래서 온 동네의 축제이기도 했던 초등학교 운동회도 나는 참 싫었다. 내 기억에 딱 한 번 꼴찌를 면한 적이 있었는데, 그때도 6명 중 꼴찌에서 2등이었다.

정신이 나간 모습으로 다시 교회로 들어왔을 때야 부모님은 '무슨 일이 있었나?' 하는 표정으로 교회 마당으로 나오셨다. 그날 우리 가족의 결론은 "다행이다. 앞으로는 조심해야겠다"였다. 그 외에는 사실상 어떤 방도도 없었다.

어떻게 그런 일이 일어났을까 싶을 정도로 교회 안에서 우리 집 생활은 안정감이 없었다. 하지만 어진 부모님 밑에서 배우고 자란 우리 4남매는 우리에게 닥친 도시 생활을 긍정적인 자세로 살아냈다. 부모님 역시 교인들의 온갖 시중을 다 들며 사찰 직분을 성실하게, 기쁘게 감당하셨다.

'새집'을 짓는 몇 달 동안의 일이라 기꺼이 감수할 수밖에 없었지만, 속은 결코 편치 않았다. 고등학교 1학년. 막 사춘기에 접어들고 있어서 예민한 시기였지만 겉으로는 아무렇지 않은 척, 부모님에게는 어떤 티도 내지 않았다. 고생하시는 모습을 보면서 내 개인의 감정을 드러낼 수 없었기 때문이다. 오히려 부모님을 위해 행복한 척하면서 속으로 삭일 수밖에 없었다. 그 모든 일들이 자식을 공부시키기 위한 부모님의 간절함으로부터 비롯되었음을 잘 알고 있었기 때문이다. 그때부터 내게 약간의 우울증 같은 것이 생기기 시작했다.

교회에서 주는 아버지 봉급은 우리 4남매를 키우기에는 턱없이 부족했다. 내가 기억하기로 1979년 아버지가 처음 사찰 일을 시작했을 때 월급이 10만 원이었다. 몇 년 뒤 20만 원으로 올랐고 또 몇 년 뒤에 30만 원으로 올랐다. 아버지는 대형 운전면허를 따고 교회 유치원 버스를 몰면서 그 수당으로 부족한 수입을 조금이나마 메웠다.

엄마는 교회 유치원 급식조리원 일을 하면서 10만 원을 추가로 받았다. 그래서 엄마의 옷은 늘 젖어 있었다. 주일에도 주방은 대부분 엄마 담당이었다. 당항리에 살던 시절, 주일이면 가장 좋은 옷으로 갈아입고 아침 일찍 교회에 나가 주일학교 교사로 아이들을 가르치고, 성가대원으로 예배 찬양을 하던 엄마의 주일 아침은 달라졌다. 아침 일찍 주방에 나가 수백 명의 교인이 먹을 밥을 짓기 위해 미리 쌀을 씻어 안쳐놓고 집으로 돌아와 우리 가족의 식사를 준비하던 엄마의 모습이 지금도 눈에 선하다. 예배가 끝나고 나면 엄마는 목사님 축복기도가 다 끝나기도 전에 다시 주방으로 가서 다른 여신도들과 함께 교인들 점심 식사를 준비하셨고, 설거지와 주방 정리까지 다 마친 뒤에야 돌아오셨다.

나와 동생들이 보통 11시 전에 끝나는 초등부 · 중등부 예배와 성경 공부를 마치고 집에 들어와 있으면 계속 현관문이 열렸다. "윤 집사님!" "김 집사님!" 쉴 새 없이 부모님을 찾는 것이었다. 아버지가 잠시 틈이 나 쉬고 있으면 어김없이 "윤 집사님!" 부르는 소리가 현관문 앞에서 들렸다. 그러면 금방 아버지는 "네, 갑니다!" 하면서 나가셨다. 내 동생들이 그런 삶의 자리에서도 이렇게 다 잘 자랐으니 참 고맙고 미안하다. 나 역시 사춘기가 무엇인지도 모르게 홀로 우울증을 앓으며 그 시기를 견뎌냈으니 참 감사한 일이다.

부모님은 이외에도 돈이 될 만한 일은 무엇이든 하면서 우리를 키웠다. 쉽지 않은 시간이었다. 나에게도, 부모님에게도, 동생들에게도. 당항리와는 사뭇 삶의 환경이 다른 도시에 적응하고 버텨내기 위해 안간힘을 써야 했던 부모님도 힘들었겠지만, 갑자기 '촌뜨기'가 되어 급우들의 놀림감이 되어야 했던 동생들도 힘들었을 것이다. 게다가 그 아이들은 차례차례 사춘기에 접어들기 시작했으니, 더 버텨내기가 쉽지 않았으리라.

이제는 제2의 고향이 된 수원. 첫 기억은 별로 아름답지 못했지만 그건 '수원'의 문제가 아니라 우리 사회의 문제였다. 게다가 나는 그 시절의 기억 덕분에 아주 중요한 삶의 경험을 할 수 있게 되었다. 우리 사회 민중의 삶을 머리가 아닌 가슴으로 먼저 이해할 수 있었던 것은 청소년 시기에 내가 보고 느끼고 살았던 내 부모님의 노동, 우리 가족의 삶, 나와 내 동생들의 고민이 있었기 때문이다. 그 시절의 생활은 내 삶의 좋은 교과서였다. 그래서 오늘의 내 머리, 내 심장의 대부분을 형성해준 어린 시절 농촌의 경험과 중3 이후 도시에서의 삶이 참 고맙다.

여자 목사를 꿈꾸는 문학소녀

지난 2022년 6월 교육부와 한국직업능력연구원이 초등학생의 장래 희망을 조사한 결과, 1위는 운동선수, 2위는 교사였다고 한다. 3위는 유튜브 등에서 활약하는 크리에이터, 4위는 의사였다. 그리고 장래 희망을 선택할 때 가장 중시한 부분은 '내가 좋아하는 일'이 거의 50%를 차지했다. 이 기사를 보면서 '우리 때와는 참 다르구나' 하는 생각이 들었다. 우리 시대의 장래 희망은 남자아이들은 대부분 '대통령' '장군' 등이었고, 여자아이들은 '현모양처'인 경우가 많았다. 위인전의 영향을 받은 탓이 크지만, 아이들이 꿈꾸는 미래는 그 당시를 살았던 어른들의 인식이 투영되는 경우가 많았다.

그런데 나는 일찌감치 초등학교 2학년 때부터 시인이 되는 꿈을 꿨다. 또래 아이들보다 상당히 이른 시기에 '구체적인 꿈'을 가지기 시작한 것이다. 담임선생님과 교감 선생님 덕분이었다.

당시 방학 숙제로 빠지지 않았던 것이 일기 쓰기와 공작이었다. 공작은 '수수깡으로 안경 만들기' '색종이로 바람개비 만들기' 등 '만들기'를 뜻하는 말이다. 어릴 때부터 성경책과 동화책 읽기를 즐겼고 그 내용을 나름대로 재구성해서 동생들에게 들려주곤 했던 내게 일기 쓰기는 가장 즐거운 숙제 중 하나였다. 담임선생님도 내가 낸 일기장 끝에 "미향이 일기는 읽는 재미가 있어" 하는 메모를 달아주시곤 했다. 하지만 공작 숙제는 자신이 없었다. 손재주가 좋은 아버지나 뭐든지 뚝딱뚝딱 해내는 엄마와 달리 나는 무엇을 만들든 어딘가 어설펐다.

초등학교 2학년 여름방학 때도 공작 숙제 때문에 고민스러웠다. 마침 바닷가에서 주워온 조개와 소라고둥 껍데기가 몇 개 있어서 그걸로 공작 숙제를 만들어 내기로 했다. 소라고둥 껍데기에 본드를 발라 하얀색의 두꺼운 마분지에 하트 모양으로 죽 붙이니까 제법 그럴듯했다. 하지만 역시 어딘가 어설퍼 보였다. 생각 끝에 하트 모양의 빈 곳에 몇 줄의 글을 썼다. 정확한 문구는 기억나지 않지만, 파도와 모래가 만들어 낸, 맨들맨들하기도 하고 거칠거칠하기도 한 조개 껍데기와 소라고둥 껍데기에서 맡아지는 비릿한 바다 냄새와 뱃고동 소리에 관해 썼던 것 같다.

지금도 그런지는 모르겠지만 당시에는 아이들이 방학 숙제로 제출한 그림이나 공작품을 교실 창문 앞 진열대에 쭉 세워 놓았다. 그리고 교장 · 교감 선생님과 여러 선생님이 각 반을 돌면서 점수를 매겨 방학 숙제를 잘해온 아이들에게 시상하곤 했다. 그때 우리 교실에 들어왔던 교감 선생님이 우리 반 친구들의 작품을 둘러보다 잠깐 누군가의 작품 앞에서 발걸음을 멈췄다. 교감 선생님은 우리 학교로 전근을 오신 지 얼마 되지 않아서 우리에게 익숙한 분이 아니었다. 모두 교감 선생님이 누구 작품을 보고 계시나 궁금해하는 눈빛으로 보고 있었다. 그런데 갑자기 내 이름이 불렸다.

"윤미향이 누구지?"

조개 고등 하트 옆에 붙은 내 이름을 보고 교감 선생님이 나를 찾은 것이다. 사실 내 작품에 자신이 없었기 때문에 '제발 빨리 지나가라, 빨리 지나가라' 빌고 있던 참이었다. 그러니 약간 부끄러운 모습으로 일어날 수밖에 없었다. 그런데 내 걱정은 기우였다.

"미향이가 글을 아주 잘 썼구나. 너는 나중에 시인이 되어도 좋겠다."

시인이라…. 시가 뭔지도 몰랐고 내가 쓴 게 시인지도 몰랐지만 '시인'이라는 말이 왠지 멋있었다. 그때부터 '나는 시인이 될 거야' 생각하고 꿈을 꾸면서 시를 쓰기 시작했다. 소재와 주제는 교실 밖으로 나가면 무궁무진했다. 하늘, 물, 꽃, 나비, 바다…. 내 꿈은 누가 물어도 시인이었다.

초등학교 4학년 때였나 5학년 때였나, 장래 희망 조사 때 딱 한 번 신사임당이나 한석봉의 어머니 같은 현모양처를 장래 희망으로 쓴 적이 있다. 현모양처가 뭘 뜻하는 건지 잘 몰랐지만 '여자'라면 당연 히 그런 꿈을 꾸어야 하는 줄 알았다. 아마도 위인전의 영향이 크지 않았을까 싶다. 하지만 단 한 번의 '외도'를 제외하고는 초등학교 내 내, 그리고 중학교에 들어가서도 내 꿈은 시인이었다.

하지만 멋진 시인이 되고자 했던 꿈은 중학교 2학년 무렵 '여자 목 사'로 전격적으로 바뀌었다. 훗날 우리 식구가 머물게 된 수원장로 교회 윤 목사님의 사모님이 선물해주신 『먼동이 틀 때까지』라는 한 권의 책 때문이었다. 생각해보면 참 묘한 인연이다. 사모님이 선물한 책은 내 꿈을 여자 목사로 바꿔놓았고, 이렇게 바뀐 내 꿈은 우리 가 족의 삶을 통째로 바꿔놓았으니 말이다.

『먼동이 틀 때까지』는 '한국의 헬렌 켈러'라고 불린 양정신 목사님 의 일대기를 그린 책이다. 안타깝지만 지금은 절판되어 구할 수 없 다. 여섯 살 때 실명한 양정신 목사님(1920~1999)은 일본으로 유학 가서 의학 공부를 마치고 돌아와 병원을 열고 진료를 보다가 기독교 에 귀의했다. 1977년 한국기독교장로회 최초의 여성 목사로 안수받 은 양정신 목사님은 인천에 삼일교회를 개척하고 자신과 같은 시각 장애인을 돕는 일에 매진했다.

'여자도 목사가 될 수 있다!'

그때까지 나는 여자도 목사가 될 수 있다는 생각을 한 번도 해본 적이 없었다. 그런데 양정신 목사님은 맹인의 몸으로 여자 목사가 되어 평생을 헌신하고 살았다는 것이 아닌가. 더구나 내가 출석하고 있는 기독교장로회가 일찍부터 여자에게도 목사 안수를 해주고 있다는 사실이 내게 전율을 안겼다. 순식간에 책을 읽어 내려갔다. 어느새 눈앞에는 여자 목사가 되어 당당히 강단에 선 내 모습이 그려졌다.

당시 대한민국 전체가 보수적이었지만 특히 교회는 더 보수적이었다. 남학생과 여학생이 격의 없이 어울릴 수 있어서 언뜻 교회가 상당히 열린 곳이라고 생각하기 쉽지만, 남녀 신도의 성별 역할이 명확하게 구분되는 것이 교회 문화였다. 남자는 할 수 있지만 여자는 할 수 없는 일도 많았다. 목사도 그중 하나였다. 그 시절에는 일반 사회도 마찬가지였다. 직업 선택도 남녀가 달랐다. 여자의 직업이라고 하면 대부분 유치원 선생님이나 간호사를 떠올리곤 했다.

양정신 목사님의 책을 통해 여자도 목사가 될 수 있다는 걸 알게 된 그날, 나는 그렇게 구분된 틀 너머를 본 것 같아 기뻤다. 그래서 시인에서 여자 목사가 되기로 마음을 바꿨다. 그리고 아버지에게 목사가 되기 위해 고등학교를 인문계로 가야겠다고 말했다.

"아버지, 저 목사 될래요! 목사 공부 하게 해주세요!"

목사가 되기 위해 신학대학에 진학하려면 신학대학이 있는 대도시(서울, 부산 등)로 유학을 가지 않으면 안 되었다. 부모님의 고민이 깊을 수밖에 없는 일이었는데, 그것을 내가 원한 것이다. 그런데 공교롭게도 그런 부모님께 '여자 목사'를 말씀드리기 몇 년 전, 사촌 언니가 진주에 있는 고등학교에 입학해서 혼자 자취하다가 결국 학교도 제대로 졸업하지 못하고 중퇴한 채 일찍 시집간 일이 있었다. 그런 기억 때문에 부모님은 나를 혼자 도시 고등학교로 보내는 것을 영 미덥지 않아 했다. 그래서 수원교회 사찰을 구한다는 얘기를 듣자마자 부모님은 아버지가 손수 설계하고 직접 벽돌을 찍어서 만든 당항리 1621번지 파란색 지붕의 우리 집을 팔고, 소도 팔고 모는 걸 정리해서 수원으로 이사할 준비를 시작했다. 부모님은 우리를 공부시킨 후에 다시 고향으로 내려올 생각을 했기 때문에 우리 동네 바로 아래 가장 좋은 위치에 있던 논과 밭들은 팔지 않고 그대로 둔 상태였다.

아버지의 친척들은 딸자식 공부 때문에 정해진 갑작스러운 이사를 말렸다. 그도 그럴 것이 우리 동네에서 자식 공부시킨다고 온 가족이 도시로 이사 간 집은 한 집도 없었다. 특히 아버지 큰형님은 "딸내미 공부시킨다고 집과 논을 버리고 이사 가는 놈이 어디 있나!" 하며 나무라셨다. 하지만 아버지와 엄마는 결국 이삿짐을 쌌다.

1979년, 내가 중학교 3학년 때 우리 식구는 당항리의 삶을 모두 정리하고 수원으로 떠났다. 앞날에 혹은 수원에 무엇이 기다리고 있는지도 모른 채.

걸인을 손님으로 대한 어머니

"남의 집에 빈손으로 가는 거 아니다."

고향 당항리에서 '이웃'이란, 말 그대로 숟가락이 몇 개인지도 다 아는 사이였다. 네 집 내 집 따로 없이 모든 이웃 어른이 작은아버지, 큰아버지, 이모, 고모였고 아이들은 모두 '우리 집 아이'였다. 어느 집에 가건 '남의 집'이라는 생각이 딱히 없었다. 하지만 그 시절에도 엄마는 우리 4남매에게 늘 강조했다. 남의 집에 갈 때는 빈손으로 가지 말라고. 사립문 밖에서 친구를 불러내는 건 딱히 인사를 차릴 필요가 없지만 무슨 일로든 남의 집 방문을 넘어갈 일이 있다면 고구마든 옥수수든 뭐든 들고 가라는 당부였다. 엄마의 당부는 어느덧 내 몸에 아로새겨져 지금도 어디를 방문하거나 누구를 만나게 되면 가방에 선물할 것을 무엇이든 챙겨서 넣어 다니는 게 습관이다.

엄마는 남의 집에 손님으로 갈 때뿐 아니라 집에 손님이 올 때도 대접에 소홀함이 없었다. 당항리에 살 때도 그랬지만 수원 돌교회 시절에는 교회 교육실이나 회의실이 있는데도 우리 집을 사랑방 삼아 놀다 가는 교인이 많았다. 특히 대학생과 젊은 교인들은 "집사님, 밥 좀 주세요" 하면서 수시로 문을 열고 들어서곤 했다. 비싼 과일이나 고기반찬은 있을 턱이 없었지만, 엄마는 김치 한 보시기에 따뜻한 밥 한 그릇일망정 예고도 없이 찾아드는 손님들을 싫은 내색 한 번 없이 정성껏 대접했다.

엄마의 지극한 손님 대접은 당항리 시절부터 익히 봐 왔던 것이지만 어린 마음에 이해하기 어려운 것도 있었다. 동냥하러 온 걸인들까지 우리 집을 찾은 손님으로 대접했기 때문이다.

지금은 서울에서도 일부 지역을 제외하면 걸인을 보기 힘들지만 나 어린 시절에는 어딜 가나 걸인들을 쉽게 볼 수 있었다. 당시 걸인은 지금의 노숙자와는 전혀 다른 존재였다. 마을 근처에 움막을 짓고 살면서 먹을 것을 동냥하러 다니는 경우도 있었고, 아이까지 데리고 이 마을 저 마을 떠돌아다니는 가족 걸인도 있었다. 우리 부모님은 이처럼 다양한 걸인들을 모두 '손님'이라고 통칭했다.

"미향아, 손님 오셨다. 부엌에 남은 밥 있으면 좀 가져다줘라."

내가 초등학교에 다닐 무렵, 우리 집은 곤궁함을 벗어나 논도 사고 집도 짓고 어느 정도 여유를 갖게 되었다. 그러면서 우리 집을 찾아오는 걸인의 숫자도 늘었다. 자기들끼리 '미향이네 가면 헛걸음은 안 한대' 하는 정보라도 주고받는 건지 몰라도 우형마을에 들어오는 걸인들은 거의 빠짐없이 우리 집에 들렀다. 게다가 우리 집의 위치는 '손님'들이 들르기 매우 쉬운 곳이었다. 마을을 들며 날며 지나치는 동네 한복판에 있었기 때문이다. 마당의 평상에 앉아 있으면 마을을 지나다니는 사람들의 모습이 다 보였다.

어머니는 이렇게 시도 때도 없이 찾아오는 '손님'들을 그냥 보내는 법이 없었다. 그런데 재미있는 건 우리 집을 찾는 손님 중에 '단골'이 있었다는 것이다. 얼마나 자주 왔는지 이름까지 알 정도였다. '정남이'라는 이름의 그 걸인은 늘 '각시'와 함께 동냥하러 다니곤 했다. 정남이는 큰 키에다 검은색 롱코트를 입고 다녀서 멀리서 보면 제법 멋진 신사처럼 보일 정도였다. 서울에 있는 대학을 졸업했다는 소문도 있었다. 마을 사람들은 그런 모습 때문에 오히려 더 정남이가 지나갈 때마다 놀려대곤 했지만, 엄마는 한 번도 정남이를 놀린 적이 없다. 엄마 덕분에 우리 남매들도 정남이를 함부로 대하지 않았다. 어느 해였나, 함께 다니던 각시의 배가 불러오면서 정남이는 단연 우리 마을의 화제가 되었다.

보통 걸인들은 사립문 밖에서 집주인의 눈치를 보거나 "동냥 좀 주이소!" 하며 자기가 왔음을 알리는데, 정남이는 일체의 절차 없이 쑤욱 문을 열고 마당으로 들어서곤 했다. 밥을 달라는 것이다. 엄마는 그렇게 정남이가 들어오면 평상에 우리 식구들이 먹던 꽃무늬가 새겨진 은색 알루미늄 상을 펴고 두 사람을 위한 상을 제대로 차려줬다. 전기도 들어오지 않는 시골이라 식은 보리밥밖에 없었지만 호박국이나 된장국 등 우리 식구들이 먹는 국까지 끓여서 말 그대로 '손님 대접'을 했다. 어린 시절에는 엄마의 그런 모습이 참 이상하고 싫기도 했다.

"우리 여섯 식구가 먹기도 부족한데 왜 저 사람들한테까지 밥을 줘야 돼?"

때로는 불평하는 내게 엄마는 "하나님이 이웃을 내 몸과 같이 사랑하라고 그랬잖니" 하면서 나를 달랬다. 엄마의 그 말에 나는 더 이상 할 말이 없었다. 어린 딸아이가 둘이나 있는 집에 낯선 사람을 들이는 데 대해서도 별걱정을 하지 않으셨던 것 같다. 밤이고 낮이고 문을 잠그지 않고 사는 시골 살림이기도 했지만, 원체 사람에 대한 믿음이 있기 때문이었다.

언젠가 정신질환을 앓는 청년이 길을 잃고 헤매다 우리 동네까지 온 적이 있다. 부모님은 그 청년을 우리 집에서 먹여주고 재워주고 돌보면서 읍사무소와 파출소 등에 가족을 찾아달라고 신고했다. 며칠 혹은 몇 주였는지 잘 기억나지 않지만 제법 오랫동안 우리 집에 머물던 청년의 가족이 찾아와 그를 데리고 갔다. 그 후 며칠 동안 우리 집에서는 소고기 파티가 벌어졌다. 청년의 가족들이 고마움의 표시로 읍내에서 소고기를 두어 근 사서 신문지에 포장해서 갖다준 덕분이다.

한 가지, 엄마의 손님 접대에 덧붙이고 싶은 이야기가 있다. 엄마가 사실은 결벽증 비슷한 게 있어서 아버지는 물론 우리 4남매가 먹던 수저도 입에 대지 않았다. 우리나 아버지가 남긴 밥도 먹지 않았다. 그런 분이 꼬질꼬질 때에 절어 온갖 희한한 냄새를 풍기는 정남이와 각시에게 밥상을 차려주었으니, 정말 극진한 손님 대접이 아닐 수 없다.

이렇게 이웃을 대하는 태도는 수원으로 이사를 온 후에도 달라지지 않았다. 두 분은 그렇게 힘겹게 사시면서도 돈 좀 달라고 현관문을 두드리는 사람을 빈손으로 돌려보낸 적이 없었다. 엄마는 이런 사람들을 위해 늘 500원짜리 동전을 준비해두었다.

1982년 말, 내가 고3 때의 일이다. 엄마와 서울행 전철을 타기 위해 수원역 광장을 지나고 있는데 60대 후반쯤으로 보이는 어떤 아저씨가 500ml 우유를 들고 달려와서는 엄마에게 주고 고개를 꾸벅하며 인사하고 갔다. 지나가던 사람들이 흘깃흘깃 우리를 보는 바람에 약간 부끄러워진 나는 "엄마, 누군데 저 아저씨가 엄마에게 우유를 주고 가?" 하고 물었다. 그런데 엄마는 나와 정반대로 약간 감동한 표정이었다.

"우리 집에 찾아오시는 거리 손님이야."

　나 자신이 살짝 부끄러워진 날, 하지만 엄마가 정말 멋져 보인 날이었다.

성경보다 더 큰 성경, 부모님

걸인을 손님으로 대하는 부모님의 모습에서 사람 사이에는 층하가 없다는 것을 배웠다. 교회 일이나 집안일이나 가리지 않고 열심히 맡은 바 임무를 다하는 모습에서는 헌신과 봉사를 배웠다. 그렇게 부모님을 통해 신앙인이 어떻게 살아야 하는 것인지, 실천하는 신앙인의 삶을 배우며 자랐다.

우리 집은 일주일에 한 번씩 가정 예배를 드렸다. 부모님이 논일을 마치고 집에 돌아오면 저녁 식사와 설거지를 다 마치고, 온 식구가 찬송가 책과 성경책을 갖고 둘러앉았다. 어쩌다 가정 예배 시간이 되었는데 친구들이 나랑 같이 놀고 있으면 그 아이들도 우리 식구와 함께 둘러앉아 예배를 드렸다. 예배 시간에 부모님은 일주일 동안 생활하면서 친구와 싸우거나 거짓말을 한 일은 없는지 기도를 통해 반성하게 했고, 우리 집의 가훈인 '참'되게 살아야 한다는 이야기를 들려주셨다(가훈이 '참'이었다). 마치 일기를 쓰고 다짐하는 시간과도 같았다.

신앙에 있어서는 그렇게 보수적이었던 부모님이었지만, 사회문제에 대해서는 진보적인 성향을 갖고 계셨다. 내가 최루탄 연기 자욱한 학생 시위를 처음 맛본 건 고등학교 1학년 때, 아버지 덕분이었다. 1980년 5월 무렵이다. 김재규 중앙정보부장의 손에 박정희 대통령이 죽임을 당하면서 찾아온 '서울의 봄'이었다. 토요일인지 일요일인지 기억이 잘 나지 않는데, 그날 아버지는 나를 데리고 수원 시내로 나갔다. 나는 아버지와 함께 시위대와 경찰의 일진일퇴가 벌어지는 현장을 지켜보기도 했고, 백골단이 의기양양하게 무리 지어 다니며 공포 분위기를 조장하는 모습도 보았다. 또 어떤 날에는 최루탄 냄새를 폴폴 풍기는 대학생들이 교회 마당으로 뛰어들기도 했다. 아버지는 그 학생들을 교회에 숨겨주기도 했고, 우리 교회에서 위쪽 팔달산으로 넘어가는 담벼락 밑에서 그곳으로 도망가는 학생들의 신발을 던져주기도 하며 학생들의 데모를 도왔다. 평생 농사짓고 교회 일만 보아왔던 아버지가 언제 어떻게 그런 의식을 가지게 되었는지는 모른다. 다만 그 시대 여타 부모님과는 달리 학생들의 시위에 상당히 호의적이었던 것만은 생생한 기억으로 남아 있다.

기독교가 아닌 타 종교에 대해서도 배타적이지 않았고, 딸의 '여자 목사' 꿈을 위해 탄탄하게 자리 잡은 시골 살림을 몽땅 정리하고 도시로 떠나올 정도로 남녀 차별에 대해서도 생각이 열려 있었던 아버지와 어머니였다. 훗날 내가 한신대학교를 다닐 때는 직접 시위에 참여하는 걸 뻔히 알면서도 한 번도 말리지 않았던 우리 부모님. 그런데 의외로 신앙에 대해서는 상당히 엄격하고 보수적이었다.

아버지는 평생 농사를 지으면서도 막걸리조차 입에 댄 적이 없다. 신앙인은 술과 담배를 해서는 안 된다고 믿기 때문이다. 우리 집에 일하러 온 일꾼들을 위해 술상을 내는 경우에도 아버지는 술 마시는 시늉도 하지 않을 정도로 엄격했다. 담배는 말할 것도 없다.

이러한 교육은 나에게도 그대로 적용되었다. 대학 시절 세미나가 끝나고 뒤풀이하면서 선배들이 술을 권할 때도 나는 술을 먹어도 되는지 고민했다. 그리고 교회에서도 포도주는 마신다는 생각으로 소주에 써니텐을 섞어 마시는 웃지 못할 일도 있었다.

아버지는 환갑을 한참 넘은 나이가 되어서야 술과 담배 자체가 죄가 되는 것이 아니라는 고백을 하고 자식들과 어울려 포도주도 맥주도 한잔씩 하게 되었다. 자식들과 함께 살아가는 과정을 통해서 부모님도 교리에서 해방되고 변화하게 된 것이다.

어린 시절, 부모님은 노래도 찬송가나 동요 외에는 부르지 못하도록 했다. 동생들은 어땠는지 모르겠지만, 부모님의 말씀에 곧이곧대로 순종했던 나는 고등학교를 졸업할 때까지 알고 있는 대중가요가 거의 없을 정도였다. 여자 목사가 되겠다며 부모님을 조르는 등 고집을 부린 일이 없지는 않지만, 대학 진학 문제를 제외하면 부모님의 말씀을 어긴 일이 거의 없다.

좀 다른 이야기지만, 고등학교 졸업할 때까지 교복도 엄마가 직접 만들어주신 걸 입고 다녔다. 교복 전문점에서 만든 옷과는 어딘가 다른, 같은 듯 묘하게 다른 교복이었다. 특히 티가 나는 곳은 치마의 주름이었다. 맞춤 교복은 주름이 가늘었는데 엄마의 교복은 상대적으로 넓어서, 함께 서 있으면 확실하게 티가 났다. 급우들이 "네 교복은 왜 그래?" 하고 물어보면 "우리 엄마가 직접 만들어줘서 그래" 하면서 별일 아니라는 듯 넘겼다. 유행에 민감한 사춘기 소녀 시절, 멋도 부리고 싶고 친구들의 시선이 신경이 많이 쓰일 때였지만 나는 부모님이 주시는 대로 받아들였다.

일주일에 한 번씩 빠짐없이 가졌던 가정 예배는 서울(수원)에 올라온 이후 조금씩 횟수가 줄어들다가 흐지부지 사라지게 되었다. 새 학교에 적응하느라 온 에너지를 쏟아야 했고, 고입과 대입도 준비해야 했다. 나는 매일 새벽에 나가 밤늦게 돌아왔다. 예배를 볼 시간이 없었다. 하지만 가정 예배를 통해 은연중에 전해진 부모님의 보수적 신앙관은 대학에서 새로운 사람들을 만나고 새로운 공부를 시작하면서 세상을 다시 보게 될 때까지 내 마음속, 내 정신 속에 계속 남아 있었다. 아니, 어쩌면 교회와 제법 멀어져 있는 지금도 나의 본질은 '보수적 기독교인'일지도 모르겠다.

새벽별 보기 운동과 향수병

지난 2022년 10월 29일, 이태원 참사가 있던 그 시간, 나와 남편은 촛불집회에 참석했다가 함께 이태원 길을 지나 집으로 가고 있었다. 아마도 사고가 났던 그 시간쯤 그 주변을 통과하고 있었던 것 같다. 그리고 집에 도착해서 뉴스를 통해 이태원에서 사고가 났다는 것을 알게 되었다. 그때부터 밤을 꼬박 새우며 SNS에 올라오는 사고 소식들을 확인했고, 피해가 최소화되기를 기도하며 애를 태웠다.

하루가 지나고, 나는 다시 일상을 살게 되었다. 하지만 그사이에 희생자 숫자는 믿기지 않을 정도로 늘었다. 그때 문득 아버지 대신 종탑에 올라가 조종을 울리던 어린 시절의 기억이 떠올랐다. 그때 그 종을 울리던 심정으로 이태원 골목에서 스러져간 안타까운 영혼들을 생각하며 종탑 앞에서 찍은 빛바랜 누런 가족사진과 함께 짧은 글을 페이스북에 올렸다.

나의 고향, 내가 엄마 몸 안에 생명체로 있을 때부터 다니던 당항교회의 종탑이다.

주일이 되면, 수요일 저녁이면, 예배 시간을 알리는 종소리가 온 동네를 울렸다. 그때는 종탑 아래로 내려와 있는 종과 연결된 긴 줄을 잡아당겨 종을 쳤다. '댕그랑~ 댕그랑~'

그런데 동네에 누군가 돌아가시면 사람이 직접 종탑 위에 올라가 종을 손으로 잡고 '댕~ 댕~ 댕~' 돌아가신 분의 나이 숫자만큼 종을 쳤다. 종을 치는 사람은 동네 분의 나이가 몇 살이라는 것까지 알고 있었다는 이야기.

내 아버지가 교회 일도 많이 하시고, 동네일을 많이 하셔서 누가 돌아가셨다고 하면 논에서 일을 하시다가도 교회로 달려가 종을 치셨다.

그런데 달려오기 힘드실 때는 논에서 나를 큰 소리로 불렀다. 내가 어디 있든지 그 소리가 들렸다. 부모님이 일터에 나가시면 내 마음의 귀가 아마도 부모님 일터에 가 있었기 때문이 아닐까 싶다. 아무리 멀리서 불러도 내 귀에는 들렸다.

"미향아~ 미향아~"

그러면, 나 역시 큰 소리로 답했다.

"예~~~~"
"○○○ 할배가 돌아가셨다. 가서 종 ○○개 쳐라."

그러면 나는 곧바로 쏜살같이 그 슬픔을 동네 사람들에게 전하기 위해 교회로 달려갔다. 그리고 종탑을 타고 올라가 종을 쳤다. 어린 나이여서 다리를 쫙 벌리고도 위 칸에 다리가 닿지 않을 때는 철탑을 두 손과 두 다리로 꼬고 올라가 종을 잡을 때도 있었다.
댕~ 댕~ 종소리의 여음이 사라질 때까지 쳤기에 시간이 꽤 걸렸다.
그런데, 그때 내 마음을 되돌아보면 늘 슬펐고, 참 경건했다. 친한 사이였든 그렇지 못했든 한동네에 살던 누군가 돌아가셨다는 슬프고, 아프고 참 안됐다는 감정이 종탑 위에 거의 매달린 채 종을 치던 어린아이의 마음을 가득 채웠던 것 같다. 그리고 그분의 상여가 동네를 돌 때는 졸졸 따라다니면서 그 가족들이 울면 나도 따라 눈물을 흘렸다.

오늘 아침 눈을 뜨니 갑자기 그 어린 날이 생각났다.
소중한 사람들을 참사로 잃고 견디기 힘든 슬픔을 겪고 계실 가족들, 이웃들, 벗들이 생각났다. 얼마나 슬플까. 지금 겪고 있는 슬픔이 치유될 수 있을까? 하늘이 주신 목숨의 시간을 다 살고 이별해도 죽음은 슬픈 일인데, 얼마나 힘겨울까….

눈물이 나서 울었다. 어릴때 종을 치던 그 마음을 다시 내 속에 일으켜 세워

희생자들의 나이를 더하고 더해도 셈이 되지 않아

끝도 없이 종을 치며 간절히 간절히 기도한다. 부디, 부디, 잘 견뎌내 주시고, 이겨내 주시기를….

그런데 내가 올린 그 글과 사진을 보신 어머니가 답글을 카톡으로
보내왔다.

예배당 종탑 사진은 어디서 찾았니?
미향이는 다 잊어버리고 사는 줄 알았는데….
엄마 큰딸로 태어나서 고생 많이 했다.
그 시절 생각하니 눈물이 나네.
세월이 어서 지나 네가 자유롭고 좋은 날이 왔으면 좋겠다.
하루라도 빨리 네가 크게 웃고 사는 모습을 보고 싶구나.

재판 결과가 나오기 전이라 엄마의 심정은 언제나 조마조마했을
것이다. 그런 상황에서 당항리 종탑을 보니 문득 즐겁고 행복했던
'미향이의 어린 시절'이 생각나셨던 모양이다.

사실 어린 시절 사진이 많이 남아 있지 않다. 특히 당항리 시절 가
족사진은 많지 않다. 카메라도 없었고, 사진관에 갈 만한 여유도 없
었다. 이 사진도 아마 목사님이나 동네 다니러 왔던 도시 사람이 찍
어준 것이리라. 그래도 이렇게 저렇게 찍은 사진들이 남아 있어 그
시절을 떠올릴 수 있게 해준다.

그런데 수원교회 시절에는 함께 찍은 사진이 거의 없다. 그만큼 부
모님을 비롯해 모든 가족이 사진 찍을 마음의 여유조차 없을 정도로
바빴던 것 같다.

그 시절, 누구에게도 말하지 못했지만 늘 우울했던 나는 새벽같이 일어나 아직 안개가 걷히기도 전에 조용히 집을 빠져나와 학교 가는 버스를 탔다. 학교에 도착하면 늘 건물 출입문이 잠겨 있어서 숙직하는 선생님을 깨워서야 교실로 들어갈 수 있었다. 하교 시간에도 야간 자율학습이 끝난 뒤 밤 10시가 넘는 깜깜한 시간이 되어서야 집에 돌아왔다. 그리고 새벽이면 다시 집을 나섰다.

학교생활은 고난의 연속이었다. 당항리에 살 때는 중학교에서도 반에서 상위 등수를 놓친 적이 없었지만 '도시' 학교는 달랐다. 전학을 와서 보니 모든 수업의 진도가 거의 반년 정도는 차이가 나 있었다. 국어나 사회과목은 어떻게든 쫓아갈 수 있었지만 영어와 수학은 혼자 따라가기에는 진도 차이가 너무 났다. 차츰 좋아지기는 했지만 끝내 고향에서 받았던 만큼의 성적을 낼 수는 없었다.

성적도 성적이지만 까무잡잡하게 탄 피부와 거친 사투리는 또 다른 잊지 못할 기억을 만들어 냈다. 아무리 깨끗하게 빨아 입어도 옷차림 역시 촌스러움을 벗어날 수 없었다. 도시의 아이들에게 나는 경상남도 남해 어느 마을에서 올라온 촌뜨기 여학생, 그 이상도 이하도 아니었다.

결국 나는 혼자 짐을 싸서 고향으로 내려갔다. 중학교를 졸업하고 고1이 되어서 맞이한 설날 때였다. 고향에 대한 그리움, 향수병을 더 이상 이길 수 없었기 때문이다. 상대적 박탈감으로 인한 우울감은 매일매일 고향에 가고 싶다는 마음으로 나타났다. 심지어 꿈에서도 고향이 보였다. 설날 아침, 무작정 짐을 싼 나는 "엄마, 나 시골 좀 갔다 올게요" 하고 말을 건넸다. 엄마는 깜짝 놀랐지만 말리지 않았다. 나는 용감하게 길을 나섰다. 통일호 입석 야간열차를 타고 꾸벅꾸벅 졸면서 순천까지 내려갔다. 거기서 물어물어 버스를 타고 남해읍까지, 거기서 다시 버스를 타고 고향 마을을 찾아갔다. 겨우 1년 만에 보는 고향 산천이었지만 마치 수십 년 떠나 있었던 것처럼 모든 것이 새롭게만 보였다.

오랜만에 친구들도 만났고, 큰집과 작은집 식구들, 옆집 뒷집 아저씨 아줌마도 만났다. 교회에 가서 예배도 드렸다. 오랜 시간도 아니었고 단 며칠이었지만, 그렇게 고향을 만난 기운으로 나는 또 기나긴 도시 생활을 이겨낼 힘을 조금이나마 얻을 수 있었다.

노래에도 사투리가 있다

   처음 수원으로 전학이 결정되었을 때, 뜻밖에도 전학 첫날부터 나의 사투리가 아이들의 놀림감이 되고 말았다.

   1979년 5월, 전학 일정이 늦어지면서, 학기가 시작되고 한참 지난 뒤에 전학을 할 수 있었다. 수원 수일여중이었다. 당시 수일여중 전학생은 나를 포함해 두 명. 또 한 명은 다른 학교에서 문제가 되어 강제 전학을 온 것 같았다. 언뜻 보기에 키도 크고 멋져 보였다. 반면에 아직 교복을 맞추지 못한 상태에서 촌스러워 보이는 사복을 입은 나는 새카만 얼굴에 깡총한 단발머리. 누가 봐도 '시골뜨기'였다.

   교무실에서 담임선생님과 첫 대면을 하고 배정받은 반 교실로 선생님과 함께 들어갔다. 담임선생님은 보기에도 참 선해 보이는 여자 선생님이었다.

"오늘부터 여러분하고 같이 공부하게 될 윤미향이다. 남해에서 왔는데, 공부도 잘했고 상도 많이 받은 우등생이었다. 사이좋게 잘 지내기 바란다. 자, 미향아, 아이들한테 인사해."

50여 개의 까만 눈동자가 나를 바라보았다. 자신 있게 내 소개를 시작했다.

"저는 남해군 남면에 있는 해성중학교에서 전학 온 윤미향이라고 합니다…."

인사말을 하자마자 아이들은 온 교실이 떠나갈 듯 웃기 시작했다. 사투리 때문이었다. 악의 없는 웃음이었겠지만, 그만 얼굴이 빨개지면서 인사를 더 이어가기 어려웠다. 그때만 해도 사투리와 표준말이 그렇게 다르다는 것을 몰랐다. 부모님도, 목사님도, 교회 사람 누구도 우리의 억양과 말의 다름에 대해 이상하게 생각하지 않았고 놀리지도 않았다. 그때까지 가본 대도시는 부산이 전부였는데, 부산에서도 역시 같은 사투리를 썼기 때문에 전혀 의식하지 못했다. 간혹 TV 드라마나 라디오 연속극을 통해 서울말을 듣기는 했지만, 그냥 다르다고만 생각했지, 그것이 웃음거리가 될 것이라고는 생각하지 못했다. 50여 명 반 아이들의 깔깔거리는 웃음소리에 당황했지만 아무렇지도 않은 척 첫 대면을 끝냈다.

본격적으로 수업이 시작되었다. 첫 번째 시간은 한문이었던 것 같다. 교실로 들어온 한문 선생님은 교탁 옆 의자에 앉아 출석부를 들고 이름을 확인했다. 그러고는 금방 "윤미향? 전학 왔니?" 하더니 나에게 장난처럼 물었다.

"미향아, 너 노래 잘하니? 노래 하나 해볼래?"

그렇게 신고식을 하라고 하는 듯했다. 내심 선생님의 얘기가 반가웠다. 노래에는 자신이 있었기 때문이다. 교회에서 늘 노래를 배우고 불렀고, 노래 경연대회에 나가서 상을 받은 적도 있었다. 게다가 노래는 곡에 따라 부르면 되는 것이니까 별도의 억양이 있을 리가 없고, 사투리도 없을 것이라고 생각했다. 나는 자신 있게 노래를 시작했다. '꽃동네 새동네'라는 노래였다. 본래 아버지가 유행가를 부르지 못하게 했기 때문에 동요를 많이 알고 있었고, 가사도 외우고 있는 것이 많았다. 처음 만나는 우리 반 아이들도 좋아할 거라는 생각으로 이 노래를 골랐다.

뜰 아래 반짝이는 햇살같이
창가에 속삭이는 별빛같이
반짝이는 마음들이 모여 삽니다
오순도순 속삭이며 살아갑니다

그런데 이번에도 노래를 시작하자마자 아이들이 폭소를 터뜨리기 시작했다. 선생님도 웃음을 참지 못했다. 한참 후에야 그때 반 아이들과 선생님이 웃은 이유를 알게 되었다. 경상도 사람들의 발음이 'ㅡ'와 'ㅓ'가 구별되지 않는다는 것을 뒤늦게 안 것이다. '뜰 아래'를 '떨 아래'로 발음했다는 것을 그때 내가 알 턱이 없지 않은가.

아이들의 웃음 때문에 내심 '노래에도 사투리가 있나? 왜 웃는 거지?' 하면서 당황했지만 그래도 끝까지 불렀다. 노래가 끝나자 선생님은 박수를 쳐주면서 "너는 노래도 사투리로 하는구나" 하고 웃었다. 노래도 사투리로 한다는 이야기가 나로서는 엄청난 충격이었다.

그날 저녁부터 나는 맹렬하게 표준말 연습을 시작했다. 부모님이 주무시는 안방을 차고앉아 저녁 9시 뉴스가 끝날 때까지 아나운서의 입 모양을 보면서 그 억양을 계속 따라 했다. 급하게 말하지 않고 또박또박 말하는 훈련도 함께 했다. 이런 훈련은 중학교 3학년 그리고 고등학교 1학년 때까지 거의 2년 동안 계속되었다. 학교에서도 계속됐다. 국어 시간에 선생님이 "누구, 책 읽을 사람?" 하면 나는 바로 손을 들었다. 당시 국어 수업에는 앞사람이 책을 읽다 틀리면 다음 사람이 바로 뒤를 이어 읽는 시간이 있었다. 책 읽기 훈련을 얼마나 열심히 했는지, 내 순서가 되면 끝까지 틀리지 않고 읽곤 했다. 덕분에 시간이 제법 지난 뒤에는 "야 너, 대단하다. 아나운서 해도 되겠다"라는 이야기를 듣기도 했다. 다행히 고1 무렵부터는 사투리 때문에 놀림 받는 일은 더 이상 없었다.

그때로부터 어언 40년 이상의 시간이 흘렀다. 혹 다른 분들은 어떻게 들으실지 몰라도 나는 약간의 경상도 억양을 빼면 거의 완벽한 표준말을 구사한다. 마음을 먹으면 그 억양도 바꿀 수 있다. (어디선가 이런 이야기를 하니 '경상도 사람들은 다 그런 주장을 하더라' 하면서 찬물을 끼얹는다.) 이제 내가 사투리를 쓰는지 아닌지 신경 쓰는 사람은 없다. 하지만 노래에도 사투리가 있다는 걸 알게 되었던 중학교 3학년 그 교실 풍경은 지금도 아픈 기억으로 남아 있다. 다름이 존중받지 못했던 교실, 다르다는 것이 우유거리가 되었던 교실에 대한 슬픈 기억이다.

고입도 대입도, 혼자서도 잘해요

수일여중으로 전학을 온 것이 5월. 곧 여름방학이 시작되었다. 방학에도 가능하면 학교에 나와 새벽부터 밤늦은 시간까지 책을 붙들고 씨름했다. 영어와 수학은 여전히 갈 길이 멀었지만, 2학기에 접어들면서 성적이 오르기 시작했다. 곧 고입 연합고사가 치러졌다. 고입이 '뺑뺑이'로 바뀌면서 두 번째로 치러지는 연합고사였다. 시험장은 마치 대학입시라도 치르는 것처럼 열기로 가득했다. 응원 나온 후배들의 구호 소리, 따뜻한 차와 간식 등을 파는 상인들, 긴장된 아이를 따뜻하게 안아주는 학부형들…. 하지만 우리 부모님의 모습은 없었다. 시험을 보고 나왔을 때도 수많은 인파 속에 우리 부모님은 없었다. 부모님은 아마도 내가 연합고사를 치르는 날인 것도 모르셨을 것이다. 시험을 보러 간다는 이야기를 아예 하지 않았기 때문이다.

연합고사뿐 아니라 고등학교 진학에 필요한 서류와 절차도 웬만한 것은 내가 알아서 처리했다.

해가 바뀌어 1980년 3월, 나는 수원 영신여고 학생이 되었다. 여중생이 여고생이 되었지만 내 생활은 크게 바뀐 것이 없었다. 중학교 때와 마찬가지로 부모님께 학교에 대한 이야기를 별로 하지 않았다. 부모님도 묻지 않았다. 어린 시절부터 맏딸인 나에 대해서는, 개입하지 않아도 문제없이 '알아서 잘하겠거니' 하는 믿음이 컸던 것 같다. 4남매 중 중학교, 고등학교까지 진학한 자식이 내가 처음이었으니 어떤 게 필요한지, 부모로서 무엇을 해야 하는지 경험이 없기도 했다.

그때는 학교생활도 재미가 없었지만 신앙에 대해서도 회의가 들기 시작했다.

'교회가 저런데, 목사가 되면 뭘 할 수 있을까?'

목사가 되겠다는 결심도 흔들렸다.

1982년, 고3이었다. 이제 온 신경은 대학입시에 가 있었다. 드라마에도 가끔 나오지만 고3은 어느 집에서나 왕이나 왕비보다 귀한 대접을 받는 존재가 아닌가. "우리 집에 고3 있잖아" 하면 모든 게 이해가 되는, 최소한 1년 동안은 집안의 중심이 되는 존재가 바로 고3이다. 하지만 우리 집은 내가 고3이 되었어도 전혀 달라진 게 없었다. 시간도, 공간도 나를 위해 따로 마련된 것이 없었다. 심지어 학력고사를 보기 바로 하루 전, 우리 집에서는 대대적인 '김장 파티'가 열렸다. 그것도 우리 집 김장이 아니라 교회 김장이었다.

　요약본이나 기출문제집을 펴놓고 조용히 최종 마무리를 해야 할 시간, 또는 명상이라도 하면서 마음을 가라앉히고 쉬어야 할 그 시간에 좁디좁은 우리 집 거실과 부엌, 마당은 수백 포기의 배추와 무, 고춧가루로 가득 찼다. 김장을 함께 할 여신도들과 엄마는 배추를 씻고, 다듬고, 무를 썰고 고춧가루에 버무리느라 정신이 없었다. 하지만 나는 엄마나 아버지에게 아무 내색을 할 수 없었다. 훗날, 그날이 어떤 날이었는지, 내게 얼마나 중요한 날이었는지 알고 나서 엄마는 "우리 미향이에게 참 미안하네. 그런 날조차 집에서 김장하느라 시끌벅적했으니…" 하며 미안해하셨다.

　1982년 학력고사는 기존 예비고사 제도를 폐지하고 치른 첫 번째 시험이었다. 대학입시 제도 자체가 크게 바뀌면서 고3 담임선생님들도 우왕좌왕했고, 혼선이 많이 나타났다. 그러니 학생들은 오죽했겠는가. 소위 입시 전문가라는 사람들이 연일 언론에 나와 새로운 입시제도에 따른 대입 전략을 소개했지만, 조금씩 서로 다른 이야기들이라 '이거다' 하고 따르기 어려웠다. 특히 1981년 예비고사 때까지는 무제한 복수 지원이 가능했지만, 우리 때부터 전기에 한 곳, 후기에 한 곳만 지원할 수 있도록 바뀌면서 눈치작전이 극심해졌다. 게다가 나는 부모님의 도움 없이 모든 걸 혼자 준비해야 했다. 공부만

해도 벅찬 시기에 입시 전략까지 세우는 건 쉽지 않은 일이었다.

학력고사를 치르던 날, 눈이 내렸다. 새벽에 눈을 떠서 나가 보니 아직 사람의 발길이 많이 닿지 않은 교회 마당은 순백의 세상이었다. 고입 연합고사 때와 마찬가지로 평소 학교 가듯이 혼자 시험장으로 향했다. 시험장 앞에는 연합고사 때보다 더 엄청난 광경이 펼쳐져 있었다. 하지만 아는 얼굴 하나 없는 나는 똑바로 앞만 보고 정문을 향해 걸었다. 그때 문득 눈에 들어온 한 사람. 담임선생님이었다. '요미향'이 아니라 우리 반 아이들을 보러 온 것이었지만 그마저도 눈물이 날 만큼 반가웠다. 아무렇지도 않은 척했지만 대학입시라는 큰 관문을 앞에 두고 내심 외로웠던 모양이다.

혼자 시험을 치고 돌아오는 길, 눈이 녹아 질척거리는 거리처럼 마음이 심란했다. 시험은 비교적 잘 봤지만 원서를 어디에, 어떻게 쓰느냐 하는 문제가 남아 있었기 때문이다. 고민 끝에 내가 꾸어왔던 꿈을 이루기 위해 한신대학교 신학과 진학으로 결정했다. 하지만 한신대학교로 가기 위해서는 커다란 결심이 필요했다. 생전 처음 부모님을 속여야 했기 때문이다.

'효녀 미향이'의 첫 번째 거짓말

정대협(정의연) 활동을 오래 하다 보니 남 앞에 나서는 일이 많았다. TV 등 언론에 얼굴을 비치는 일도 많았고, 할머니들과 함께 인터뷰에 나선 적도 많다. 2023년 10월 현재, 국회의원으로서 목소리를 내야 할 일도 많다. 그래서 그런지 내 성향을 외향적으로 보는 사람이 많은 것 같다. 하지만 대학생 때까지만 해도 상당히 내향적인 편이었다.

이런 성격은 주로 아버지를 닮은 것 같다. 아버지는 평소에 하고 싶은 말을 많이 참는 편이다. 그러다가 한번 터지면 감정이 폭발하기도 하지만, 보통 누구에게 싫은 소리를 하지 못하는 성격이다. 부당한 대우나 제안을 받아도 혼자 삭이고 그대로 감당하신다. 그런 성격은 3년 전 이용수 할머니의 기자회견 이후 언론사들이 아버지에 대한 기사로 도배하다시피 하고, 아버지가 검찰 소환조사를 당하면서 속으로 속으로 더 깊어졌다.

나는 수원에서의 삶이 힘들었지만, 그것 때문에 부모님 마음을 아프게 한 적은 없다. 눈치는 채셨겠지만, 말로든 행동으로든 부모님 뜻을 거스르거나 까탈을 부린 적이 없다. 일단 부모님의 결정이 내려지면 어떤 일이든 따르는 게 당연하다고 여겼다.

그랬던 '효녀 미향이'가 처음으로 부모의 뜻을 거스르고 일생일대의 거짓말까지 하게 된 것은 대학 진학 때문이었다. 이미 말했듯이 중학교 2학년 때부터 내 꿈은 여자 목사였다. 그러기 위해서는 신학대학에 가야 했다. 그런데 웬일인지 막상 대학 갈 때가 되자 부모님은 신학대학 진학을 말렸다.

"미향아, 네가 목사가 되는 걸 말리고 싶진 않지만 여자 목사로 사는 게 쉽지 않은 것 같더라. 우리 교회도 그렇지만 다른 교회들도 보면 전도사도 목사도 죄 남자들 아니냐. 이제 여자 목사 꿈은 접고 다른 길을 찾아봤으면 좋겠다."

그러면서 부모님이 내게 권한 것은 교사였다. "나중에 결혼하더라도 여자 선생님이 여자 목사보다는 한결 낫지 않겠느냐" 하는 말씀도 덧붙였다. 그러면서 교대나 사범대 지원을 권하셨다. 부모님의 마음은 충분히 이해할 수 있었다. 신학대에 지원서를 내려면 교회 담임목사님의 추천서가 있어야 했는데, 목사님의 의견도 같았다. 하지만 나는 내 뜻을 꺾을 생각이 없었다. 일단 "엄마 아버지의 뜻은 잘 알겠습니다" 하고 자리를 피했다.

학력고사가 끝나고 드디어 원서를 쓸 때가 다가왔다. 학력고사를 혼자 치렀듯이 원서도 선생님과 상담해서 내가 직접 썼다. 하지만 부모님께 어느 학교에 원서를 넣었는지는 말씀을 드려야만 했다. 그때 떠오른 곳이 한양대학교 국어교육과였다. 교사가 되면 좋겠다는 부모님의 권유도 수용하고, 어릴 때부터 글쓰기를 좋아했던 걸 부모님도 알고 있었기 때문에 잘 어울리는 선택이었다.

부모님은 매우 기뻐하셨다. 그런데 그것은 거짓말이었다. 나는 아예 원서를 내지도 않았던 것이다. 거짓말은 또 다른 거짓말을 부르기 마련이다. 합격자 발표날이 되었다. 그날따라 엄마가 함께 가신다고 아침부터 옷을 챙겨입으셨다. 나 혼자면 그냥 둘러댈 수 있는데, 어쩔 수 없이 엄마와 함께 한양대학교까지 갈 수밖에 없었다. 당연히 합격자 명단에는 내 이름이 들어 있지 않았다. 애초에 원서를 넣지도 않았으니 합격이 될 리가 있겠는가. 합격자 명단 앞에 서서 두리번거리다가 "엄마, 내 이름이 없네. 떨어졌나 봐" 하고 말씀드렸다. 이미 엄마도 내 이름이 없는 것을 확인하신 후였다.

"그러네. 미향이 네 이름이 없네."

엄마는 많이 실망하신 듯했다. 현장에서 직접 나의 불합격을 확인한 엄마에게는 너무나 미안했지만, 그로써 나는 드디어 한신대학교 신학과에 원서를 넣을 수 있는 '자격'을 획득했다. 이제 남은 숙제는 우리 교회 목사님의 추천서였다.

"여자가 목회하는 것이 얼마나 힘든데 신학을 하려고 그래?"

목사님의 답이었다. 그러나 끝까지 다른 대학에 지원하지 않고 버티며 목사님께 추천서를 써달라고 압박했다. 결국 내 고집을 이기지 못한 목사님이 추천서를 써주셔서 한신대학교 신학과에 원서를 낼 수 있었다.

드디어 면접 날 "왜 신학을 하려고 그래요?" 하는 질문이 날아왔다. 여자 목회자가 아주 드문 때였다. 당연히 궁금했을 것이다. 나는 당차게, 늘 준비하고 있던 답을 내놓았다.

"농촌 출신으로 농촌 목회를 제대로 하려고 합니다. 양정신 목사님 처럼 훌륭한 목회를 하고 싶습니다!"

그날 면접에서 답했던 대로 내가 목회자를 꿈꾼 데는 양정신 목사님의 책이 가장 큰 영향을 끼쳤다. 하지만 바로 그 시기, 초등학교 2학년 때 소풍날의 기억도 적지 않은 영향을 미쳤다. 70년대 초, 농촌

마을도 지독한 가난에서는 서서히 벗어나고 있었다. 덕분에 평소에는 꽁보리밥을 먹어도 소풍날에는 웬만하면 쌀밥 도시락을 싸갈 수 있었다. 도시처럼 알록달록 김밥은 아니어도 흰쌀밥에 분홍색 소시지, 달걀프라이가 얹힌 도시락이었다. 그런데 지금까지 잊히지 않는 한 친구가 있었다. 엄마 없이 아버지와 둘이 살던 친구였는데, 이 친구가 소풍날에도 까만 보리밥을 도시락으로 싸 온 것이다. 노란 양은 도시락 뚜껑이 열리는 순간, 그것을 본 친구들이 "얘는 소풍인데도 보리밥 도시락을 싸 왔네!" 하면서 한마디씩 했다. 그 소리를 들은 다른 친구들도 그 친구의 도시락을 보기 위해 몰려들었다. 그 친구는 당황하고 부끄러운 나머지 결국 우리와 어울리지 못하고 혼자서 밥을 먹었다. 그 모습이 어제 일처럼 눈에 선하다.

왜 그 기억이 지금까지 지워지지 않을까? 친구들의 그 모습이 나쁜 행동이라는 것을 알고 있었지만 말리지 못하고 그냥 지켜보기만 했던 내 모습이 함께 떠오르기 때문이다. 그래서 그날의 기억은 내게 오랜 상처로 남았다. 그 아이에게는 아무 말도 하지 않았지만, 친구들을 말리지 못하고 멀쩡하게 서서 구경만 했던 게 너무나 미안했다. 요즘도 가끔 고향 친구들을 만나면 그 아이가 어떻게 살고 있는지 물어보곤 하는데, 그 아이 소식을 아는 친구가 아무도 없다. 혹시라도 연락이 된다면 그날의 내 방관적 태도를 꼭 사과하고 싶다.

농촌에서는 어쩌면 흔한 일 중의 하나였겠지만, 그 아이와 같은 아이들을 다시는 만들지 않아야겠다는 마음이 농촌 목회를 하겠다는 나의 꿈에도 영향을 미쳤던 것이다.

내 답이 훌륭했던 건지 아니면 성적이 좋았던 건지, 무사히 합격했다. 한신대학교 신학과 83학번 신입생. 중학교 2학년 때부터 꿈꾸었던 여자 목사의 길에 한 발 더 들어서게 되었다.

성스럽고 특별했던 한신대 시위

대학 생활은 고교 시절에 생각했던 것처럼 낭만적인 것은 아니었다. 우선 서울 수유동의 넉넉한 숲속에 자리 잡은 캠퍼스가 아니라 경기도 오산에 새로 지어진 캠퍼스라는 게 대학 생활이 별로 낭만적이지 않았던 첫 번째 문제였다. 아직 공사가 채 끝나지 않아 곳곳이 흙투성이였고, 비라도 오게 되면 온 교정이 진흙탕이 되곤 했다.

그런 캠퍼스에서 수시로 시위가 벌어졌다. 신입생 티를 채 벗지 못한 5월에 학교 대동제가 열렸는데, 바로 그날이 대규모 시위를 벌이는 날이었다. 사복경찰이 학교 안에 쫙 깔린 상황에서 시위대는 교문을 향해 나아갔고, 밖에서는 끊임없이 최루탄을 쏘아댔다. 이미 고교 시절 아버지와 함께 수원 시내에서 대학생들의 시위를 '참관'해봤고 교회 오빠들에게 이런저런 이야기를 많이 들었던 터라 시위대열이 낯설지 않았다. 선배들을 따라 구호를 외치며 곧 시위대열에 뛰어들었다.

스크럼을 짜고 학교 정문 앞으로 나가다 보면 전경들이 우리 앞을 막았다. 그래도 우리 대열이 흩어지지 않으면 "와!" 하는 함성과 함께 체포조가 떴다. 그러면 우리는 다시 학교로 달리기하여 돌아와 구호를 외치며 전열을 가다듬었다.

어릴 때부터 달리기는 영 자신이 없었던 나는 얼마 뛰지도 못하고 그만 경찰의 손에 붙들리고 말았다. 뒷덜미를 잡는 손을 느끼는 순간 숨을 쉬기 어려울 정도로 두려웠다. 경찰이 현장에서 잡은 시위 학생들을 어떻게 하는지 많이 들었기 때문이다. 하지만 내 얼굴을 본 경찰은 "야, 이런 데 끼어 다니지 말고 집에 가!" 하며 나를 풀어주었다. 나는 뒤도 돌아보지 않고 학교 안으로 뛰어 들어가 다시 으쌰 으쌰 데모대열로 들어갔다.

그날 이후에도 비슷한 일이 몇 차례 반복되었다. '가투'(가두 투쟁) 에서 잡혔을 때도 다른 학생들은 끌고 가면서 나는 "야, 이런 데 다니지 말고 집에 가!" 하면서 손아귀에서 풀어줬다. 언젠가 서울지역 연합 가투를 나갔다가 잡혀서 경찰서까지 끌려간 적이 있는데, 그때도 별문제 없이 풀려났다. 하룻밤 유치장에서 자고 나온 것이 고작이었다.

내가 학내외 시위에 참여하는 걸 부모님도 아셨지만 한 번도 나를 말린 적은 없다. 특히 아버지는 직접 시위에 나서지는 않았어도 일찍부터 전두환 정권에 대항하는 학생 시위대를 도와주었던 분이 아니던가. 경찰서에서 하루 자고 온 날도 "다친 데 없으면 됐다" 하고 넘기셨다.

학년이 올라가면서 나름대로 시위 경력도 좀 쌓이고 다른 학교와의 연합시위에도 참여하면서 알게 된 사실은 우리 한신대학교의 시위 모습이 여타 학교와 많이 다르다는 것이었다. 총장과 교수들이 학생들과 함께 시위대를 구성하는 일이 많았기 때문이다.

도서관이나 본관 앞에서 시위가 시작되면 일단 그날의 이슈와 구호를 알려준 다음 스크럼을 짜고 그날의 구호를 외치면서 정문으로 나가는 게 보통의 순서였다. 그리고 정문 앞에 서 있는 전경들과 대치하면서 구호를 외치기도 하고, 정문 돌파를 시도하기도 했다. 그런데 어느 날, 전경들과 대치하고 있을 때 총장이 교수단과 함께 그곳까지 나오셨다. 그리고 경찰에게 평화적인 시위를 하는데 왜 막느냐고 항의하셨다. 학생 시위대 앞을 지키고 서 있는 총장과 옆을 지키는 교수들…. 상황이 이렇게 되면 경찰도 최루탄을 쏘거나 학내 진입을 함부로 할 수 없게 된다. 그 와중에 학생들은 쉴 새 없이 구호를 외치고, 경찰들은 말뚝처럼 정문을 지키고 서서 우리를 노려본다. 어지간한 대학에서는 상상할 수 없는 모습일 것이다. 나는 가끔 총장과 교수, 학생들이 함께 어우러져 있는 시위대의 모습을 보면서 엉뚱하게도 성스럽다고 생각하기도 했다.

가끔 지루한 대치를 견디지 못한 경찰 가운데 한두 명이 총장을 향해 욕설을 날리는 일도 있었다. 총장이 학생들을 말리기는커녕 함께 시위에 나선 걸 비난하는 것이다. 그럴 때면 학생들이 더 큰 소리로 경찰을 욕하고 소리를 질렀다. 80년대 대학 분위기를 조금 아는 분이라면 경찰이 총장을 욕하고, 학생들이 그런 경찰을 욕하면서 총장과 교수를 감싸는 게 얼마나 드문 일인지 알 것이다. 물론 모든 시위가 그렇게 진행되었던 것은 아니다.

그렇게 벌어졌던 학내 시위 중 지금도 잊을 수 없는 일이 하나 있다. 그날도 경찰과 우리 시위대 사이에 격한 접전이 벌어졌다. 어떤 일 때문이었는지 잘 기억나지는 않는데, 그날따라 헬리콥터로 최루액까지 살포하며 대대적인 진압 작전이 펼쳐졌다. 그 와중에 신학과 학우가 전투경찰이 던진 돌에 맞아 실명하고 말았다. 야만적인 진압에 따른 안타까운 희생이었다.

우리가 평화다

1심 판결 후 처음 맞이한 3·8 '세계 여성의 날'. 마침 수요일이었다. 몸은 피곤해서 무거운데 정신은 반짝반짝 잠이 잘 오지 않아 새벽녘이 되어서야 침대에 몸을 뉘었다. 커피를 여러 잔 마셨을 때와 비슷한 상태였다. 이런 느낌을 받았던 것이 언제쯤이었을까? 초등학교 시절, 소풍을 하루 앞둔 날 그랬던 것 같기도 하다. 선생님은 소풍도 하나의 수업이라고 말씀하셨지만, 교실에서 공부하지 않고 친구들과 단체로 놀러 가는 기분이었고, 그 일탈이 참 좋았던 것 같다.

옛날부터 사소한 것에 마음 설레고, 별것 아닌 일에 슬퍼했다가 감동했다가를 참 잘했다. 나이를 먹었는데도 그런 감성은 달라지지 않아, 집회에 참석해서도 발언자의 고백에 눈물을 흘리며 앉아 있기도 한다. 법정에서는 판사님이나 증인들이 하는 말에 쉽게 감동하고, 슬퍼하고, 분노하고, 고개를 끄떡끄떡 동조하며 앉아 있는 나를 발견하기도 한다. 그러니 3년 만에 참석하는 수요시위를 앞두고 어떻게 쉬이 잠이 들 수 있었겠는가.

지난날들이 자꾸 생각나 뒤척이다가 옆에서 자는 남편에게 피해를 주는 것 같아 거실로 나왔다. 소파에 앉으니 할머니들 말씀처럼 지난날들이 '영화 장면'처럼 떠오른다. '11년 전 오늘 3월 8일에는 김복동 할머니, 길원옥 할머니와 함께 기자들 앞에 섰었구나.' 그날 우리가 가졌던 걸기도 생각났다.

"나도 일본군'위안부' 피해자이지만, 우리 문제도 아직 해결이 안되어서 매주 수요일마다 일본대사관 앞에 나가 수요시위를 하고 있지만, 지금도 세계 곳곳의 전쟁에서 우리와 같이 성폭력을 당하고 있는 여성들이 있다고 하니 그 여성들을 돕고 싶습니다. 내가 일본 정부로부터 배상을 받게 되면, 내가 돈 때문에 싸워온 것이 아니니 그 배상금 전액을 그 여성들을 위해 후원할 것입니다."

김복동·길원옥 여성인권운동가가 한국과 아시아를 넘어 세계적인 평화·인권운동가로 우뚝 선 그날의 그 결기가 나비기금을 만들었고, 콩고와 우간다, 코소보, 이라크 야지디족 등 세계 전시(戰時) 성폭력 피해자들에게 지원과 연대의 날갯짓을 펼치며 희망의 역사를 만들어왔다. 그리고 10년 전 오늘 3월 8일에는 베트남전쟁 참전 한국 군인들에게 성폭력 피해를 당한 베트남 여성들에게 '나비'가 날아갔다.

"나도 일본군'위안부' 피해자이지만, 베트남 여성들이 한국 군인들에게 우리와 같은 피해를 입었다 하니, '한국 국민'으로서 사죄드립니다."

김복동과 길원옥, 두 한국 여성의 사죄 메시지는 이후 매년 한국에서 베트남으로 사죄와 평화의 기행을 떠나는 '나비의 날갯짓'이 시작되는 계기가 되었다. 더 나아가 김복동 할머니는 일본 정부와 일본 사회의 차별과 탄압 속에 어렵게 공부하고 있는 재일조선학교 학생들의 장학사업에 전 재산을 기부하고 "너희들에게는 조국이 있다. 기죽지 말라"라며 학생들을 격려했다. 그리고 길원옥 할머니와 함께 재일조선학교 학생들에게 평화와 희망이 되는 활동을 해왔다. 또한 김복동 할머니는 우간다 내전에서 성폭력 피해를 입고, 그 피해를 힘겹게 이겨내고 있는 아찬 실비아에게 '영웅'이자 '엄마'로 불렸다.

"김복동은 우간다 내전에서 성폭력 피해를 입은 우리에게 영웅이고 희망입니다. 우간다에서는 김복동이란 이름 그 자체가 큰 의미를 가지고 있습니다."

2018년 6월 19일 '세계 전시 성폭력 추방의 날'을 맞아 방한한 아찬 실비아가 수요시위 무대에 올라가 남긴 말이다.

코소보 내전에서 성폭력 피해를 입고 힘겨워하던 바스피예 크라스니치 굿맨에게는 당당하게 가해자들에 대항해 싸우고 진실을 밝히게 하는 용기가 되었다.

"김복동 할머니가 '끝까지 싸우는 것이 이기는 것'이라고 말씀해 주신 것이 저에게 큰 용기를 주었습니다."

바스피예는 그렇게 고백했다.

세계도 김복동을 영웅으로 칭했다. 2015년 AFP통신과 국경없는기자회는 김복동 할머니를 '자유를 위해 싸우는 세계 100인의 영웅'에 넬슨 만델라, 달라이 라마, 마틴 루터 킹 등과 함께 선정하고, 책자에 실어 세계에 배포했다. 유엔 여성폭력특별보고관 라시다 만주는 2010년, 일본군'위안부' 문제 해결 운동을 여성에 대한 배상 운동 중 가장 체계적이고 충분히 입증된 운동으로 평가하고, 그럼에도 불구하고 이들에게 배상이 이루어지지 않는 것은 배상 영역에서 전통적으로 여성에 대한 무시를 드러낸 대표적 예라고 보고서에 기록했다.

그렇게 피해자들이 만들어온 희망의 역사가 2022년 윤석열 정부 들어서서 다시 부정당하고, 정의가 실종되고 있다. 피해자들이 2015

년 한일 일본군'위안부' 합의를 목숨을 걸다시피 하며 파기시켰는데도 윤석열 정부는 일본 정부에 일본군'위안부' 문제를 해결하라고 한마디도 하지 않고, 어떠한 외교적 노력도 하지 않았다. 게다가 윤석열 정부는 역사를 거꾸로 돌리려 하고 있다. 가해국인 일본 정부와 전범 기업은 아무것도 안 하고 있는데 한국 정부가 나서서 대법원 확정판결을 무력화시키고, 제3자 변제 방식으로 문제를 매듭지으려 하고 있다. 너무나 부끄럽다. 굴욕적이다.

윤석열 정부가 지금 해야 할 일은 일본 전범 기업의 거간꾼 노릇을 당장 중단하고, 2018년 대한민국 대법원의 배상 판결이 조속히 이행되도록 외교적 노력을 다하는 것이다. 자국민의 인권과 생명을 보호하기 위한 정부의 외교적 보호권은 다른 대외적 압력으로부터 자유롭고 독립적이어야 한다. 이를 위해 정치권과 시민사회 또한 한국 정부가 외교적 노력을 다할 수 있도록 연대의 책임을 다하고, 더 늦기 전에, 거꾸로 가고 있는 역사의 시계를 다시 돌려야 한다.

"잘못한 놈들이 줘야지, 왜 우리 한국에서 줘. 나는 그런 돈은 싫어요."(근로정신대 피해자 양금덕 할머니)

"천억을 준다 해도 법적인 배상이 아닌 돈은 받을 수 없습니다. 일본 정부는 공식 사죄와 배상을 하고, 역사 교과서에 올바르게 기록해서 후세대들에 교육해야 합니다."(일본군'위안부' 피해자 김복동 할머니)

이 두 분 피해자의 말씀에 일제 강제동원 피해자 해결방안이 명확하게 밝혀져 있다.

지금과 같은 절망의 시간 속에서 우리가 할 수 있는 것은 무엇일까?

2023년 7월 어느 토요일, '청소년 기후정의'에서 활동하고 있는 한 고등학생이 수원 촛불집회에 참석해서 "우리가 정말 바꿀 수 있을까요?"라며 청소년이 느끼는 절망감을 토로한 적이 있다. 그런데 그 질문에 "우리가 바꿀 수 있다!"라며 힘차게 응답하는 시민들을 나는 보았다.

정의와 역행하는 일본 정부와 한국 정부를 상대로 '벽을 문이라 여기고 부딪치며 나아가는' 마음으로 포기하지 않는다면 '우리가 바꿀 수 있습니다!'라고 자신 있게 말할 수 있을 것이다. 지난 30년 동안 일본군'위안부' 피해자들과 함께하는 운동을 해오면서 갖게 된 희망이다. 어느 날 정대협 한 활동가가 김복동 할머니에게 물었다.

"할머니, 우리가 이 싸움을 언제까지 해야 할까?"

김복동 할머니의 대답은 명확하고 간단했다.

"끝을 맺어야지. 내가 살아생전에, 내 힘으로서 못 나오게 되면 할 수 없지만, 내 힘닿는 데까지 살아생전에는 끝까지 싸우다 가야지."

그렇게 지난 30년을 되짚어 보니, 희망이 어둠을 걷어내고 솟아오름이 느껴졌다. 아베는 사죄도 하지 않은 채 일본 국민에 의해 죽임을 당했지만, 그의 죽음에는 전쟁범죄에 대해 인정도 사죄도 안 한 사람이라는 꼬리표가 붙었다. 반면에 일본군'위안부' 피해자 김복동의 죽음에는 '평화·인권운동가', '세계 전시 성폭력 피해자들의 영웅'이라는 이름표가 붙었다. 아베가 졌고, 김복동이 이긴 것이다.

3년 만에 오른 그날 수요시위 무대에서 나는 한 손에 보라색 풍선을 들고 다른 한 손에는 마이크를 잡고 외쳤다.

"우리가 평화다! 끝까지 함께 싸웁시다!"

대한민국 국회의원이 되면 하겠다고 다짐했던 일을 더 이상 지체할 수 없다는 마음이 1심 판결 후 더욱 커졌다. 항소심에서 무죄를 입증하기 위해 최선을 다해 증빙 자료를 제출하고 변론으로 대응했지만 1심 판결 후 한동훈 법무부 장관이 "공권력을 동원해서라도 제자리로 돌려놓겠다" 했던 한마디에 마음이 쓰이는 것이 사실이었다. 또한 판결 역시 '사람'이 하는 것이라, 전 검찰총장이 대통령인 상황에서 평범한 일상을 살 수는 없었다.

내일 어떤 일이 있을지 모르니 오늘 내가 할 수 있는 최선의 일들을 다하자는 마음이 강했다. '과거사 젠더폭력' 피해자들의 증언대회와 입법토론회를 개최하기도 하고, 국가보안법 폐지 의원모임방을 개설하여 의원들 연명으로 국회에서 기자회견을 개최하기도 했다. 농민, 노동자, 야생생물, 동물 등 현장의 목소리들을 국회에 전하기 위한 토론회를 개최하기도 했다. 조선인 강제노동 문제를 은폐한 채 사도광산 유네스코 등재를 추진하는 일본 정부에 대한 대응과 후쿠시마 핵 폐수 해양투기 저지를 위해 몇 의원들과 방일 투쟁을 추진하기도 했다.

그리고　베트남. 한국에서 베트남으로 가는 길은 지난 역사에 대한 한국 정부의 사죄로부터 시작되어야 한다는 것을 모르는 사람이 있을까? 그 길을 피하고 한국과 베트남이 그 어떤 미래를 쌓아간다 한들 탄탄할 수 없을 것이다. 한-일 관계를 보면 한-베트남의 길이 잘 보인다.

2020년 3월, 국회의원 후보가 되기로 마음먹었을 때, 그 목적 중 하나는 베트남전쟁 때 한국군에 의해 학살당한 베트남 희생자들과 그 유가족에게, 또한 한국군에 의해 성폭력 피해를 입은 베트남 여성들과 그 가족에게 한국 정부가 책임을 인정하고 진실규명과 사죄, 배상을 할 수 있도록 국회에서 활동하는 것이었다.

코로나19 바이러스로 인해 베트남에 직접 갈 수 없어, 베트남 한국군 민간인 학살 희생자들을 위한 제를 올릴 때 매년 조화를 보냈다. 그리고 민간인 학살 피해지역 초등학교와 중학교에 장학금을 보내기도 했다. 하지만 이번에는 직접 가기로 마음먹고 행동으로 옮겼다.

먼저, '세계 전시 성폭력 추방의 날'인 2023년 6월 19일에 베트남 전쟁 한국군 민간인 학살 및 '젠더폭력' 피해에 대한 진상규명과 피해자 명예회복을 위한 법을 발의했다. 그리고 7월 27일, 한베평화재단 평화기행단과 함께 베트남으로 향했다. 그곳에서 한국군에 의한 민간인 학살 피해자와 유족들을 만났고, 한국 사람으로서 사죄의 마음을 전했다. 한국군 증오비와 희생자 위령비를 찾아 꽃과 향을 올리며 참배하고, 전반기에 이어 초등학생과 중학생 90명에게 '윤미향 장학금'을 전달했다.

2023년 2월 8일, 대한민국 법원이 베트남 민간인 학살 피해자에게 한국 정부에서 배상하라는 판결을 내렸지만, 한국 정부는 항소를 제기했다.

"항소라니 말도 안 돼!"
"학살을 증거하는 수많은 자료가 있고 참전한 군인도 직접 법정에서 증언했는데, 어떻게 그걸 인정하지 않고 항소를 할 수 있습니까?"

피해자의 절규에 가까운 항의도 가슴으로 그대로 받았다.

"한국 정부가 진실을 인정하지 않는 것은 제 어머니의 슬픔이기도 하고, 제 슬픔이기도 합니다. 너무 아픈 역사를 안고 사는 어머니의 삶을 보며 저도 살았습니다."

피해자 아들의 절절한 호소도 머릿속 기억창고에 저장했다. 대한민국 국회의원으로서 그분들에게 책임을 다하기 위해 진상규명과 피해자 명예회복을 위한 법안을 발의했음을 보고하고, 하루속히 법이 통과되어 한국 정부가 책임을 다하도록 최선의 노력을 다하겠다고 약속했다.

그동안 참 많은 사람에게 참 많은 약속을 하며 살았다. 그 약속 중에 지키지 않아도 되는 것은 하나도 없지만, 일본군 '위안부' 피해자들에게 했던 약속, 베트남 한국군 민간인 학살 피해자들과 성폭력 피해자들에게 했던 약속, 한국의 과거사 '젠더폭력' 피해자들에게 했던 약속만은 꼭 지키고 싶다. 그럴 수 있을까?

오늘도 나는 김복동 할머니의 말씀으로 나 자신에게 주문을 건다.

"끝까지 싸우는 것이 이기는 것이다. 나는 희망을 잡고 산다. 희망을 포기하지 말자!"

부록

최후진술

존경하는 재판장님과 두 분 판사님,

먼저 제게 최후진술의 시간을 허락해 주신 것에 대해 감사드립니다.

최후진술을 통해 전하고 싶은 말이 참 많습니다. 그러나 앞서 변호사님들께서 검찰의 기소에 대해 많은 내용을 변론해 주셨기 때문에 저는 기소 건에 대해서는 일일이 말씀드리지 않겠습니다. 다만, 지난 30년 동안 국제사회의 지지를 받으며 일본군'위안부' 할머니들과 함께 만들어 온 따스한 정의가 이곳 법정에서 회복될 수 있기를 바라는 마음으로 재판장님과 판사님들께 제 마지막 호소를 전하고 싶습니다.

2년이 넘게 진행된 아주 긴 재판이었습니다. 하지만 저에게 지난

2년은 현실적인 시간보다 몇 배나 더 길게 느껴지는 시간이었습니다. 무엇보다도 힘겨운 과정을 거쳐 인권운동가의 삶을 살게 되신 일본군'위안부' 피해자들이 제 사건으로 인해 또다시 상처를 입으면 어쩌나 하는 두려움은 밤마다 저를 악몽에 시달리게 했습니다. 또한 지난 30년 동안 국제적인 여성인권운동으로 자리 잡은 일본군'위안부' 문제 해결 운동에 피해를 주면 어쩌나 하는 걱정은 한시도 제 마음에서 떠나지를 않았습니다.

그런 처지였기 때문에 이곳 법정에서 제 목소리를 전달할 수 있었던 것이 저에게는 고통스러우면서도 위로가 되었고, 참 고마운 시간이었습니다. 긴 재판을 공명정대하게 이끌어 피고인에게 변론의 기회를 주신 재판장님과 두 분 판사님께 감사드립니다.

제 개인이 겪는 참혹함과 괴로움은 제가 기꺼이 감수해야 할 몫이었지만, 저로 인해 지난 2년 반 동안 피해자들과 정대협 운동이 겪은 상처와 아픔은 제가 어떻게 할 방법이 없었습니다. 그래서 너무 아득했고, 그 길을 이 법정에서 찾고자 했습니다.

제가 정대협에서 만난 피해자들은 일제 식민지 시기, 배고팠던 가난한 민중의 딸로 태어나 힘겹게 어린 시절을 보냈고, 전쟁터로 끌려가 일본군'위안부'로 학대당하고 살아남은 분들이셨습니다. 전쟁이 끝난 후 고향으로 돌아왔지만, 이번에는 한국 사회의 온갖 멸시와 천대 속에서 살아남았습니다. 그만큼 피해의식도 컸고, 사람에 대한 불신도 컸습니다. 피해자로 신고하신 240명 한 분 한 분의 트라우마도 다양했습니다.

활동가들은 할머니들에게 폭력을 당하기도 하고, 1시간여 동안 전화 통화로 심한 욕을 듣다가 온몸에 마비가 온 적도 있습니다. "우리 때문에 벌어먹는 년"이라는 욕은 아마 저를 포함하여 모든 활동가들이 할머니들에게 한 번 이상은 받은 상처였을 것입니다. 하지만 정대협 활동가들은 할머니들의 그런 모습을 할머니들 개인 탓으로 여기지 않았습니다. 일본군'위안부' 피해의 트라우마로, 한국 사회의 2차, 3차 가해의 공적인 책임으로 인식했고, 이는 한국 사회 구성원인 정대협 활동가들의 책임이기도 했습니다.

세월이 쌓이고 할머니들과 활동가들의 지속적인 노력 끝에 서로 가족 같은 관계가 되기도 하고, 욕을 해서 미안했다는 고백도 듣게 되었습니다. 거리에서, 유엔에서, 미국과 유럽 등 세계 곳곳에서 함께 손을 잡고 누비는 동지가 되었습니다. 2012년부터 나비가 되어 콩고와 우간다, 코소보, 나이지리아 등으로 찾아간 김복동, 길원옥 할머니의 나비기금은 전시(戰時) 성폭력 피해자들에게 용기가 되고 희망이 되었습니다.

존경하는 재판장님과 판사님들께 호소합니다. 할머니들께서 걸어오신 인권운동가의 삶이, 세계로부터 영웅으로, 희망으로 평가받던 일본군'위안부' 피해자들의 활동이 자의식 없이 비주체적으로 활동가에게 끌려다닌 운동으로 폄훼되지 않도록, 피해자들의 인권과 명예가 훼손당하지 않도록 도와주시기를 간곡히 부탁드립니다.

지금 일본군'위안부' 문제 해결을 위한 운동은 너무나 어려운 상황에 놓이게 되었습니다.

이제 피해자들은 몇 분 남아 있지 않습니다. 한국의 경우 240분 신고하신 피해자 중 지난주 한 분 돌아가셔서 현재 열 분만 생존해 계신 상황입니다(편집자 주: 2023년 10월 현재 생존자는 아홉 분이다).

그런데 피해자들이 약해진 틈을 타 일본 정부는 가해자의 범죄 인정도, 사죄도, 배상도 없이 한국 정부가 소녀상 철거, 최종적 불가역적 해결, 국제사회에서 비난 중지, 이면합의로 성노예 용어 사용금지 등을 약속했던 2015 '위안부' 문제 한일 합의로 모든 것이 최종적으로 끝났다면서 한국 정부에 합의를 지키라고 요구하고 있고, 세계 각지에 세워진 소녀상 철거를 위해 외교력을 펴고 있습니다.

주한 일본대사관 앞 '평화로'에는 수요일마다 '위안부 앵벌이 윤미향을 구속하라'라는 커다란 현수막과 함께 김학순, 김복동, 길원옥 할머니 등 피해자들에 대한 온갖 혐오와 폄훼, 인권유린의 구호들이 쏟아져 나오고 있습니다. 최근에는 독일 베를린 소녀상까지 한국 극우단체들이 찾아가 소녀상 철거 요구 집회를 하며, '위안부' 피해자들의 인권을 유린하는 망언들을 쏟아내서 독일 시민들에게 충격을 던지기도 했습니다.

아름다운 한국의 청년들이 만든 한 작은 기업 마리몬드는 역사에서 상처받은 할머니들의 삶을 숭고함으로 자리매김하기 위하여 할머니 한 분 한 분을 아름다운 꽃으로 재현하고, 기업의 수익금은 여성인권 활동에 환원하면서 성장해 왔습니다. 그런데, 제 사건을 통해 불이 붙기 시작한 사이버상의 온갖 혐오와 공격은 결국 그 기업이 문을 닫게 만들었습니다. 청년들은 직장을 잃고 일본군'위안부' 할머니들 곁에서 떠나갔습니다.

제 개인의 고통과 별개로 제 사건으로 인해 일어나는 이러한 일들을 두 눈 뜨고 지켜보기에는 너무나 고통스러운 지난 2년 반의 시간이었습니다.

피해자들과 활동가들, 일본군'위안부' 문제 해결 운동이 겪고 있는 이러한 고통의 시간을 멈추기 위해 저는 죽음을 고민하기도 했습니다. 하지만 김복동 할머니 죽음 앞에서 '희망이 되겠다' 했던 약속, 강덕경 할머니의 마지막 병상에서 '할머니 가셔도 할머니 몫까지 다하겠으니 믿어달라' 했던 약속, 황금주 할머니께 '할머니 떠나셔도 일본 정부의 사죄, 꼭 받아 내겠다' 했던 약속을 지켜야 한다는 생각으로 버텼고, 이를 위해 재판에 최선을 다해 성실하게 임해 왔습니다.

공의의 상징인 재판장님과 판사님들께 호소합니다.
저는 제 개인의 금전적 이득을 취하기 위한 의도로 정대협에서 일하지 않았음을 다시 한번 절절한 심정으로 말씀드립니다.

제가 정대협에서 활동한 30여 년의 기간 동안 함께 일했던 제 동료들은 세상이 주는 경제적인 대가와 보상이 없어도 일본군'위안부' 문제 해결 운동에 기여했다는 보람을 보상으로 여기며 살아온 활동가들이었습니다. 그런데 저는 그런 활동가들의 고통을 지난 2년 반 동안 지켜봐야만 했습니다.

재판장님 그리고 두 분 판사님께 호소합니다

저를 포함하여 4~5명에 불과한 사무처 활동가들은 내부의 많은 회의들을 준비하고, 매주 수요일마다 수요시위 진행, 전국의 피해자 방문과 복지 활동, 박물관 건립과 운영, 평화의 소녀상 건립과 피해자 기림 활동, 아시아 피해자 지원과 연대, 미래세대 교육활동, 일본 정부에 사죄와 배상·역사교육 이행 요구 활동, 유엔과 국제인권기구 활동, 회원 참여 활동 등 밤 10시가 넘어서까지 야근도 거의 매일, 박물관 운영 때문에 주말에도 출근해서 일하는 등 수많은 일들을 수행해야 했습니다. 전국의 생존자를 방문할 때는 며칠 동안 집에 들어가지 못하고 전국을 운전하며 돌아다녔습니다.

그 과정에서 행정과 회계상의 미숙함 등 부족함이 있었음을 지난 2년 동안 진행된 재판을 통해 뼈저리게 확인할 수 있었습니다. 그에 대한 책임이 있다면 모두 대표였던 저에게 있다고 생각합니다. 그러나 서툴고 부족했지만 검찰이 주장하는 것처럼 사익을 추구할 의도로 정대협에서 일하지 않았습니다.

재판장님과 판사님들께 간곡히 부탁드립니다. 저와 제 동료들이 다시 일본군'위안부' 피해자들과 했던 약속을 지키며 평화의 날갯짓을 힘껏 펼칠 수 있도록 재판장님과 판사님들께서 지혜로운 판결로 도와주시기를 호소합니다.

2020년 5월 7일, 그날로부터 지난 2년 반 동안 제가 개인적으로 경험한 것은 삶이 무너지는 것과 같았습니다. 연일 확인되지 않는 수십 개의 악성 기사들이 터져 나와 일일이 대응할 여력조차 내지 못했습니다. 이미 무혐의로 불기소된 내용들조차 여론에 묻힐 만하면 다시 기사화되어 그 기사는 다시 대중들과 정치권에서 저를 마녀로 공격하는 화살촉이 되어 날아왔습니다.

제 가족 또한 너무나 극심한 고초를 겪었습니다. 딸이 하는 일 도와주려고 하시다가 딸의 횡령에 관련된 것처럼 언론에 도배되고 공격당한 제 아버지는 검찰 조사를 받은 후 심한 가슴앓이를 해야 했고, 병원 신세를 져야 했습니다. 제 딸은 '위안부' 할머니들 후원금 횡령해서 유학하는 뻔뻔이로 왜곡되어 비난을 받아야 했고, 자신의 꿈을 펼치기 위해 어려운 과정 다 통과하고 입학 절차까지 밟아놓고서도 진학의 꿈을 포기해야 했습니다. 모든 것이 무혐의로 불기소되었지만 이와 관련한 수많은 기사를 썼던 기자도 언론사도 해명 기사

하나 내지 않고, 사과도 하지 않았습니다. 여전히 인터넷상에는 해당 기사들이 2차, 3차 생산물이 되어 악성댓글의 장이 되고 있습니다.

'위안부' 피해자를 앞세워 앵벌이를 했다며 아파트 앞까지 찾아와 집회를 하는 보수 유튜버들로 인해 저와 제 가족의 사생활의 공간은 주변에 다 드러났고, 아파트 현관문까지 찾아와 초인종을 누르던 기자들 때문에 집에 홀로 있던 제 딸은 공포에 떨어야 했습니다. 제 딸의 실명과 사진을 인터넷상에 게시하고, "윤미향의 딸년을 일본에 성매매인경딘으로 보내자"라는 등의 사이버 성폭력이 벌어졌고, 제 딸에 대한 '살해'와 테러를 요구하는 글들까지, 일일이 대응할 수조차 없는 수많은 상황이 벌어졌습니다.

엄마 배 속에서부터 기독교 신앙 속에서 자란 저는 중학생이 되면서부터 여자 목사가 되는 꿈을 꾸기 시작했습니다. 그런데 1998년에 일본 남자들이 한국에 기생관광을 온다는 이야기를 듣게 되었고, 너무나 부끄러웠습니다. 그 부끄러움이 저를 기생관광을 반대하는 한국 교회 여성들의 활동에 함께 목소리를 내게 했습니다.

그 이후 지난 공판에서 진술한 바와 같이 1992년부터 정대협에서 간사로 일하게 되어 사무처장, 대표를 역임하게 되었습니다. 그만두고 싶다는 생각을 할 때도 참 많았습니다. 다른 안정적인 직업을 여러 차례 제의받기도 했습니다. 하지만 교회 목사가 아닌, 거리에서 할머니들과 함께하기로 한 결심을 버릴 수가 없었고, 할머니들이 갖고 계신 피해의식에 저마저도 하나 더 보탤 수 없다는 생각으로 2020년 봄까지 정대협, 정의연에서 활동하게 되었습니다.

저는 정대협에서 어떤 사익이나 정치적 목적을 위해 일하지 않았습니다. 어떻게 하면 할머니들이 한 분이라도 더 살아 계실 때 일본 정부가 할머니들이 원하는 해결을 하게 할 수 있을까, 70년 전 과거 문제를 어떻게 하면 2000년대를 사는 오늘의 사람들에게 끊이지 않고 관심 갖게 할 수 있을까, 어떻게 하면 청소년들이 너무 무겁지 않게 할머니들의 역사에 관심 갖게 할 수 있을까, 어떻게 하면 우리나라와 아시아 여성들이 겪은 문제를 세계가 자신들의 문제로 인식하고 그 나라 혹은 그 지역의 문제로 안고 연대하게 할 수 있을까, 그런 수많은 고민을 하며 지난 30년 동안 일했습니다.

국회의원이 된 것도 일본군'위안부' 문제 해결을 위한 활동가의 연장선이라고 생각했습니다. 하지만 사건 발생 이후 지난 2년 반 동안 그 일을 제대로 하지 못했습니다. 그래서 너무나 고통스럽습니다.
존경하는 재판장님과 판사님들께 호소합니다. 저는 앞으로도 기회가 된다면 제 생이 다하는 그 날까지 할머니들과 했던 약속을 실행하는 삶을 살고 싶습니다. 그럴 수 있도록 따스한 정의가 이곳 법정을 통해 실현될 수 있기를 간절히 호소합니다. 긴 이야기 들어주셔서 고맙습니다.

2023년 1월 6일

어머니의 탄원서

존경하는 재판장님, 저는 윤미향 엄마입니다.

평생 처음으로 재판장님께 이런 탄원서를 쓰게 되어서 정말 죄송합니다.

제가 이 나이에 재판장님께 이런 글을 써서 보낼 것이라고는 꿈에도 생각 못하고 살았는데, 지난 수개월 동안 살면서 평생 살아온 날보다 더 힘들었습니다. 험한 욕설, 말할 수 없는 막말, 악플에 시달리면서 별의별 생각과 피가 거꾸로 솟는 죽음의 문턱을 넘나드는 딸을 보면서 밤을 지새우는 때가 한두 번이 아니었습니다. 그래도 살아서 좋은 날을 봐야 되겠기에 이렇게 못 쓰는 글로 사연을 적어 보냅니다.

존경하는 재판장님, 우리 미향이는 참 착한 아이입니다.

어릴 적부터 공부도 잘하고 말썽도 한번 안 부리고 이웃에게 칭찬받으며 성장했습니다. 부모로서 좋은 대학도 보내고 최고의 학부를 가르쳐서 좋은 직장도 다니고 평범하게 사는 것이 저의 소망이었는데, 어쩌다 정신대 할머니를 만나서 삶을 이렇게 바꾸어 놓았는지 생각만 하면 참 억울합니다.

존경하는 재판장님, 미향이는 30년을 오직 정대협에서 비가 오면 비를 맞고 눈이 오면 눈을 맞고 추우나 더우나 그곳에서 할머니들을 위해 청춘을 다 바쳤습니다.

오래전 2007년 수원 청소년문화센터에서 정대협을 위한 모임이 있었는데 사람이 너무 적게 모였습니다. 그때 홍순관 가수의 인사말을 잊을 수가 없습니다. 이렇게 작은 바람이 앞으로 큰 바람이 되게 해달라고 하면서 '냇물아 흘러 흘러 어디로 가느냐'라는 노래를 잊을 수가 없네요. 이 일이 얼마나 어려운가를 가르쳐주는 그런 행사였습니다.

존경하는 재판장님,

우리 미향이는 길거리에서 30년이란 긴 세월을 보냈습니다. 비가 오나 눈이 오나 입은 옷은 시커먼 외투. 예쁜 옷 한 벌 못 입고 청춘을 다 바쳤습니다. 그랬는데 결과는 판사님 앞에서 재판받는다고 해서 참 속상합니다. 마음이 너무 아파 죽을 지경입니다.

미향이는 30년 그 긴 세월을 오직 할머니들의 명예 회복과 한을 풀어드리기 위해서 밤과 낮이 없었습니다. 출근 시간은 있었지만 퇴근 시간은 항상 밤중이 넘어서 했고 맏딸이라고 해도 집안의 대소사도 모르고 살았습니다.

아버지 팔순 날도 모르고 그날도 지방에 계신 할머니 집에 방문 중이었습니다. 하물며, 하나뿐인 딸아이는 항상 외갓집, 우리 집에 맡기고 재롱부리는 딸의 모습도 못 보고 자기 자존심 생각도 안 하고 어디든 사람이 모이는 곳에는 정대협을 알리기 위해서 뛰었습니다.

아주 오래전에 일본을 갔는데 태풍 때문에 내려야 할 공항에 못 내리고 알지도 못한 곳에 내려 많은 고생을 했다는 이야기는 지금도 잊을 수가 없네요.

저는 우리 미향이가 할머니들께 너무 잘한다고 시샘 한번 낸 적이 없습니다. 외국에 나갈 때는 식사도 간식도 꼭 준비해 가지고 나가고 자가용을 사도 할머니들 뵈러 하도 많이 다녀서 금방 고장나고 어찌 말로 다할 수가 없지요.

30년이란 세월을 할머니들의 명예와 나라의 자존심을 위해서 목숨도 아끼지 않고 살았는데 아무리 생각해도 너무 억울합니다.

정대협을 처음 시작할 때는 화장실도 없는 곳에서 비가 오면 물 퍼내고 말할 수 없는 고생을 했지만 지금은 박물관도 사무실도 잘해 놓고 나왔지요. 사람이 모이는 곳에는 어디든지 가서 강연하고 수고 비 받아서 살림에 보탠 적도 없습니다.

존경하는 판사님,

일을 오래 하다 보면 실수할 때도 있겠지요. 엄마인 저도 정대협에 서 일하는 것 별로 좋아하지 않았지만 그래도 딸이 하는 일이라 최 선을 다해 도왔고, 가족 모두 후원자가 되어서 돕기도 했습니다.

존경하는 재판장님,

저는 어릴 적부터 교회를 다녔습니다. 저의 집안은 기독교 집안입 니다. 가진 것 없어도 남의 것 욕심내지 않았고 흔히 말하는 빽도 없 습니다.

존경하는 재판장님, 좀 도와주세요. 저는 지금도 새벽마다 교회 가 서 기도를 합니다. 긍휼을 베풀어달라고 기도를 합니다.

지금 저는 재판장님께 하나님께 기도하는 심정으로 편지를 씁니 다. 존경하는 재판장님, 우리 미향이한테 긍휼을 베풀어 주시기를 간 곡히 부탁드립니다. 존경하는 재판장님께서 긍휼을 베풀어 주셔서

30년 동안 길거리에서 젊음을 다 바친 세월을 보상받는 기회가 되도록 이 늙은 엄마의 소원입니다.

미향이가 국회의원이 되었지만 그 일이 꼭 좋아서만은 아닙니다. 그러나 이미 국회에 들어갔으니까 판사님이 도와주시면 국회에서도 좋은 일 많이 할 수 있겠사오니 도와주세요. 베트남, 우간다에서도 많은 일을 했는데 더 많은 일을 할 수 있도록 존경하는 판사님께서 도와주시길 간곡히 부탁드립니다.

마포 쉼터에 일하는 소장님이 볼일이 있어 비어 있을 때 제가 그곳에 가서 할머니들의 식사를 도운 일들이 있지요. 식사나 간식 한 가지도 허술한 게 없었습니다. 우리 미향이는 진심으로 그 할머니들을 섬기며 살았습니다. 할머니들을 안아주고 보듬어드리고 씻어드리는 것을 보면서 엄마인 저도 절로 감탄하지 않을 수 없었습니다. 길원옥 할머니, 꿈에서도 못 잊을 거예요. 제가 있는데도 그렇게 잘 해드릴 수가 없었습니다.

존경하는 판사님, 거듭 간청드립니다.
우리가 살다 보면 잘하는 것도 있고 아무리 잘하려고 하는 중에도 실수도 있기 마련입니다. 실수한 것, 잘못이 있더라도 용서하시고 꼭 자비와 긍휼을 베풀어 주십시오. 늙은 엄마의 심정입니다.

존경하는 판사님,

부디 건강하시고 나라일 열심히 하시고 가족 모두 건강하시길 기원합니다. 항상 행복하세요.

2022년 8월 15일